ロンメル将軍

副官が見た「砂漠の狐」

ハインツ・ヴェルナー・シュミット
清水政二（訳）
大木　毅（監訳・解説）

角川新書

序　文

※一九四一年にドイツ・アフリカ軍団麾下《きか》第二一装甲師団長を務めたH・フォン・ラーフェンシュタイン退役中将による

祖国崩壊直後の数年間、ドイツ軍人がその戦争体験を語るのは、きわめて稀《まれ》なことであった。時間的距離はあまりにも短く、心中の衝撃が巨大すぎたからである。ドイツ軍人の誇りが言葉を拒むがゆえに、沈黙したこともしばしばだった。

しかし、ひとたび戦時に睦《むつ》んだ戦友が相集えば、古い友情と団結が口を軽くする。装甲擲《てき》弾《だん》兵も工兵隊の中尉も、いかにして絶望的な持ち場を固守し、最後まで軍人の義務を果たしたかを思い起こすのだ。

先の大戦に関する資料文献において、北アフリカ戦役は特別の位置を占めている。リビアが騎士道的な闘争の場であった事実は、繰り返し明言されているのである。私自身も、好んでこの種の発言をしたことを白状しておかねばなるまい。それは、ドイツ軍人の心の深奥にある姿勢に相応することだったのだ。

参謀本部ふうの堅実な記述から、手に汗握る筆致の回想録まで、北アフリカについての戦史書を八冊読んだが、いずれも、偉大なる軍人にして、砂漠の戦士である人物、すなわちロンメルに圧倒的な影響を受けていた。

小高い丘に立つ将帥や馬上の軍団長といった人々がいなくなり、高級指揮官が電話と無線機を備えた部屋に釘《くぎ》付けにされるようになって久しい。すでにフラー〔イギリスの軍人・軍事理論家。機甲戦理論の発展に大きく貢献した〕は、その著書『未来の将軍たち』で、そうして部下将兵から遠ざかることは危険だと批判しているし、グデーリアン〔ドイツの軍人。ドイツ装甲部隊の創建に取り組み、また第二次世界大戦では自ら装甲部隊を率いて、戦功をあげた〕も装甲部隊は「前方から指揮すべき」だと要求したものであった。

こうしたタイプの代表例だったのがロンメルである。戦いの際、彼の定位置は最前線、戦闘部隊のもとにあった。シュトルヒ機に乗って、あるいはマンモス司令車に座乗して、彼はどこにでも、ふいに姿を見せたのだ。ロンメルがどのように活力の源となっていたか、いかに狡智《こうち》にみちみちて、発想豊かで勇猛だったか、想像もできないだろう。ロンメルは、真の統率の奥義を体現していたのである。将兵は、軍人の服従の掟《おきて》のみならず、信頼と心からの希求ゆえに、喜んでロンメルの指揮に従ったのだ。

本書によって、われわれは、アフリカの前線暮らしを直接伝えてくるレポートを得た。長いこと、伝令将校としてロンメルの近くに仕えていたアフリカ軍団の士官が、自ら目撃したことを、明朗に、かつ生き生きと物語ったのである。その、若者らしく直截《ちょくせつ》で前線精神にみちみちた言葉は、本書に格別の興趣を与えている。

本書が執筆されたのは、ひとえに偶然のたまものであった。ハインツ＝ヴェルナー・シュミットは、最初は少尉、のちには中尉として、最初から最後まで北アフリカの戦いに参加していた。戦後、南アフリカのナタールに移住したシュミットは、ある日、ダーバンの新聞でロンメルを侮辱する記事を読んだ。驚き呆《あき》れた彼は訂正を求める一文を書き、それはすぐに掲載された。その結果、ダーバンのある出版社が、ロンメルと北アフリカに関する回想録を執筆しないかと、シュミットに持ちかけたのである。

こうして、本書『ロンメル将軍』は生まれ、南アフリカで大きな成功を収めた。私も一読、満足を覚えた。しかし、私にとって、本書の価値が特にあると思われたのは、つぎのことだった。私の知るかぎり、これまでに出版された若干の戦史書は、ほとんどが高級指揮官、もしくは参謀の視点から書かれている。私は、前線将兵、つまり戦闘の渦中にあった者たちの声を切望していた。それゆえ、ハーゲン〔ドイツ西部ルール地方の都市。シュミットは一時ここに住んでいた〕在住のシュミット中尉が前線からの報告を伝えてくれることは、格別に有意義なことなのだ。

ロンメルの側近だった時代を描くシュミットの筆が、大きな関心を惹《ひ》くことは間違いない。だが、青年将校は、前線勤務をロンメルに願い出て、この戦線に経《ふ》りた軍人〔ロンメル〕を説得することになる。それからの前線体験の描写は、まったくの本物だ。

カセリーヌ峠の橋梁《きょうりょう》の一幕を例にとってみよう。そこにはすべてがある。向こう見ず、少年の心、冒険への渇望である！

その後、終わりと解散、捕虜生活の日々が、あわただしく流れた。互いに別れの握手をするいとまもなかったのだ。いま、こうして本書が出版されたからには、多くの「アフリカ帰り《アフリカーナー》」がこれを読むだろう。さあ、再びわれらの仲間を、想い出のうちに、砂漠の暁や陽光を受けて白く色褪《いろあ》せた軍帽のもとに団結せしめよ。とっくの昔に言われていなければならなかったことを唱えようではないか。

「戦友よ、お前はアフリカでの責務をよく果たしたぞ！」

目次

北アフリカ戦線概要図(1941～43年)

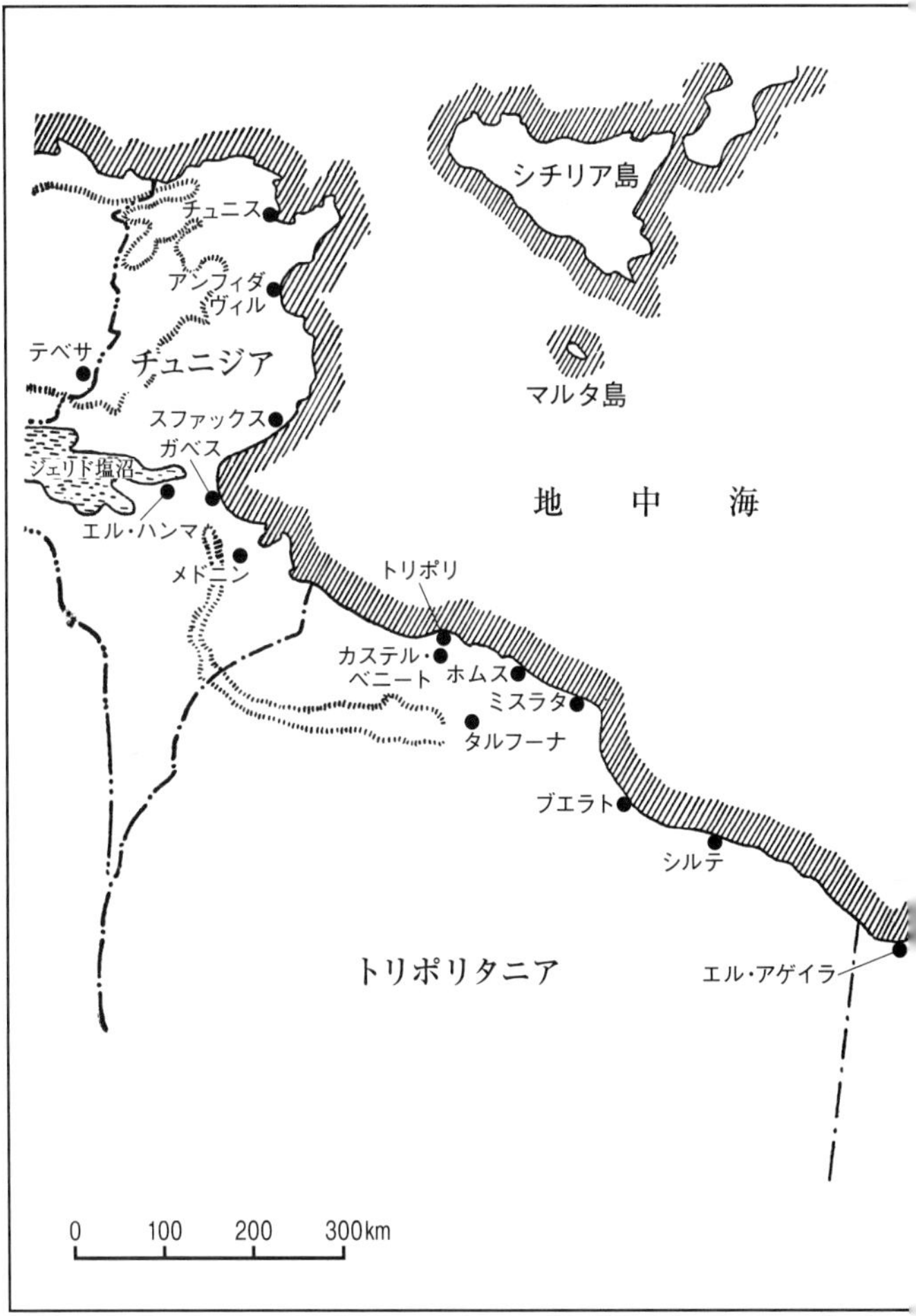

シチリア島
チュニス
アンフィダヴィル
テベサ
チュニジア
マルタ島
スファックス
ガベス
ジェリド塩沼
エル・ハンマ
地中海
メドニン
トリポリ
カステル・ベニート
ホムス
ミスラタ
タルフーナ
ブエラト
シルテ
トリポリタニア
エル・アゲイラ
0
100
200
300km

地図　本島一宏

一　ロンメルの幕僚となる

「ロンメルと称する無名の将軍麾下《きか》のドイツ遠征軍分遣隊が、北アフリカに上陸せり」

　この報告はおざなりなものだが、そのためにかえって私の興味を惹《ひ》いた。一九四一年三月のはじめ、イギリス軍最高司令部が、情報概要のなかに発表したもので、私がこれを読んだのは、エリトリア戦線のケレンで押収した書類だった。ケレンで私はドイツ軍部隊のにわか仕立ての分遣隊を指揮していたのである。――この隊の兵隊たちは、イタリア領の紅海《こうかい》の港マッサワで、イギリス海軍の封鎖に出あった商船の乗組員だった。ぼんやりとこの情報を掲載した紙片に目をそそいだ時、それからわずか八日後に、この当の将軍と顔をあわせ、そして西部砂漠で数か月間にわたって、猛烈な攻撃をくらったさい、その側近に控えていなければならなくなるとは、夢にも思わなかった。

　そのころロンメルは無名の人物だったし、まして英雄でもなかった。だが後には……。

　私はまだ大学生だったが、軍事教練の服務期間をすませて、軍隊に入っていた。一九三九年のポーランド侵攻では、歩兵小隊を指揮した。その後「おかしな戦争《フォニー・ウォー》」の数か月間、ジークフリート線に勤務してから、ベルリンに召喚された。そこでエリトリア戦線へ赴く特別命令を受けたのである。この任命はまことに光栄だと、私はおもてに感激の色を示したが、それというのも身分証明書の記載によると、私は南アフリカ生まれとなっているからだった。四歳の時両親は南アフリカを離れたのだと、あわてて異議を申し立てねばならない理由は、どこにもないと思った。アフリカ事情の精通者というレッテルを、私は黙って認めた。このほうが少なくとも、珍しい経験にぶつかることができる。

三月の半ば、ウェーヴェル将軍麾下のイギリス軍（本国軍および第四、第五インド師団）は、ケレンを掩護《えんご》する数地区を占領した。こうなれば難攻不落をとなえるエリトリアの関門が、やがて猛攻撃を受けて陥落するにちがいないことは、明瞭《めいりょう》であった。一方、カニンガム将軍の兵団も、ダン・ピーナール准将の第一南アフリカ旅団を含めて、ソマリアを急進撃中で、間もなくアビシニアを攻撃するだろう。ベルリンから命令が届いて、私の指揮下にある商船義勇兵隊は解散、各員はそれぞれ所属の船に戻り、封鎖線を突破して帰国するよう、計画をたてることになった。私は北アフリカへ航空機で行き、すでにトリポリに上陸していたドイツ派遣軍に出頭せよとのことであった。

私はアスマラ（エリトリアの首都）で捕虜になるところを危く脱《のが》れて、サヴォイア機――私の知る限りではその地を離れる最後のイタリア航空機に乗った。そしてほろ酔い機嫌の三人のイタリア人操縦士といっしょに、シルテ湾にのぞむ「フィレーニ兄弟の門」〔トリポリタニアとキレナイカの境界に建てられた凱旋門《がいせんもん》〕近くの飛行場へ向かって、夜の空を飛んだ。そこからはちっぽけなイタリアのジブリ機が、私をトリポリへ運んでくれた。

西へ向かっての飛行中、サヴォイア機はイギリス軍の対空砲火に追いたてられて、さんざんの目にあった。気をまぎらすために、私はいろいろのことを考えた――とやかくするうちに、たぶんいまはトリポリにいるはずのロンメルという将軍のことを、たしか前に耳にしたおぼえがあるが、それはいったい、どこでどんなことだったのかと、あれやこれや思いをめぐらした。その名前が意識のすみにこびりついて、なかなか離れないのが、気持をいらいらさせた。不思議なことに、機のものすごく間近で、上に下に、高射砲弾がつづけざまに炸裂《さくれつ》して、光が閃《ひらめ》くのと同時に、はっと思った。不気味でぞっとさせる閃光《せんこう》。まるで長い幽鬼の指のようである。ゆくりなくも私は思いおこした。フランスでの「幽霊師団」のことを。

それはドイツ第七装甲師団の綽名《あだな》で、あの短くもめざましい電撃戦《ブリッツクリーグ》のあいだ、フランス軍戦線の前に後に、神出鬼没の戦闘をつづけて勇名をとどろかしたため、この名をかち得たのである。そうだ、たしかに間違いはない。この師団の指揮官がロンメル少将というひとだった。そのひとに北アフリカで会うのかしらと私は思った。

数時間後、ベルリンからの無電で訓令された通り、トリポリにあるドイツ部隊司令部、豪《ごう》奢《しゃ》なホテル・ウアダンに出頭した。参謀長のフォン・デム・ボルン中佐は、自身でロンメル中将のもとに出頭するようにと、私に命令した。

控え室で待った。ウアダンにいる士官の大部分は午睡《シエスタ》をとっているようだった。なにしろその三月の昼さがりは、リビアの太陽が照りつけて、灼《や》くような暑さであった。アルディンガー中尉、間もなくロンメルの副官であることがわかったが、彼が私の前を通りすぎて、簡単に「将軍」と名札の出ている扉から、奥の部屋に入って行った。やがて彼は再び姿を見せて、低い声で将軍が引見されるからといった。私は息を大きく吸ってから、軍服のしわをのばして、身仕舞いを正した。エリトリアで数か月を送ったので、ベルリン近郊ポツダムの一流の服屋が仕立ててくれた軍服も、いまではくたびれきっていた。扉をノックし、太く力強い「どうぞ」の声を聞いてから、広い部屋に入った。

私はできるだけきびきびと敬礼して、軍隊ふうにはっきりと上申した。

「シュミット少尉であります。エリトリア駐屯ドイツ義勇兵機械化中隊所属のところ、陸軍最高司令部《OKH》の訓令によって、エリトリア勤務を離れ、閣下のもとに配属を受けたものであります」

将軍は私の前に立っている。どっしりと小柄な体軀《たいく》である。私自身は中背なのだが、将軍のほうが低いのを見て、いささか安心した。簡単だが力のこもった握手をしてくれた。青灰色の眸《ひとみ》がじっと私の目を見つめている。双方の眦《まなじり》の上から頬骨の外側へかけて、しわが目立つほどにきざまれ、斜めに下がっている。その口元と顎《あご》とは形がよくしっかりしていて、精力的で活動的な人だなという、私の第一印象をさらに強めた。

「少尉、エリトリアから来たのだね」

「ハイ、三時間前に到着いたしました」

将軍は右の人差し指でアフリカ地図の北東部を示して、

「ここの情勢はどうかね」といった。

この質問を予期していたので、言下に答えた。

「閣下、不利であります」この言葉を補う必要があると感じたので、一息いれてつけ加えた。

「現在、いかなる手段を以《もっ》てしても、該地の情勢を救うことは不可能かと存じます」

私の言葉が軍事的に不十分なためなのか、それともエリトリア情勢について私の判断が悲観的なためなのか、一瞬、ロンメルの双の眼が表情を変えた。きっと睨《にら》んだ眼差《まなざ》し、心持ち上へ向けた顎、私は不安になった。

「わかっておらんね、少尉」将軍は冷たくきめつけると、「われわれは反撃にうつって、ナイル河まで行くのだ。そして勝利のうえいっさいを取り戻す」

私はなんといってよいのかわからず、こうした場合の形式的な逃げ言葉、「ハイ、閣下」というのさえ口にでなかった。ロンメルは不意に顔をそむけたが、おだやかな語気でいいすてた。「参謀長フォン・デム・ボルン中佐のもとへ行きなさい。中佐が担当の任務をきめてくれる。なおエリトリアでの行動について、報告書を作成するように」

前に述べたように、私は参謀長とは前に顔をあわせていた。フォン・デム・ボルンはがっちりした体格をしていて、やや肥り気味の円顔の人だった。その知性的な眼がユーモアを解する心を表現していた。このことは私が行った時の彼の言葉からもわかった。

「まあしばらくわれわれといっしょにいるんだな。君もアビシニアの退却では、それなりに分担を、おそらく果たしたにちがいない。君にいかなる任務を与えるべきか、よくわかっとらんのだよ。だが、『アフリカでの経験』も多少あるようだし、もっともあまり運のよい経験とはいえんかもしれんが、いずれ君にやってもらう仕事ができると思う」

少し間をおいてつけ加えた。

「IIaのシュレープラー少佐のところへ行き、司令部付将校として情報課Ｉcに配属を受けたと報告したまえ」

部屋の外で私はフォン・ヘスリン中尉と会った。彼は補給課の幕僚将校で、自分から買ってでて、参謀部各課の職務分掌を、親切にくわしく説明してくれたが、簡単にはのみこめなかった。

要約すると次のようになる。

Ｉａ――作戦担当（戦術的決定）

Ｉｂ――補給担当

Ｉｃ――敵情判断担当

Ⅱａ――人事担当

フォン・ヘスリンがさらに説明したところによると、十五時に――それまでにもう三十分とないが――トリポリに上陸したばかりの第五軽師団の将校に、ロンメルは訓辞を与えることになっていた。その席には、私を含めて全幕僚も出席する予定であった。さしあたり用のない身とはいえ、私ははじめてロンメルの幕僚の一員であるのを、はっきりと自覚した。

ほぼ三十名の士官が、ホテル・ウアダンの広いほうの控え室に集合していた。喧《やかま》しくしゃべりちらしているものがいるかと思うと、もの静かに低い声で話し合っているものもいる。部屋に入って敬礼する私の耳に、種々雑多な声が流れてきた。下級の若い士官の私は人目につくはずがなかった。それでもひとりふたり顔見知りのものが、私の知らない幕僚たちといっしょに立っていた。しかし集まったものの大部分は、若い士官たちで、黒い戦車部隊の軍服の上着に、さまざまな勲章を誇らしげに飾っていた。

参謀長フォン・デム・ボルンが出席者の点呼をとる前に、ロンメルが突然入って来た。将校たちはいっせいに気をつけの姿勢をとった。フォン・デム・ボルンが重々しく口をひらいた。

「参謀将校および戦車連隊将校、会議の用意！」

この四角ばらない会議の始め方に、私はびっくりした。普通ドイツ陸軍では、出席者の数、その部隊名、欠席者数などを、将軍は簡単ながら報告を受けることになっている。だが、それ以上形式ばらずに、ロンメルは訓辞をはじめた。

「諸君、第五戦車連隊の諸君が、この数日間の労苦を経て、ただいまほぼ全員トリポリにあるのを知って、まことに喜ばしい。諸君の戦車の到着とともに、北アフリカの状況は安定することであろう。わが軍の捜索部隊、フォン・ヴェヒマール中佐指揮の装甲車大隊は、エル・アゲイラのシルテ湾にのぞむイタリア軍前進拠点に到達して、いまや前線は物心ともに強化されている。わが軍の任務は、イタリア国民のその軍に対する信頼を回復し、かつわが同盟軍の戦闘精神を支援することである」

ロンメルは演説の切れ目で間をおき、肱《かいな》を曲げ、双の拳《こぶし》を握りしめて、わずかに前の方へ突きだした。その力のこもった胸、精力に溢《あふ》れる顔の動き、そして思うところを明瞭《めいりょう》に表現する飾りのない的確で凜々《りり》しい態度は、断固たる意志を示していた。将校たちは、すべて立ったまま、彼の状況観察にじっと耳を傾けていた。

ロンメルは声を高くして、拳をわずかに振った。

「われわれはイギリス軍の攻撃をしりぞけて、トリポリタニアを救わねばならない。保持するのである」

一息いれて、

「それについては次のようにする。わがほうの兵力、いや弱点といってもよろしいが、これについて敵を欺く必要がある。そうしてから第五軽師団の全員の到着を待つのである。つづいてさらに一個師団が派遣されてくる。そこで戦車の揚陸が終ったならば、ドイツ第五戦車連隊と、イタリア軍アリエテ師団の戦車とで、はなばなしく分列行進を行なって、まずイタリア市民の、ついで敵スパイの目を惹きつける。この詳細については、戦車連隊長とすでに協議が行なわれておる。分列行進の終了をまって、連隊は直ちに前線へ出動、そこで待機する……。

イタリア軍に対して、模範を示すため、将兵ともに、厳格に軍規を守ることを期待したい。ご苦労、ハイル・ヒトラー」

ロンメルは直ちに会議室から大股《おおまた》に歩いて出て行った。その後に参謀長とＩａ課のエーラート少佐がつづいた。少佐は背の高い黒髪の士官で、その後たびたび顔をあわせるようになった。

ロンメルの副官が急ぎ足に私へ近づいた。アルディンガーは小柄な痩《や》せた男で、年のころは四十五歳くらい、細面で歯ブラシのような小さな髭《ひげ》を生やしている。彼は将軍の地図帖を小脇にかかえていた。

あいているほうの手で、私の上衣の第一ボタンにふれながら、

「シュミット君、Ⅱａ課の宿舎に部屋をとりなさい。それからヒムラー中尉と連絡をとるように。彼はＩｃ課にいる。そのうち君にも適当な地位を、きっとあてがえると思う」

彼の話しぶりは親切で、シュヴァーベン訛《なま》りがあった。私はたちまち彼に惹きつけられてしまった。ことに私はひとりぼっちの寂しさと、遠い遥《はる》かな前線で敗れ去った迷い子の身のはかなさを、ひしひしと感じていたのであるから。

私はアルディンガーの指図通りにした。その晩、たしか三月の十四日だと思うが、ロンメルに提出する報告書を作成している時、ベーレント中尉と会った。明るい元気のよい青年である。彼はエジプトで暮らしていたことや、そのころカイロでルドルフ・ヘス〔ナチス・ドイツの副総統〕と同じ学校に通っていたことなどを、さかんにしゃべった。私たちは夢にも

考えなかったが、それから一か月余り後、五月十日にヘスは驚いたことにスコットランドへ飛行機で脱出した。ベーレントは英語が達者で、毎晩B・B・C放送のニュースを聞いて、ロンメルのために翻訳していた。

報告書を書きながら、なかばベーレントの速記している英語のニュース放送を聞いていると「コーブルク」という言葉が耳に入ったので、私は思わずすわりなおして、ペンを下においた。アナウンサーはしゃべりつづけた。それによると、ドイツの貨物船コーブルク号九千トンは、マッサワ港を出て、紅海から喜望峰廻《きぼうほうまわ》りでヨーロッパ海域へ脱出を企てたが、沈没した。船は、インド洋のモーリシャス島沖で阻止され、乗組員の手で自沈したのである。乗組員は船客とともに捕えられて、南アフリカへ送られたという。

一抹の悲しさがほっとした気持といっしょになって私を襲った。わずか数週前、私はコーブルク船上で生活していて、封鎖線を突破する計画を決行する時も、その船に乗っているつもりだった。だが運命とベルリンからの直接の命令が、再度、私を陸上勤務にしたのである。乗員の大部分は私の義勇兵中隊の兵隊たちであった。いま彼らは虜囚の身となって、私の生まれた土地で抑留されている。その国は戦争という偶然の出来事のため、いまは敵国となっていた。ふと思い出したが、祖国にいる私の恋人は、私が現在どこにいるのかを、皆目知らなかった。朝になったら、できるものなら、電報をうってやりたいと思った。

二　トリポリの「ブラフ」

ロンメルの戦車分列行進は、翌日、トリポリの大通りで行なわれた。明るく晴れた日だったが、イタリア人はこの示威行動に、大きな関心を寄せているとは、思えなかった。わずかに閲兵台の周囲に、市民が群れをなして見物していた。その台の上で、ロンメルは数人のイタリア軍将官といっしょに、敬礼を受けていた。私は新しい上官のそば近くに控えていた。一輛《りょう》また一輛と、間隔をおいて、戦車ががたがたとキャタピラの音をひびかせて、走っていった。割栗石を敷いた街路は激しい騒音に満たされた。閲兵台を通りすぎてほど遠からぬところで、隊列は鋭い軋《きし》りをあげて、横通りへ曲がって行った。走り去る戦車の数が意外に多いので、不思議でならなかった。最初から数えておけばよかったのにと思った。十五分後Ⅳ号戦車のキャタピラの一か所に、きずのあるのが目についた。操縦士は前に見なかった顔だが、その戦車にはどこか見おぼえがある。イギリスの兵隊がいう「安物菓子」で、見かけ倒しのまやかしだったのだ。私は思わずにやっと笑いをもらした。戦車はまだつづき、曲がり角で軋り音をたてて、走り去った。道の表面はキャタピラの跡で、すっかりいたみはじめていた。イタリア人たちは目をみはって見つめているだけで、声も立てない。話に聞く南国イタリア人の快活さや情熱は、いったいどうなってしまったのか？　私の疑問は間もなく解決した。

　ドイツ軍戦車の列が、閲兵台の前を、今度こそ本当に通過してしまうと、隊列はしばらくとだえた。やがて、ゆっくりと音も静かに、イタリア軍戦車が長い列をつくって、行進して来た。各戦車長はそれぞれ人目を惹《ひ》くように、胸を張り威容を見せていた。いずれも豪胆不敵の面魂だ。期せずして、至るところから歓声があがった。人々は激しく手を振りしゃべった。「イタリア万歳!!」と叫ぶ声がわき起こった。

　参謀部の同僚といっしょにいて、私はドイツ軍への冷たいあしらいを、いろいろと考えた。ドイツ軍はつまるところ同盟軍として、この市の防衛を援助するため、はるばる出向いて来たというのに。同国人の颯爽《さっそう》たる男たちだけが、人々にとっては英雄であった。

　最後のイタリア軍戦車が通過すると、ロンメルは北アフリカではじめて、公衆に向かって演説を行なった。てきぱきと簡明なドイツ語で、その自信のほどを示し、イタリア・ドイツの両軍は相協力して、必ずやイギリス軍の進撃を阻止するだろうといった。ヘゲンライナー中尉――イタリア軍付の連絡将校が、演説を区切り毎に、イタリア語に翻訳した。ヘゲンライナーは、ウェーヴェル将軍が十二月の半ば猛攻撃に出た時、壊滅的な打撃をこうむって、シジ・バラニから敗走したイタリア軍に、参加していた唯一のドイツ将校であった。彼の声は澄んでいてよく通った。群衆から拍手が起こるのは、ロンメルがイタリア軍の戦功について言及した時だけであった。

ロンメルが演説を終ってから二時間後、第五戦車連隊は、人々の期待したほど数多くはなかったが、トリポリの東郊外から砂漠へと、キャタピラの音を高くひびかせながら進んで行った。目指すはエル・アゲイラと、ウェーヴェル軍のいる前線だった。初めてドイツ軍の戦車は、攻撃を企図して、アフリカの土の上を走って行くのであった。

イタリア人の住民たちは、戦車の分列行進に、さして感銘を受けたようすを見せなかったが、イギリス側のスパイは明らかに動揺した。放送が伝えるところでは、中東軍総司令部はトリポリタニアにあるドイツ派遣軍の兵力に、愕然《がくぜん》としたということである。

その翌日、私はＩａのエーラート少佐のもとへ行った。一目で自信家なのがわかった。ロンメルへ出す報告書の作成中であったが、彼は私を自室へ呼びつけて、さっそく自分の理解力を誇示して私に命令をくだした。ロンメルは敵を――とくにドゴール派のフランス軍を欺くことを計画していた。ルクレール将軍の指揮するそのフランス軍は、遥《はる》か南方、オアシスのあいだで潜在的な脅威を、わがほうに与えていたのである。ロンメルは機械化部隊で、南方に擬装攻撃を加えるつもりだった。その部隊を指揮するのは伯爵フォン・シュヴェリーン中佐。目的地はムルズークである。「経験ある砂漠の精通者」ということで、私は「助言者」として、同部隊に同行するのである。トリポリでの生活が間もなく退屈なものとなるのはわかりきっていた。否やを問われたので、躊躇《ちゅうちょ》なくその任務に適任だと、私は認めた。

イギリス空軍がその夜トリポリを爆撃した。私の部屋の壁は粉々に崩れ、その塵埃《じんあい》が原因となったのだと思うが、頬に受けた切り傷から、私は敗血症をおこした。すぐさま私は病院入りを命じられ、ムルズーク遠征には私の代わりに、ホーマイヤー中尉が行くことになったことを知らされた。中尉はとにかく本物の「砂漠の精通者」で、長いあいだ民間人としてエジプト生活を送っていたのである。それにオアシス探検にかけても練達の人であった。だが、せっかくの経験を取り逃して、私が残念に思ったのは当然である。たとえ専門家に見せかけたずぶの素人であったにしても――。

病院で数日間を送った後、アルディンガーは私に話した。「間もなく参謀部でよい仕事につけるはずだ。そうすれば退屈もしなくなる」彼の言葉は私の期待以上に本当だった。

私は徐々に参謀部の将校連を知るようになり、階級の差はあるが、ことにヘゲンライナー中尉と親しくなった。私たちには共通するものがあった。彼はたったひとりエジプトからのイタリア軍退却に参加していたし、私はエリトリアでの敗北を喫したイタリア軍にいたのである。ある時雑談中、彼が打ちあけた話によると、イタリアの国民的英雄バルボ元帥はトブルク脱出の飛行中、自軍の対空砲火によって撃墜されたのであった。ヘゲンライナーはトリポリで故元帥のぜいたくな別荘に、イタリア軍の将軍たちといっしょに暮らしていた。

参謀部の連中はそろそろもっと居心地のよい宿舎と、いっそうの楽しみがほしいといいだしはじめていた。快適で文化的な生活をくりひろげて、日中の暑い時には冷たいレモネードを飲み、夜の勤務あけの時間にはりゅうとした白い軍服の上衣を着るという有様だった。

しかしロンメルは質実剛健な人で、こうした虚飾には目もくれなかった。彼は突然命令を発して、参謀部は東部トリポリタニアへ移転することになった。その目的は第一に、敵軍と対峙《たいじ》しているエル・アゲイラ隘路《あいろ》の背後にある機動予備に近づくこと、第二に野戦軍と同一の気候・生活条件に身を慣らすことだった。第三の理由は度重なる空襲によって、司令部が危険にさらされていたことである。空襲はトリポリに潜む敵の優秀な諜報《ちょうほう》組織の手で促進されていた。

数日間私は選ばれてロンメルの護衛をつとめてきた。将軍は定期的に、あらゆる補給準備に責任を持つ、Ｉｂのオットー少佐と会談した。ロンメルは兵員・資材の報告を、一つ一つ照合した。その結果、彼はいつも失望を味わっていた。なにしろイギリス軍は重要な貨物を積んだおびただしい船を、地中海《ちちゅうかい》の底に沈めてきている。武器弾薬を満載した巨船が、トリポリ港に入っても、容易に陸揚げはできなかった。高性能爆弾で爆撃を受け、爆発を起こし、数多くの建物が破壊され、ふっ飛び、そして内部が灰燼《かいじん》に帰した。ロンメルはたびたび不安を感じたが、たじろいで意気銷沈《しょうちん》するような人ではなかった。

「戦車連隊隷《れい》下《か》の二個大隊が、無傷で着いただけでもありがたい」と、彼はみずから慰めていた。

戦車――彼がアフリカに到着したその日以後、戦車という言葉がまったく重要なものとなった。戦車は彼のパンにとってバターであった。

ベルリンの陸軍最高司令部から命令が来て、ロンメルはドイツ・アフリカ軍団長に就任した。私の記憶では、それから一、二週間経ってからやっと、彼が最近少将から中将へ昇進したという確認が届いたように思う。軍団といってもまだ形をなさないもので、第五軽師団ですら、全員揚陸にはほど遠いものがあった。

Ｉａのエーラート少佐は報告書の中に、当時の状況を要約している。

「敵軍の活動は偵察程度にすぎない。わがほうの空中捜索によれば、敵軍は兵力を増強、機甲部隊を整備中。友軍イタリア歩兵部隊は依然前線を維持しつつある。サンタ・マリア大隊は前哨《ぜんしょう》拠点においてとくに抜群の戦果を収めている。さらに、イタリア軍アリエテ装甲師団、ブレシア師団、パヴィーア師団がある。ドイツ軍捜索部隊（装甲自動車大隊）は敵軍と接触した。戦車連隊は機動予備として、予定地に到達。一方、最近到着したものはわずかに、第八機関銃大隊（自動車化）の主力、野砲三個大隊、工兵大隊（戦闘工兵）の二分の一、補給中隊、および第一五装甲師団の先遣部隊である。

空軍関係の状況は、戦闘機および高射砲部隊の増強を得て、わがほうに著しく好転した。シュトライヒ少将指揮下の第五軽師団の司令部は『フィレーニ兄弟の門』地点にある。

総司令官の命令によって、アフリカ軍団司令部はシルテ地区に位置することとなる。今夕直ちに実行のこと」


進撃はその夕方開始された。ロンメルは自動車に乗って縦隊の先頭に立った。運転手の傍にはアルディンガーと、ロンメルの従兵ギュンターという下士官もいた。この従兵は麦わら色のブロンドの髪をした小男で、いつもくそ落ち着きに落ち着いている男だった。将軍の車のすぐ後には、伝令が三台のバイクをつらねていた。それからＩａの遮蔽《しゃへい》した有蓋《ゆうがい》車で、そのなかではエーラートとヘスリンが、進撃中、絶えず道路と敵の位置とを照合した。次が私たちの車で、同乗した通信隊長の中尉は、休止ごとに縦隊の後尾にある通信隊トラックと交信を行なった。

二日後われわれはシルテの新司令部に着いた。散在する古ぼけた家々、砂地の着陸場、群がる蠅をべつにすれば、ここにはほとんど何もない。ウアダンの冷たい飲物など、とんでもないことである。シルテはあまりありがたいところではない。だが私には居心地の悪さに文句をいっている暇などなかった。「シュミット少尉はＩａの司令トラックに出頭せよ」との、火急の命令が伝達されたのであった。

エーラートのトラックの外、日覆いの下に腰をおろしたロンメルは、航空司令フレーリヒ中将と会談中であった。私はすばやく敬礼した。が、いずれの将軍も私に目もくれなかった。二十五歳の私は誇りをきずつけられてむっとした。聞き耳を立てるつもりは少しもなかったが、小耳にはさんだ会話から、両人が重要案件について話しあっているのが、私にはわかった。「総統は第五軽師団をもって、意表をつく偵察を敢行するよう指示されている」ロンメルは話しつづけて、「ついては貴官の救援を得て空軍を……」トラックのなかの電話のベルの音が、それから先の言葉とフレーリヒの返事をかき消した。空軍司令官は反対をとなえているか、むずかしさを指摘しているようである。

「フレーリヒ」ロンメルはやや興奮してさえぎった。が、フレーリヒは言葉をつづけた。

「本官のおよぶ限り遂行しましょう。閣下、ですが……」

その時エーラートの怒り声が聞えてきた。

「シュミット、すぐこちらへ来るんだ」

三　オアシスの冒険

エーラートは前に作戦地図を山積みにしてすわっていた。

「シュミット、将軍の命によって、即刻、特別任務につく用意をするんだ。これから第五軽師団司令部へ赴き、そこのＩａに出頭する」彼はもっと近づくようにと私に合図して、「この地図を見たまえ。エル・アゲイラのすぐ前にドイツ軍一個大隊が陣地を占めている。南へここまでくだるとマラダ・オアシスがある。まだ敵に占拠されていない模様だ。君は数輌《りよう》の装甲車を含む機械化分遣隊を指揮して、このオアシスを占領する。そこでマラダから強力な戦闘分遣隊を出動させて、敵軍の維持するジャロ・オアシスに対して有効な攻撃を行ないうるかどうか、調査して復命するのだ」

エーラートはつけ加えて、この任務は重要なもので、もし成功裡に遂行されるならば、その結果は影響するところが、すこぶる大きいといった。彼は考えこみながら言葉をつづけた。

「もしマラダが占領されていたら、攻撃のうえ奪取する。その後に攻撃を受けたら、あらゆる犠牲をはらって断固死守する。詳細な指示は『フィレーニ兄弟の門』の師団司令部で受領する。わかったか？」

私は受けた命令を簡単に復誦した。あえて質問する気にはならなかった。そうすればエーラートがどれほど無情な態度を示すか、十分に承知していたからである。私がトラックを離れようとすると、エーラートは一枚の砂漠作戦地図を手渡した。

「取扱いによく注意してくれ。わずか三枚しか写しがないんだ。なお出発前に軍団長のもとに出頭しなさい」

胸がわくわくしてきた。冒険を期待する誇りと喜びとともに、一抹の恐怖がまじって、なんとも複雑な気持である。装具その他必要品を荷造りする一方、運転手に車を満タンにさせた。十分以内に出発ができる。私は軍団長に出発を報告した。ロンメルはただうなずいただけであった。

「フィレーニ兄弟の門」への道中は骨が折れた。低空を飛んでくる飛行機に、絶えず警戒の目をくばりつづけていたからである。夕方、砂漠のなかに巨大な拱門《アーチ》の立っているのが眺められた。その南に明るい石の城壁があり、そこを掘り抜いて、車輛、テント、防空壕《ごう》——第五軽師団司令部があった。私は急いで師団付Ｉａハウザー参謀少佐〔ドイツ軍の兵科には「参謀科」がある〕のもとに出頭した。少佐は後に将軍となり、イタリア駐屯《ちゅうとん》第一四軍参謀長となった。報告をすますかすまさないかの時、師団長シュトライヒ少将がテントに入って来た。

二人とも好感がもてた。うちとけて親しみがあった。私にビールを一杯ご馳走《ちそう》してくれたが、これはロンメルの総司令部では願っても手に入らないぜいたくだった。二人は私の任務についていっさいを知っていて、すでに準備もととのえられていた。私たちは細かい点を検討し、それからＩｃが呼ばれた。彼もまた親切だったが、ちょっと慇懃《いんぎん》にすぎた。彼フォン・クルーゲ大尉は、「利巧なハンス」と綽名《あだな》される有名な将軍の息子だった。ドイツ語のクルーゲに利巧という意味があるからだが、この息子が同じ綽名をもらうようなようすはなかった。

師団の食堂は総司令部のよりも、はるかに居心地がよく立派だった。飲物、煙草、菓子さえ買えた。煙草をのまない私は、ことに甘い物に目がなかった。

その晩、食堂での会話が政治に移った。一九三八年のユダヤ人迫害を弁護して、ゲッベルスが「ドイツ民族のおのずからなる示威運動」としたのは、事実を誤るものだと、私は軽率にも非難した。私はユダヤ人の味方ではないけれども、反ユダヤ政策は恥ずべきものだといった。中年の予備役将校、メクレンブルク出身の地主が、私の率直な意見に、興味を感じたようだった。

「若い士官からそうした主張を聞くのは嬉《うれ》しいね、だが君の隣りの方は、違う考えをもっていると思うよ」と彼はいった。

私の隣りの男も少尉で、年のころは四十に近く、頑健で堂々たる体をしていた。大きな額をいつもかすかにうつむき加減にしているので、まるで頭が重くてそうしているかのように見えたし、また絶えず深いもの思いにふけっているかのようでもあった。彼はなんの反応も示さなかったが、私は自己紹介をした。引きつづき緊張気味に話をかわしているうちに、彼がベルント少尉といい、平時にはゲッベルスの宣伝省局長で、『戦車猟兵《パンツァーイエーガー》突破す』という戦記の著者であることがわかった。彼は私のゲッベルス非難に対して何もいわなかった。そして夜がふけるにつれて、私たちはすっかりうちとけた仲となった。二人ともその時には予想しなかったが、後になって私たちは長いあいだいっしょに暮らすことになった。

その夜イギリス野郎《トミーズ》は、私たちがクリスマス・ツリーと呼んでいる照明弾と、小型の集束爆弾を落とした。砲弾の破片が私のテントの屋根をひき裂いて、美しいアフリカの星々のきらめく空がくりひろげられた。

朝まだき私はマラダ進撃隊の先頭に立った。私たちは約三十輛の車輛で出発した。なかには装甲車四輛、無電トラック一輛、フォルクスヴァーゲン六輛、軽対空砲《アク・アク・ガン》を牽引《けんいん》した車輛二輛、対戦車砲を牽引した車輛二輛が含まれている。残りは歩兵それから弾薬、糧食を載せたキューベルヴァーゲン〔ドイツ軍のジープ相当の車輛〕である。三人の若い士官が隊に同行した——中隊長と、私と同じ名のシュミットという少尉、彼は私の装甲車に同乗した。それから通信隊の係の少尉であった。

　私たちはエル・アゲイラの近く数マイルまで、東へ進んだ。イギリス軍砲兵隊の一斉射撃が、海岸沿いの道を離れて、南へ向きを変える時のきたのを知らせた。マラダ路を目指して進みながら、この地区に行動しているはずの友軍装甲車を探し求めた。二時間も砂漠を走ったあげく、第三捜索大隊と連絡がついた。八輪重装甲車の車長は新しい位置を教え、マラダ路まで同行しようと申し出た。進軍はつづいた。

　通信班から休止を示唆する通信を届けて来た。英語の通信を傍受したのであった。その内容は「敵の一隊がわがほうへ移動中」というのである。地平線を探索した結果、今や明らかにマラダへの道とおぼしき地点に近い、丘の陰に斥候《せっこう》が潜んでいるのを確認した。私は六輪の車輛を集合させて、凹凸のはげしい砂漠を越えて南へ扇形に展開するように命じた。間もなく無電トラックが再び英文を傍受したと報告した。「敵軽装甲車六輛南へ向かう。詳細不明」

　八輪重装甲車の車長は怪しい丘を襲撃しようと提案した。地雷が心配なので、百ヤード前進して、停止するよう命じた。彼はその通りに行なった。すると再び敵の通信が入った。「大型装甲車わがほうへ前進中。さらに近づけば、偵察中止もやむなし」

　私は二輛の軽装甲車を前進させて、八輪重装甲車といっしょにさせた。車長とすばやく意見を交換してから、丘に対して全力突撃を加えた。だが、一マイルと進まぬうちに、砂煙りがあがり、三輛のイギリス軍小型装甲車が、全速力で退却して行くのが眺められた。

このあたりは地雷がとりのぞかれているようだった。それでも私たちは抜け目なく注意して進んだ。南へ行く道に着く前に、トラックが一輛、地雷に触れたが、幸いに負傷者は一名にすぎなかった。八輪重装甲車の車長は、道が発見できたので、いまでは私たちの遠征に興味を失いはじめていた。彼は二、三助言を残して、自分の隊に帰るため走り去った。そのあいだに私の隊の工兵が、地雷原に通路をひらきはじめた――その作業に彼らはわずか三十分を費やしたにすぎなかった。

暗闇が望んだよりも早く私たちをつつんだ。敵の急降下爆撃機は地雷と同様に大きな脅威だったので、月明りを利用して、夜どおし走行することに決定した。暁の光がやっとさしそめるころ、私たちはマラダ・オアシスに到達し、敵のいないのを発見した。オアシスにいるアラビア人が通訳を通じて話したところによると、イギリス軍の小自動車化部隊は二日前に北方へ出発したのであった。

オアシスには嬉しいことに泉があって、甘くおいしい水が豊かに湧きでていた。その日は予想される攻撃に備えて、防禦《ぼうぎょ》陣地をつくるのに送った。夜はB・B・C放送のニュースを聞いた。例によって、戦争のニュースは前日の戦況を扱っていた。「ドイツ軍装甲車はエル・アゲイラから南方へ向かった」と伝えるのを耳にした。たしかにこれは私たち自身の隊を指しているので、妙にくすぐったい気持になった。

　私たちの本当の任務は次の朝早くにはじまった。ジャロ・オアシスへ行く路、東へ約百五十マイルを、踏査する計画をたてた。中隊長を残してマラダを預けた。ジャロ路の任務には二輛の車輛を選び、おのおの乗員を三名とした。またそれぞれの車輛に軽対空機関銃一門と、弾薬箱四個とを装備した。四番目の席には燃料容器――イギリス人が「ジェリイ罐《かん》」（ドイツの罐）といっている型のものを積みこんだ。新鮮な水の容器は前部に置いた。車は普通の後輪駆動型、普通の空冷型ラジエーター付で、やわらかい砂にめりこんだ場合、砂を抑えるため、束柴《そくさい》を両側に取りつけた。シュミット少尉が同行することになり、私はバイク乗員二名と機関銃手二名の人選を、彼にまかせた。

　行程の最初の一時間がたつうちに、私たちは南を目指して進んだのだが、目的地に到達できないのではないかと、私は考えはじめた。二、三分ごとに、車は深い砂にめりこんでしまった。だがしだいに砂の色が明るい黄色に変わり、前よりも固くなったのに気がついた。平均してかなりの速度で砂の上を走れるようになったので、進行もたやすくなった。三時間後、平たい頂きをした丘が、南の地平線にあらわれた。方向を東へとる時がきたのである。しかし恐ろしい人跡未踏の砂丘――カランショ砂海の断崖《だんがい》が、前途をさえぎっている。地形は東の高原の方へ険しく隆起している。計画通りに接近できないのを、私はさとった。

平たい頂きの丘に着いた時、運転手が目にとまった高い柱のことを注意した。その柱は東の高地と平行して、おおよそ一マイルの間隔で立ててあった。その柱は南への道を示すものと考えて、それを辿《たど》って高地の麓《ふもと》に達し、高原に近づく努力をしようと決定した。一日は徒労に終った。私は丘の頂きに徒歩で登ってみると、まだ真新しいイギリス軍の間隔の広い車輌の跡があった。

昼は星の輝く夜となった。ライム果汁にひたした固パンで軽く食事をとり、哨兵を立て、交代で眠った。私は自身警戒時間に当った時、問題をいろいろと検討して、たしかにクフラへの標識路にいることを確信するようになった。現在の問題はまず砂丘を通る道を発見し、次に高原へつづく未踏の高地を迂回《うかい》することだった。

夜明けに進撃を開始した。車輌を並べて、たがいに車輪の跡を進まないようにした。これならば一輌が停止する羽目になっても、場合によって他の一輌が突進できる。私たちは着実に進んで行った。これにはフォルクスヴァーゲンの軽いのが役立っていて、砂にもぐっても、人手でわだちからだすことができた。運転手にはハンドルを握らせたままにして、二人がまず一方の側を持ち上げて車輪の下に束柴を挿しこみ、それから反対側で同じことをやるのである。

私たちはジャロよりもクフラに近い地点に達したものと断定した。地勢は前よりもますます険しくなった。砂丘が周囲をとりまいて、いずれを眺めても、視界は限られていた。車が二輌同時に頂きを越えそこなって、大きな砂丘の谷間に滑り落ちた。全員が数時間困難な作業をつづけて、やっと車輌を平地に戻し、再び進むことができた。燃料の半ばはすでに使いつくされている。マラダへ引き返す以外に道はない。私たちは翌日の昼、マラダに着いた。

次の日、べつの隊員と車輌とで、平らな頂きの丘の北東にある、容易に越え難い砂丘の間を通って行く道を発見するため、再度、私は踏査を行なった。私たちはジャロへの道を見つけ、オアシスが敵に占領されているのを認めた。この路線はとくに改造された車輌以外には通過し難く、重戦車などはまったく論外であると、私は報告せざるを得ない。ジャロ遠征の成果は大したものではなかったが、私は意気揚々とマラダにとって返した。

オアシスでは思いもかけぬことが私を待っていた。

四　将軍の「シュトルヒ」機で砂嵐の中を

「マラダの任務を終結、直ちにロンメル将軍のもとに出頭せよ」との無電が入っていた。

私はここしばらくの晩一、二時間以上眠っていなかったけれども、いまではその性能を高く買っている軽車輌《けいしやりよう》二輌で、その夜マラダを出発した。目的地は前進司令部で、無電トラックが受けた暗号通信によれば、現在エル・アゲイラ東方に所在していた。一週間前にはその地区でさんざん砲火を浴びたものだったが、情勢はどう変わったのであろうか。

戦況はこうだった。イギリス軍《トミーズ》は海岸沿い道路の北方高地に、有力な砲兵監視哨《しょう》を維持していた。そのため前方地区におけるわがほうの行動は絶えず悩まされ、まったく厄介極まるものだった。ポナート中佐の第八機関銃大隊が海岸道（「バルボ海岸道《ヴィア・バルビア》」）の北でメルサ・エル・ブレガに向かって攻撃する一方、戦闘工兵二個中隊がその監視哨奪取に投入された。彼らの攻撃は成功、ロンメルは専用偵察機フィーゼラー・シュトルヒの機上から進撃の模様を見守り、イギリス軍が東方へ退却するのを眺めた。ロンメルは着陸して、装甲車偵察グループに命令をくだし、イタリア軍アリエテ師団の戦車と協力して、敵の南側面へ侵入させた。航空司令フレーリリヒ中将がこの戦闘の結果を監視した。空軍からの報告は驚くべきものであった。

「敵はアジェダビアおよびベンガジ方面へ大規模の退却を行ないつつあり……」

ロンメルは直ちにフレーリリヒに要求して、メキリ周辺およびベンガジ東方地区について、よりくわしい情報を得た。空軍の報告はいまや信じられないほどのものだった。「敵軍はキレナイカの至るところで東方へ総退却中」

「時機到来か？」とロンメルは考えた。木材とズックで造ったまやかし戦車が、本当に敵の空中偵察を欺いて、わが軍が大攻勢の開始を企図していると、信じさせるようなことができたのか？　監視哨に対する局地攻撃と、南側面への装甲車による不確実な進撃を、敵は強力な予定行動と見なしたのか？

ロンメルは無駄な空論に時をついやす人間ではなかった。彼はまさに得意の場にあった。情勢を最大限に利用した。二方面への攻撃を即座に案出したのである——一つはイタリア軍が海岸沿いにベンガジへ進み、いま一つはドイツ軍がメキリ目指して突進するのだ。

ウェーヴェル軍は、ロンメルには明らかであったが、枢軸軍の兵力を過大に評価していた。あのトリポリでの分列行進は時間の浪費ではなかった。いまは真実を嗅《か》ぎつけられないことが肝心である。ロンメルは命令をくだした。「すべての隊形の先頭に戦車を置け。後衛の車輛は砂塵《さじん》を、砂塵のみをあげろ!!」

後方で砂塵の雲がもうもうと色濃く舞い上がっているのに、隊列の先頭にある数台の車輛以外を、砂漠で識別できるものがあるだろうか？

ロンメルは憑《つ》かれたように休む暇なく活動した。できるものなら同時にあらゆる所にいたかったにちがいない。彼は絶えずシュトルヒを飛ばして、時にはここ、時にはあちらにと、つねに思いもよらぬ場所に姿を見せた。

私はエル・アゲイラの真東の海岸に近づき、幾台かの司令部のトラックを発見した。マラダから夜をついで車を飛ばしてきたので、疲れ切った私は打ち倒れるようにして一、二時間ぐっすりと眠った。瞼《まぶた》が砂で膠着《こうちゃく》していたけれども、夜明けに起きた時には気分はさわやかだった。朝の七時、アジェダビア着陸場の近くで前進司令部の旗を見つけた。

私のマラダ・ジャロ偵察報告はもう不必要なものであった。誰ひとりジャロへの進撃の機会に興味をもつものはなかった。エーラートはいらいらしながら私を迎えた。

「いったい、いままでどこに隠れていたんだ？」

彼は返事を待ってなどいなかった。地図にかがみこんで、私には目もくれない。トラックは作戦進行中に生れる緊張で、活気にあふれていた。当直のヘスリン中尉もトラックにいたが、エーラートのじゃまにならぬよう目に見えて気をくばっていた。それにならって私も沈黙を守った。無電係の士官が通信を持ってあわただしく出入りした。エーラートは作戦地図に赤や青の記号をつけていた。外では、濃い砂塵の雲が舞い上がって、ムススの向こう北東の方へ流れて行った。

ヒムラー中尉の顔が扉からのぞいた。「Ｉａはここでありますか？」

「さっさと失せろ！」と、エーラートは顔も上げずに怒鳴った。こんなことなら、砂漠に出ていたほうがよかったのにと、私は思った。

エーラートは電話で参謀長と話しあっている。どうやら二人とも、ロンメルの居所を知らないらしい。

「総司令官はシュトルヒでムススへ飛ぶといっておられました」とエーラートはいって、

「だが機はまだここにあるのです」

不愉快な砂風が起こりはじめている。イタリア人がジブリといい、イギリス人がカムシンというものである。砂が歯の間でぎしぎしときしる。暑さは激しい。蠅がもの凄《すご》く集まって来る。

エーラートは再び答える前に、間をおいて、「将軍は車で行かれたのかもしれません。シュレープラー少佐とアルディンガーがいっしょです……」

フォン・デム・ボルンは空軍の報告を尋ねているらしい。エーラートは答えて、

「砂風のため朝の報告は信頼できません。イギリス軍がトブルク方面へ、全般的に移動していることは、おそらく確実だと考えます」

参謀長はその観点から情勢を描いてみせる。エーラートは指で落ち着きなく机を叩《たた》きながら聞いている。

彼が言葉をはさむ。「小官も同じ意見です。中佐殿。敵に立直る余裕を与えず、メキリを迂回《うかい》し、トブルクへ進撃すべきです。第五軽師団に対する現在の命令は『メキリへ進撃せ

よ』となっております。総司令官がご不在なので、参謀長の権限で命令を変更、メキリの代わりにトブルクに直接攻撃を加えるよう指揮をお願いします」

フォン・デム・ボルンは承諾し、電話が切れる。

エーラートは身体をまわし、ぼんやりとした眼差《まなざ》しで私を眺める。彼の眸《ひとみ》から鈍さが消えていく。まるでしだいに物の形がわかってくるかのように焦点をこらしている。私の姿がはっきりしたらしい時、「今の話を聞いたろ……車で――いや、航空機がいい、メキリへ飛べ。各隊に新しい命令『全軍トブルクへ進撃せよ』と伝えるんだ」

私は今朝までメキリのことは何一つ聞いていなかった。「航空機がいい」という言葉がごく当り前のことに思われた。「どの航空機を使えばよろしいのでしょう？　少佐殿」と私は尋ねた。完全な地図もほしいといおうと思ったが、はっとしてやめた。エーラートの顔が赤くそまり、眼がいくらか怒り立っている。「わしをなんだと思ってる！　えっ――乳母さんとでも思っとるのか」

「いや、少佐殿」私はどもりながら、挙手の礼をして、そうそうに司令トラックから退散した。扉を閉めると、間をおかずエーラートがまた開けて、私に呼びかけた。

「将軍のシュトルヒを使え！」

たとえ与えられた命令の重要性と緊急性に予備知識がなかったとしても、将軍専用の重要な交通手段を使えといわれたら、この場合そうしていたに相違ない。

　私はロンメルの下士官操縦士を見つけた。はじめのうち彼は、まさかへっぽこ少尉が将軍機を使用する権限を持っているとは、なかなか信用しなかった。やっと私に嘘をいっているようすもないと納得がいくと、今度は砂嵐の中を飛ぶなんて狂気の沙汰《さた》だといいだした。おそらくその主張は正しかったかもしれない。だがその時、私たちの話が中断された。砂煙りを通じて、近くで敵の爆弾が投下され、炸裂《さくれつ》するのを、私たちは見たし聞いたのである。イギリス空軍機の近づくのを、嵐の音にまぎれて、気づかずにいたのであった。

　そのおかげで下士官は飛行できると踏み切った。あるいは司令部付近に留まるよりも安全だと考えた。彼は小さな地図を取り出し、二人でやっとメキリの位置をたしかめて、座席にのぼった。暑さのため私はシャツ一枚の軽装で、剃刀《かみそり》一つ歯ブラシ一つ持たずに、将軍専用機で前線に飛び立った。

　操縦士は高度を保つのに苦労しているようであった。数度旋回してから、しだいに昇って行くのがわかって、ほっとした。時折り、砂塵の雲の切れ目から、進んで行く隊列を、ちらっと眺めることができた。「メキリを迂回、トブルクへ直行」という命令が頭のなかで反響している。ロンメルの知らぬ間に、かかる重大な作戦変更を命令する、参謀長の独断専行に、私は驚嘆した。

嵐がしずまるようにと祈ったが、四十五分間飛んでも、烈風はますます悪くなって行くばかり。操縦士はちっぽけな機を自由にできない。機は激しく翻弄されて、強風にもまれる凧《たこ》のようである。

私は操縦士に叫んだ。「なんとしても目的地に着くんだ。知ってのように大切な役目なんだから！」

「ハイ、少尉殿。でも、だめなものは、だめであります」

その言葉を裏書きするように、機は垂直に投げあげられて、次の瞬間には、下へ下へと落ちて行く。もう最後かと思う。だが機は平衡を取り戻した。

操縦士は決心したようすで叫んだ。

「機の操縦には自信があります。着陸します」

私はなんともいわなかったが、どうやって着陸するつもりかと思った。地上のようすがつかめないのである。しかし彼は砂煙りの暗さを衝《つ》いて、どうやら機を降下させ、車輪がでこぼこの砂漠の上を数ヤード、音を立ててころがった。シュトルヒ機はテニス・コートの広さでも着陸できるのだ。

私は夢中で機から飛び降りた。——使命の重要さだけが頭にあった。なんとしても失敗してはならない。操縦士は機が風に飛ばされないように、杭《くい》を打ち綱をかけようとしていた。

私は彼に嵐がしずまるまでここに留まるよう大声に命じて、一方、自身で他の輸送機関を捜そうとした。

無我夢中で砂嵐の中へ飛びこんで行った。貴重な時間が一刻一刻過ぎて行く。もう何時間になるのだろう？　孤独と虚しさが、時々、私を襲ってきた。降りたところから遠く離れた感じだった。その時、前の赤いもやのなかを、一台のフォルクスヴァーゲンが茫《ぼう》と輪郭を描きだして、こちらへ近づいて来るのに気がついた。濃い塵埃《じんあい》の渦がそれをおおっているが、私はかけよって、大声に叫んだ。運転手は私を見て、速力を落とした。びっくりしてまじじと私を見つめている間に、私は車に飛び乗って、腰をおろした。運転手が「トマトに気をつけて」といったのも、手遅れだった。息をはずませながら、私は名乗って事情を話した。

運転手は高名なドイツの戦時特派員フォン・エーゼベック男爵だった。彼も方角を失っていて、周囲数マイルに人の気はなかったようだといった。渦巻く砂のため太陽の位置を確めるのが難しかった。この時間ならば、太陽は南にあるはずなので、私たちは左へ向かった。敵は前にいるのか後にいるのか、皆目つかめなかった。東へ向かうことだけははっきりしていた。日没少し前、トラクターの牽引《けんいん》する大口径の砲に出会った。ドイツ砲兵八名の一行で、八十八ミリ高射砲、大型ハーフトラック、そして補給車を装備し、同じく道に迷ったのであった。私たちは砲兵の一行と夜を過ごすほかなかった。

兵隊の一人が補給トラックに新鮮な卵があると、ふと口を滑らしたので、さっそく私はフォン・エーゼベック、その運転手そして私の三名に、それぞれ三個ずつ卵をゆで、フォン・エーゼベックがコーヒーをいれた。嵐はしずまりはじめ、まだ口の中が砂でざらざらしていたが、食事はおいしく、コーヒーはうまかった。

嵐のしずまった明け方の空気は水晶のように澄んでいた。周囲何マイルにもわたって、目のとどく限り、人や車の影はなかった。南東遥《はる》かに干上がった塩田を見つけた。その位置をフォン・エーゼベックの地図の中で捜したが、無駄であった。この辺の砂漠は表面に玉石がごろごろころがっていた。戦時特派員と私とは、その塩田目指して進み、平らな表面でスピードをあげようと考えた。低空から突然襲いかかって来るハリケーン機さえいなければ、これはうまい考えだった。

数時間走ってやっと遠くに、北東へ向かって進んでいる一隊を眺めた。メキリ到着が遅れて、陥落の模様を目撃談として送ることができなくなりそうだと、フォン・エーゼベックはやきもきしていた。塩田を離れて少し高くなった地点に近づいた時、南西やや背後の空で、低空を飛んでいる一機が直撃弾をくらって、焔《ほのお》につつまれ地上に激突するのを見た。敵か味方かわからなかったので、残骸を調べるため急いだ。その途中、防禦《ぼうぎょ》陣地が滅茶苦茶になっているのにぶつかった。ほっとしたことに、ドイツ軍の――軽高射砲陣地だった。指揮している下士官にどなった。

「メキリへの道はどっちだ？」

「この道がそうであります」と彼は答えた。

その話ではメキリ攻撃ははじまったばかりであった。

ほっとした思いで、喜びながら、数分後私は第五軽師団司令部を、捜しあてた。急いでフォン・エーゼベックに礼をいい別れを告げて、ハウザー参謀少佐のもとに出頭した。

「エーラートらしいことだ」と彼はいった。「こんなことを考えるなんて」

少佐はシュトライヒ将軍と検討した。しかし師団長は数時間前に、ロンメルから直接命令を受けていて、メキリ攻撃は決定していた。

わが軍は、砂漠のなかの小さな砦《とりで》と、それをとりまくイギリス軍拠点を、三方から攻撃した。

戦闘は熾烈《しれつ》を極めたが、わずか二時間つづいたにすぎなかった。わが軍はイギリス軍司令官ギャンビア＝パリー少将を、そのテントのなかで捕虜にした。捕虜の総数は約三千人。さらに大きな戦果があがった。オートバイの一隊が、近くのジェベル・アクダールの下の砂漠を横切って、東へ移動中のイギリス部隊を捕えた。驚いたことに、その中にイギリス軍のベンガジ進軍の英雄二人が入っていた。サー・リチャード・オコンナー中将、彼はイタリア軍壊滅の功で最近ナイトに叙せられたばかりの人であり、いまひとりはヴィクトリア勲章受領者サー・フィリップ・ニーム中将であった。だからわが軍は三人の将星を捕えたことになった。

メキリ飛行場には破壊された航空機が散らばっていた。イギリス機は短い間隔で、くり返し飛行場を襲って来た。そうした空襲のさなか、あのフィーゼラー・シュトルヒ機が空から舞い降りた。機から降り立ったのはロンメルで、砂漠の戦況を親しく偵察して、元気潑剌《はつらつ》と微笑していた。

捕えられたイギリス軍将軍の指揮用トラックが小高い所にあった。大きなごつごつした車輛で、そのタイヤも特大、内部には無電と事務用の設備があった。私たちは「マンモス」と名をつけた。この便利な車輛を、その後ロンメルやその幕僚、および司令官たちが、いまや開始されたばかりの砂漠戦の長い期間中、よもや引きつづいて使おうとは、私は想像もしなかった。

ロンメルは捕虜のイギリス軍将軍と短い会見を終って、興味深げに車輛を視察した。イギリス軍の設備を取りはずした車を眺めていたが、取りちらかした廃物にまじって、大きなセルロイド製のゴーグルのあるのに目をとめた。気に入ったらしい。にこっと笑って、

「戦利品だ——差支えないね。貰《もら》うよ、将軍だけども」

彼は金の打紐《うちひも》で縁取りした軍帽のひさしの上にゴーグルをかけた。
それから以後そのゴーグルは「砂漠の狐」の有名な記章となった。

五　トブルクの門戸にて

ロンメルは暁前にトブルクへの進撃の先頭に立った。前の夜、アフリカ軍団司令部は、メキリに到着していた。私はエーラートと会うのを避けた。ロンメルはマンモスの一輛《りょう》を第五軽師団のシュトライヒ将軍に割当て、二輛を自身と幕僚のために残した。彼はマンモスの全車輛に白黒の鉄十字を描かせた。わが軍は多くの敵車輛を鹵獲《ろかく》していたので、ロンメルがいつも使用しているのと同じオープン・カーを私は割当てられた。

アルディンガーは、ロンメルといっしょに先頭の車で出発しようとする時、私に指令をいい残した。「シュミット君、これから君はいつも将軍の車のすぐ後について行軍するのだ。君は完全に閣下の部下となったのだよ」

そのころは毎日劇的な事件が起こっていた。三月二十七日ペータル王は午前二時の「宮廷革命」の後、ユーゴスラヴィアを支配するようになった。二十八日には同盟国イタリア軍がマタパン岬の戦闘で、イギリス海軍によって、さんざんにぶちのめされた。その翌日、第一南アフリカ旅団がアビシニアのディレダワに達して、アジス・アベバの命運は明らかにきまった。アスマラは二日後に陥落することになった（ヒース少将指揮下の第五インド師団が入城したのは四月一日だった）。

ロンメルのエル・アゲイラでの動きは、三十日にようやくはじまった。四月二日にわが軍は沿岸のメルサ・エル・ブレガおよびアジェダビアからイギリス軍を駆逐、そして翌日いつも防禦《ぼうぎょ》するのにむずかしいベンガジを、イギリス軍は撤退した。同じころイラクで親枢軸クーデターがラシッド・アリの手で行なわれ、ウェーヴェル将軍にまた一つ頭の痛い問題ができた。イーデン外相とイギリス帝国参謀総長サー・ジョン・デイルとは、軍事援助を求めるギリシアの要求に応《こた》えるため、二人ともにアテネにいた。ウェーヴェル将軍は近東からギリシアへ部隊を送ろうと計画していた。そのギリシアに、ドイツは四月六日の朝、侵入した。同時にユーゴスラヴィアにも進駐した。

四月七日わが軍はデルナを占領。アジス・アベバは陥落。私のかつていたマッサワは降服の寸前であった（占領に当ったのは第七・第一〇インド旅団および自由フランス東方旅団で、一九四一年四月七日のことだった）。

だが、砂漠ではロンメルが意気軒昂《けんこう》と群を抜いていたのである。

小休止のあいだに、ロンメルはベーレントから、無線通信を受け取った。「デルナに到達」Ｉｃ課のベーレント中尉はロンメルの命によって、戦闘部隊として臨時編成した数門の対戦車砲を備えた混成部隊の指揮に当り、デルナ攻略に向かっていたのだ。彼は沿岸道路を進むイタリア軍を追い越し、多くの捕虜を収容していた。

過去数日間、空軍は地中海《ちちゆうかい》を渡って、第一五装甲師団のために、増強兵力を輸送していた。師団長フォン・プリットヴィッツ将軍は、アフリカに到着した第一陣の一人であった。ロンメルはきわめて短時間の会見を彼と行ない、それからフォン・プリットヴィッツはトブルクへの進撃を指揮することになった。将軍は敵の前方防禦線に正面攻撃を加えて、戦死した。アフリカで部隊の先頭に立って、ドイツの将官が戦場に仆《たお》れたのは、これが最初であった。

夜の訪れとともに、ロンメルおよび私たち幕僚は、トブルク西方にある一軒の白壁の家――平和な時代には道路技師の住居に着いた。誰が描いたか、四角な建物の外壁に、愛飲の酒をほめたたえる絵を描き、そのうえさらに真に迫る競馬の図まで描きそえてあった。電信柱が一定の間隔で立てられ、砂漠を横断して、この家とアクロマの砦《とりで》をつないでいた。この建物の近くにフォン・プリットヴィッツとその他彼といっしょに戦死した将兵のなきがらを埋めた。

司令部は白壁の家の南西にあたる谷に設置された。エーラートはマンモスの一つを作戦室に当てた。残る一台はロンメル用にとってあった。

翌朝、ロンメルはアクロマへ向かった。彼の車を護衛するのは、私の車と、軽装甲車一輛にすぎなかった。私たちは埃《ほこり》の舞い上がるアクロマ路を走った。この道は枢軸側のバイパスがつくられるまで、原始的な砂漠の砦への交通路として、長いあいだ親しまれ使われて来たものである。アクロマからロンメルは南東へ向かってエル・アデムを目指した。トブルクから射ちだす砲火が、突然、私たちの周りに落ちだして、びっくりしたアフリカカモシカが三台の車輛のあいだに跳びこんで来た。砲弾は照準がよく、しばらくのあいだ私たちの跡を追って離れなかった。

三十分ほど走った時、エル・アデム近くの高地に、陣地を構えているドイツ歩兵部隊に出会った。ロンメルは車を止めて、すでに数時間をそこで過ごした士官たちと、しばらく話しあった。士官たちのなかに、マラダ゠ジャロ踏査の同僚シュミット少尉がいた。将軍が語りあっているさなか、敵の一斉射撃の砲火が私たちに降りそそいだ。一人の若い少尉が戦死、友人のシュミットは片腕を失った。

さらに東へ二マイル、シュトライヒ将軍がマンモスに乗り、幕僚とともに、広い峡谷に離れているのを発見した。トブルクからの砲撃もいまはやんでいた。ロンメルは目をきらっと光らせて、シュトライヒにいった。

「弾薬を倹約したほうがたぶんイギリス軍のためになる。いずれ手持ちが全部必要になるのだ」

　これを裏切るかのように、新しく一斉射撃の激しいひびきが聞えて、付近に炸裂《さくれつ》した。明らかにこの地点を狙ったものだった。だがこの砲撃がトブルクからでなく、南から行なわれているのに、私たちは気づいた。ロンメルは細長く低い建物と、電信柱が一列に立っている高地の頂きを、双眼鏡で眺めた。彼はすばやく地図を眺め、そして再び双眼鏡でその地区を観察しながら、静かにいった。「エル・アデムだ」

　彼は孤立した一輛の装甲車を見つけた。敵の弾着観測将校の車にちがいない。対抗手段を準備しようとしているあいだに、十五分後、その車は姿を隠し、それとともに砲撃も終った。

　一方、将軍たちは戦術的情勢を検討していた。私たちがそこを離れる前に、ロンメルは師団長にくり返していった。

「全力をあげてトブルクを攻撃しなければならない。直ちに戦車を出動させて、イギリス軍《トミーズ》に壕《ごう》へもぐり込む余裕を与えないようにするのだ」

　日の出に私たちは白壁の家の西にある露営地を発《た》ち、再び濃い埃を衝《つ》いてアクロマへ向けて走行した。反対側から来る隊列そして前を走る車輛がことごとく埃を巻き立てて、物の文《あや》目《め》もわからぬ濃い雲をつくっていたので、私たちは道に沿っている電信柱を見て、ようやく方向を定める始末であった。やがて車はまた三輌だけになった――ロンメルのと、私のと、それから軽装甲車と。

アクロマで第五軽師団司令部のヴァール中尉と四輌の戦車が、将軍を迎えて、敬意を表した。私が快活で魅力のある好青年ヴァールと話しているあいだ、ロンメルは東にあたるトブルクの強化された拠点を、双眼鏡でじっと見渡していた。まるで魅せられたかのように、沈黙している。そのひきしまった胴は、広げた両足の上にまっすぐのび、そして眼に双眼鏡をあてているため、肱《ひじ》は曲がっていた。顎《あご》を心持ち突きだしていた。あのメキリのゴーグルは軍帽のひさしの上にのせられてあった。

「少尉、出発する」と、ロンメルは不意にいって、「あの士官に戦車を連れて後につづくよう伝えなさい」

彼は自分の車に飛び乗り、先に走り出す。私は命令を伝えた。戦車隊長は、腕を数回あげて、戦車を召集した。ヴァールは自分の戦車に乗り込み、にやっと笑った。

「トブルクへ出発！」

私たちは東へ数マイル走った。時折り砲火が周囲で炸裂する。とある谷間でイタリア軍砲兵中隊のそばを通り過ぎた。トブルクの「キングス・クロス」地点から射ち出す砲撃に、激しく応射している。

ロンメルは車を止めて地図を調べる。私が振り返って見ると、戦車は私たちよりも相当遅れているようである。遥《はる》か後ろで、埃の雲をもうもうと前にあげている。将軍が手招きしたので、私はその傍に駆け寄った。その指が力強く地図の一部を指した。

「砲兵隊は正確な地点にある。だがベルサリエーリ（「狙撃兵」の意。イタリア軍のエリート部隊）大隊はどこなのだ？　直ぐ前面の高地の陣地にいなければならんのに」

彼は再び地図を眺め、それから腹立たしげにいった。「イタリア軍指揮官は明らかに誤った地点を指示したにちがいない」言葉をつづけて、「イタリア軍司令官は見たところ、まだ兵力を掌握していないのだ」

その時戦車が後ろの方に近づいた。谷間全体が、突然、爆発音でおおわれた。一斉射撃が頭上で炸裂した。

「引き返せ、追って指示するまで現位置にとどまれと、戦車に命令しろ」とロンメルは私に怒鳴った。「私は前方高地へ行く」

砲火が雨と降りそそぐ谷間を、戦車の方へ車を走らせるのは、愉しいものではなかった。命令を伝えて、また前線へ戻るよう運転手に指示した時には、それこそほっとした。私は高地の麓《ふもと》で車を棄て、斜面を急いで登った。ロンメルは右に左に砲弾が炸裂する大地に腹ばいになっていた。まったく彼ひとりだった。その日は通信の遅れを取り戻すため、アルディンガーさえ後に残していたのである。

ロンメルは双眼鏡で熱心に前方地点を調べている。口はしっかりと結ばれ、あの目立つ頬骨がくっきり浮かび上がって、帽子は後にずらしてあった。

「ピラストリーノ砦だ」と彼はつぶやいた。私はすばやく将軍の地図を眺めてから、一塊りの石の背後に身をかがめ、同時に前の地形を見渡した。大地は私たちの前からゆるやかに降っていて、それからまた同じようにゆるやかに昇っている。その頂上には三角形の崩れた石の群れが、有刺鉄線で細かく網目に囲まれている。そこからかなり離れたところに、石の堤が小高く見える。これがピラストリーノで、敵の監視哨《しょう》だなと、私は推測した。

ロンメルははじめてトブルクの防禦点を実際に眺めているのだ。しかし敵の兵力を測る手段がない。幾つかの人影が崩れた石の群れの周辺で動いているのが、私たち二人の目に入った。攻撃本能がロンメルを捉《とら》えたらしい。「少尉！」と彼は指揮した。「戦車に命令しろ。前方石の廃址《はいし》を攻撃――二輛は北方の谷間から、二輛は南方の谷間から廃址に接近する」

「ハイ、閣下」私は命令を復誦した。前から気がついていたのだが、南の谷間をほど遠くないところにそれよりもずっと深い峡谷がある。私は無分別にも思わず口にだしてしまった。

「閣下、戦車はあのいっそう深い谷間へ、前進すべきではありませんか？」

ロンメルの眸《ひとみ》がきらっと光り、顔に赤味がさした。「少尉、私は君が思うほど馬鹿じゃない」

私は敬礼し、余計な口をきいたのを悔みながら、命令を届けに走った。しばらくは周りに落ちる砲弾も気にならなかった。

戦車に着いて、命令を戦車隊長に伝え、簡単に地形を説明した。彼はラジオで他の戦車長に命令を伝達した。戦車隊長はおだやかに微笑し、円蓋《えんがい》を閉じる前に私に手を振り、後ろに他の戦車をしたがえて、轟音《ごうおん》とともに出発した。

私たちは戦車の進撃を見守った。戦車は命令通り、目標——廃址に近づいて行った。と、だしぬけに猛烈な砲火が戦車の周囲に落ちはじめた。数秒後、幾門かの砲の弾丸はわがほうの監視哨を狙って襲って来た。私たちは斜面に沿って遮蔽物《しゃへい》を捜しに走った。だが砲撃はますます熾烈《しれつ》さを加えた。砲弾がイタリア軍砲兵隊のあいだに落ちた。一門の砲とその砲手たちは、直撃弾で全滅した。砲撃がやんだ日没まで、まさに阿鼻《あび》叫喚の地獄の様相であった。私たちは白壁の家近くの前進司令部へ車で帰った。戦車は戻らなかった。数週後ラス・メダッワを攻撃する戦闘工兵の一団は、戦車隊長の無惨な屍体《したい》が、廃址の前をまもる有刺鉄線にひっかかっているのを発見した。

六　将軍ラクダに乗る

その日アフリカ軍団は、トブルク防御《ぼうぎょ》線の地図を、はじめて手に入れた。地図は友軍イタリア軍が用意したもので、何枚でも供給を受けることができたであろうと、思われがちであるが、事実は、たった二枚が、わが軍に渡されたにすぎない。ロンメルが一枚を持ち、残る一枚は第五軽師団のシュトライヒに送られた。

ロンメルは防御拠点の巧妙な配置と、防御線が予想外の縦深を持っていることに、かなり驚いたようであった。事実、その地図は、これまでやや疑わしいとされていた、空中偵察の報告が正確だったことをはっきり証明していた。シュトライヒは明らかに守りの堅いトブルク攻撃という困難な任務に気乗り薄だった。私たちが宿舎に帰ったのは日暮れてからであった。

それにつづく四月の日々、ロンメルは叫んだ。「各員、トブルクへ進め」と。その間第五軽師団の残余の兵員が到着した。第一五装甲師団は地中海《ちちゅうかい》を越えて引きつづき輸送されていた。師団歩兵の援軍の支隊が、空輸されてデルナに降りた。イタリア軍部隊も到着しつつあった。日一日とトブルク包囲はせばめられた。

ロンメルは朝から夜遅くまで、前線部隊といっしょにいた。イギリスおよびオーストラリア部隊の砲火は、ほかの誰よりも度重ねて、彼を狙っているかのように思われた。数日のうちにアフリカ軍団の兵士で、ロンメルのように砂漠の道や敵の砲撃の射程をくわしく知るものは、誰ひとりいなくなった。――私たち幕僚ですらかなわなかった。

幕僚の一人にいまではベルント少尉がいた。ゲッベルスの部下だった男で、私は「フィレーニ兄弟の門」で会ったことがあった。伯爵シュヴェリーン中佐はムルズーク遠征から召喚され――私が行き損なった任務である――トブルクへの東部近接地の海岸道路にまたがる陣地を指揮していた。戦闘工兵による攻撃がこの地区で計画されていた。

時々ロンメルはマンモスを使って、前線を訪れた。この車は急降下爆撃機、空爆、そして榴霰弾《りゅうさんだん》などを防ぐのに見事なほど役に立った。なにしろ毎日の巡回に車で出れば必ずたっぷり攻撃を受けるのである。だがロンメルはつねにマンモスの屋根高く腰を下し、開けた扉口にその足をぶらぶらさせていた。第一次大戦にも彼といっしょに戦ったアルディンガーが、ほとんどといっていいくらい、同行していた。

将軍はその姿を見せる至るところで、全将兵の熱意と気力を、ふるい立たせた。彼は自己と同じような熱意と行動力を欠く部下を、黙認しておくことができなかったし、率先してことに当る勇気のないものは何ぴとといわず、仮借なく取り扱った。出て行け！　即刻ドイツへ送り返されてしまった。

私たちの前線巡回は朝早くにはじまって、夜までつづくことがたびたびあった。ロンメルは疲れた運転手に代わって、みずからハンドルを取った。彼の方位感はすばらしいもので、夜になると星をたよりに方角をきめる神秘的といってもよい才能があった。

白壁の家近くの前進司令部に着くと、たびたび、エーラートは道にくわしいからとつぶやきながら、師団長たちへの命令書を託して、直ちに私を追い返すことがよくあった。毎晩ロンメルはフォン・デム・ボルンやエーラートと討議した。従兵のギュンターが簡単な食事を用意し、そして食後は、必ず、ロンメルは妻や息子のマンフレートに、日々の便りを書くのが常であった。

このころのロンメルはトブルク周辺の一地点に攻撃が行なわれると、いつもその場に自身で出向いた。——攻撃部隊の参謀と同行しないで、前線の将兵といっしょになった。参謀部の困ったことには、彼は状況に応じて計画を変更し、その場で自身命令を与えることもたびたびあった。部下の司令官たちにはこれが苦労の種で、激しく非難した。

伯爵シュヴェリーンのトブルク東部防衛線に対する攻撃は、激しい戦闘の後、失敗に終った。ロンメルは、不思議なことに、この時東部地区に関心をはらっていないようであった。彼の不断の狙いはいまやエル・アデム＝アクロマ地区からこの要塞《ようさい》へ進撃することだった。

個人的に私は、トブルク東方の海岸道路と南のエル・アデムへ向かう道路とにはさまれた地区を支持していて、この方面が戦闘計画で無視されているのを残念に考えた。しかしピラストリーノで将軍に意見を述べて失敗してから、用心深くなっていたので、私の考えは胸のうちにおさめておいた。

シュトライヒ将軍はオルブリヒト大佐の指揮する第五戦車連隊を、トブルク南方に配置した。最後の戦車が到着したのは、ロンメルが南方からの要塞攻撃を布告した、直前であった。トブルクが一種のこぶのように、エジプト国境へつづく兵站《へいたん》線の側面に出ている限り、ロンメルは気が安まらないようだった。

「さらに突撃砲十二門が必要であります、閣下」と第五軽のＩａハウザー参謀少佐は報告して来た。「攻撃開始前に到着することを期待しております」

ロンメルはシュトライヒ司令官よりも、ハウザーをはるかに信頼していたらしい。

「わかった、ハウザー。手配する」とロンメルは承諾した。

この計画は戦車部隊と、歩兵およびすでに敢闘精神を示した第八機関銃大隊の将兵と戦闘工兵から成る歩兵部隊との協同攻撃を含んでいた。打ちこんだくさびは直ちに、機関銃部隊によって拡大することになっている。戦車部隊はくさびの奥深くまでは進撃せず、両側から扇形に展開、戦闘しながら、背後から敵の第一線陣地を巻きあげて行く。

この計画には相当自信があったけれども、攻撃は失敗した。戦車は前方防禦点を突破し、戦闘工兵は塹壕《ざんごう》に達したが、イギリスおよびオーストラリア部隊は頑強に応戦した。彼らは側面砲火を浴せて戦車隊に数輛《りょう》の損害を与えて撃退し、戦闘工兵の前進を阻止した。敵の戦車は反撃に転じて、トブルクから出撃、わがほうの戦闘工兵および歩兵に、陣地を固める隙を与えず、かなりの数を捕虜とした。

ロンメルはこの敗北に怒りたけった。「戦車は最善をつくさずに、歩兵を窮地に陥れた」とシュトライヒ将軍を難じた。

シュトライヒ将軍は戦車の行動を弁護して、「全地区が深くかつ偽装十分な戦車用陥穽《かんせい》で防衛されていなかったならば、強力な対戦車砲火にもかかわらず戦車は目的地点に到達できたはずです」といった。

たしかに防禦力は予期以上に強力だったのである。後でわかったことだが、戦闘の行なわれた個所に近づくと、ほとんど全面にわたって対戦車用陥穽だらけの地区があった。イタリア軍が作ったもので、四か月前ウェーヴェル軍がトブルクを占領した時に放棄したのだ。しかしロンメルはどのような弁明も、認めなかったし、許しもしなかった。シュトライヒ将軍とオルブリヒト大佐は、「決断力」に欠けていると考えていた。ロンメルは怒りをあらわにして、将軍同士のあいだでは、めったに使われないような無作法な言葉すら口にだした。

ある日のたそがれ時、しばらくたった後のことだが、べつの戦車攻撃が行なわれる前夜、ロンメルはまた第五軽師団司令部を訪れた。アルディンガーと私が随行した。会議が終ってから、ロンメルは意味深長に、力をこめて、シュトライヒにいった。「今回の攻撃は貴官が直接指揮して、勇猛果敢に遂行されることを期待したい。副官シュミット少尉を残しておくから、自由に使うがいい」

これには二つの受け取り方があるなと、私はその時思った。私が役に立つ人間であるか、それとも勝利かしからずんば死かをいい渡された将軍の側近に、へばりついていて、もしまだ生きていられたら委細を報告するか、そのいずれかである。……私は親切で思いやりのあるシュトライヒが好きだし、きわめて勇敢な人だと考えている。ハウザーも同様である。それだけに容赦なく扱われているのが気の毒でならない。

私は第五軽師団司令部の食堂でくつろいだ。シュトライヒのマンモスの内部仕切りの上に、ボール紙で作った大きな騎士十字章があった。そのまんなかには鉤十字《スワスティカ》の代わりに、大きな黒蠅の絵が描かれていた。ハウザーの話では、この騎士十字章はマンモスの住人で、日中有害な砂漠の蠅を、最大多数「撃墜」したものに、毎晩ものものしく授けられるとのことだった。私にはこの愉しい気晴らしにふける気持がよくわかったが、同時に部下は敵を前にして、率先事に当り、積極的で、「非情さ」を示すべきだというロンメルの一本気な主張の良さも、認めはじめていた。

　翌朝、夜明け前に、私はシュトライヒ将軍と同行して車を走らせた。戦車攻撃は暁の光がさしそめるのと同時に開始される予定だった。シュトライヒはいま私たちのオープン・カーの直後につづく、戦車部隊の一輛に乗って、みずから攻撃を指揮することになっていた。彼は全師団にたった一枚しかない作戦地図を頼りに、正しい方角をきめた。その間、私は彼の命を受けて後続の戦車と連絡を保つようにした。

　時間を節約すべくシュトライヒはエル・アデム＝トブルク道路を選んで、できる限り遥《はる》か北へ進み、それから西方へ向きを変えて待機中の戦車部隊と合流することにした。彼はあまり口をきかず、もの思いに沈んでいた。――おそらくロンメルから受けた非難が因になっているのだと、私は考えた。

　黙ったまま相当の距離を走った。そろそろ時間だと思ったので、「閣下、道を曲がったらと考えますが」と私はいった。

「そうだね、シュミット君」第五軽師団長はぼんやりと、「できるだけ遠くまでこの道を行こう」フラッシュ・ライトを低くさげ、その光で地図を見やって、つけ加えた。「まだもう少し先までこの道を行ける」

　だが彼の方位感は、ロンメルに匹敵するようなものではなかった。それと気づく暇もあらばこそ、私たちは騒然たる轟音《ごうおん》のなかに巻きこまれていた。砲弾が炸裂《さくれつ》し、対戦車砲弾のひゅうひゅういう唸《うな》り、機関銃のひびき、私たちは敵の鼻先に突然おどりでてしまったのだ。脱兎《だっと》のように車から飛びだして、私たちは戦車の陰に身をひそめた。戦車につかまり、足をおどらせて、炸裂する機関銃弾をさけた。弾丸は戦車のキャタピラにあたって、ちょうど膝《ひざ》の高さで、四方八方に飛び散っていた。不注意にも、その時そう思ったのをいまだに憶えている。戦車の操縦士はするどく向きを変えようとして、背部を敵にさらす形となり、後部の無限軌道を破壊された。

こうなれば採るべき方法は一つしかなかった。円蓋《えんがい》から抜け出ていた操縦士ときびすを接して、道のはしに身体を投げ出し、深い砲弾穴の中へころげこんだ。

まだ暗かったが、夜明けには間がない。いつまでも穴の中に、隠れているわけにはいかなかった。抜けだして南西の方へ走ろうと決心し、砲弾穴を離れようとすると、またもや一斉射撃があたりに炸裂した。操縦士の叫びが耳に入った。「どうした？　負傷か？」と将軍は呼びかけた。

「いいえ、閣下、まだであります」

この返事を聞いて、およそ不安な状況だというのに、将軍は声高く笑いだした。

さっと走ったり、ひょいと身をかがめたり、やっと砂漠をつっきって、戦車部隊のいるところまでたどりついた。その時はすっかり明るくなっていた。――もう攻撃には遅すぎた。砲弾が戦車の周囲に落ちつづけて、損害は激しくなった。オルブリヒト大佐は将軍の許可を乞《こ》うて、戦車部隊を後退させ、陣地を確保することになった。

私たちは無電で車を呼び、師団司令部へ帰った。

数時間後、暁の敗戦をどう考えているか、びくびくしながら、ロンメルのもとに出頭した。ロンメルはもの静かにいった。

「シュミット、オルブリヒトのところへ戻って、戦車部隊を一一二地点へ回すよう伝えなさい」

私は驚いたし、ほっと胸をなでおろした。一一二地点というのは、トブルクの南西、エル・アデム路の西になる。思ったより良い知らせを持ち帰るので、心も軽く私は車で引き返した。

遠く戦車の群れが、じっと停止して、円蓋を閉じているのが、地平線上に眺められた。トブルクから射ちだす砲撃が、毎日おきまりのお祈りを、とどろかしていた。

「いったい、イギリス軍は弾薬をどこから、手に入れるのかな？」と私は運転手に尋ねた。答えはなかったし、あるとも思っていなかった――が、激しい砲撃を受けながら低地へ走るにつれて、砲火はますます熾烈《しれつ》の度を加えた。最初の戦車に着くと、円蓋が開いた。オルブリヒトが顔をだした。私はロンメルの命令を大声で怒鳴った。「ありがたい」彼の声には安堵《あんど》の色があった。「やっと分別がついたな！」

一週間か二週間の後、シュトライヒ将軍とオルブリヒト大佐は本国へ向かっていた。——イギリス流にいえば「山高帽をかぶって」であり、私たちのいい方によれば「ラクダに乗って」である。二人が砂漠を去ってから私は二度と彼らに会わなかった。しかしその後一九四四年七月二十日の反ヒトラー一揆《いっき》に関係のある将校の一人に、オルブリヒト将軍というのが含まれているのを知った。同一人物であったのであろうか？

七　ピラストリーノの攻撃

四月の半ば、ある晩、ロンメルご自慢の第三装甲捜索大隊が、白壁の家の西方にある司令部地区に到着した。指揮官フォン・ヴェヒマール中佐は将軍のもとに出頭した。私はちょうどベルントが食堂係士官から召上げた、めずらしい罐詰《かんづめ》の果物を、二人で食べようとしていたが、そこへ従兵ギュンターがロンメルのもとへ来るようにと呼びに来た。

ロンメルと私を除くと——私はそのころいつもロンメルといっしょだった——トブルクを回って要塞《ようさい》の東、伯爵シュヴェリーン中佐の担当地区へ行く道を知っているものは、ほとん

どいなかった。これが理由で私を呼んだのである。ロンメルは私をフォン・ヴェヒマールに紹介して、

「君は偵察グループと同行して、トブルクを迂回《うかい》し、バルボ海岸道へ行く最短路を教えるように」といった。

イタリア人のいう海岸道路である。

私は北極星をたよりに方角をきめて、真夜中に捜索大隊を海岸道路に導き、フォン・ヴェヒマールと握手して、帰途についた。朝、司令部に着いた時には、運転手も私もくたくたに疲れきっていた。ベルントが良い知らせを伝えてくれた。「フォン・ヴェヒマールはバルディアに入ったよ」

エジプト国境に近い崖《がけ》の上のその村は、ウェーヴェルがそこから遠慮会釈なく、オーストラリア兵が「電気ひげ」と綽名《あだな》をつけたイタリアのベルゴンツォーリ将軍を西へ追いやって以来、枢軸側の手になかったのであった。

数日後捜索大隊は、数輛《りょう》の戦車を増強して前進、国境のカプッツォ砦《とりで》を占領し、さらにサルームへ進撃した。四月二十七日にはハルファヤ峠を奪取、断崖《だんがい》の上からエジプト沿岸を見渡した。フォン・ヴェヒマールは騎士鉄十字章を授けられる誉れをになった。

「ピラストリーノを占めるものは、相手のカードを読める立場にある。ここがトブルク防御《ぼうぎょ》線の鍵《かぎ》である」とロンメルは作戦会議中に明言した。しばしばロンメルはアクロマを、そしてそこから東の方、要塞の南西部にあるピラストリーノ高地を調査した。

いまやロンメルは新たな攻撃を計画した。四輛の戦車を失った経験を胸に収め、ロンメルはイタリア軍のベルサリエーリ大隊に指令を与えて、ピラストリーノと向かいあっている高地の前面に、前回の命令通り陣地を占拠させようとした。ここから歩兵攻撃を投入しようというのだ。彼は自身その地域を偵察して、イタリア軍のために、もっとも適当な出撃陣地を決定した。

前進司令部にマンモスを残して、私たちはいつもの小戦闘隊で車を走らせた——二台のオープン・カーと装甲車、アルディンガー、ベルント、私と将軍とである。

イタリア軍と対峙《たいじ》するオーストラリア部隊が前夜来、あわただしい動きを見せているとの報告が入ったので、ロンメルは状況を正確に把握するため、みずから偵察に出向いたのであった。地区に接近したが、まったく静かで、一晩じゅう、敵が活動していたという報告は、前にもたびたびあったように、友軍の誇張だと断定をくだしたくなった。トブルクの敵砲兵隊すら鳴りをしずめていた。

だが謎は間もなくとけた。まったく歩兵の掩護《えんご》なしに、後衛で孤立した数門の砲をのぞくと、全地区にイタリア人は影も形もない。慎重に丘の向こうをのぞくと、色とりどりの雄鶏《おんどり》の羽根で派手に飾られた日よけのヘルメットが、何百となくうち棄ててあった――ベルサリエーリ大隊のヘルメットだ。ほかには何一つなかった。オーストラリア部隊が夜のうちに友軍の大隊全部をごっそり「徴集」したのにちがいない。

ロンメルは急いで命令をくだし、アクロマからよせ集めの応急部隊を呼びよせて、裸になった地区の穴埋めにした。つづいて彼は厳重な命令を発して、今後敵の前で卑怯《ひきょう》なふるまいを示した将校は即刻処刑するという趣旨を明らかにしたが、これは後にイタリア高官のあいだでおおいに議論され反対を受けた。

司令部に帰って、ロンメルはイタリア軍の連絡将校カルヴィ将軍と、率直に話しあった。この人はヴィットリオ・エマヌエーレ王の義理の息子で、背が高く痩《や》せていて、細長い顔、トスカナ生まれに特徴の鼻が目立っていた。彼はドイツ語を流暢《りゅうちょう》に話し、その人柄をロンメルは買っていた。この会談後しばらくのあいだ、カルヴィの態度は控え目に抑えがちであった。

アフリカ軍団側の見解では、イタリア軍兵士は、個人として、熱心に協力し役にも立ち、時にはその点ドイツ人以上であり、そしてこのような兵士であれば、装備がよく指揮よろしき時には勇敢に闘うというのである。だが装備と指揮とはよかったためしがないのだ。

四月三十日がピラストリーノを通して、トブルク攻撃を行なう日と決定した。

ロンメルは自身よく識っている各部隊から選んで、攻撃部隊を特別に編成した。さまざまな隊から将兵を、ほぼ一連隊なみの兵力を持つ戦闘部隊にして、シュレープラー少佐の指揮下に置いた。準備中、攻撃のためにあらゆる方法が動員された。

私たちはマンモスに乗って前進し、ロンメル、アルディンガー、そして私は高地の監視哨《しょう》から攻撃開始を見守った。急降下爆撃機《シュトゥーカ》がまず各拠点を爆撃、砲兵隊が弾幕で進撃を掩護した。混成部隊なのに、シュレープラー部隊の進撃は水際立って見事であった。トブルクからの砲火は、絶え間なく、彼らを襲った。巧みに配置されたオーストラリア部隊狙撃兵も、死力をふりしぼって、わが軍の前進を阻んだ。午後も遅くなって、まだわが軍は有刺鉄条網と地雷原に突入できなかった。

ロンメルはじっと双眼鏡を戦場へ向けたままでいた。やがて私をまねいて、「シュミット、シュレープラーのところへ行け。現在地点を固めて維持する必要がある。攻撃は増強の上、今夜続行する」

たったひとりですばやく遮蔽物《しゃへい》のない地域を進むのは危険な任務だった。しかも歩兵部隊がほとんど一日がかりでやっと進んだ戦場である。だが私は足が遅くなるたびに、ロンメルの双眼鏡がズボンの尻《しり》を焦している思いで、必死になって前進した。ちょうど暗くなる前にシュレープラーと連絡がついた。

夜になって戦闘工兵部隊が火焔《かえん》放射器隊とともに攻撃に加わった。暗闇のなかで、苦闘の末、数か所のコンクリートのトーチカ〔防御陣地。特火点〕を奪取した。

「防禦線の一部を除去するのに成功した」とロンメルは公式の報告に述べた。

夜明けに新しい友軍がやって来た——といっても大変に疑わしいもので、軽い砂嵐が起こって視界をさえぎったのである。砂塵《さじん》はわが軍を援《たす》けてくれたが、また邪魔にもなった。戦闘部隊の先鋒はラス・メダッワの前面に肉迫したが、自軍の行動、前進方向を見るのさえ困難であった。オーストラリア部隊のトーチカは平地の上で容易に識別できなかった。地下深く潜んでいるのだ。わが軍はしばしば全然気づかずに、二つの遮蔽塹壕《ざんごう》の間に突入し、思いもかけず後方から射撃された。「射つな！　ドイツ軍だ！」と兵隊たちは、誤って友軍の攻撃を受けていると思って、死物狂いに叫んだ。彼らの後にいるのが味方でなく、ドイツ軍と確認できて喜んでいる敵にすぎないのを知った時には、もう手遅れであった。

戦闘工兵はようやく地雷原に通路を開き、砂埃《ぼこ》りにまぎれて、車輛が援兵、対戦車砲、弾薬、糧食などを運んで来た。

「奪取したトーチカは断固死守せよ」とロンメルは命令した。彼はその朝占拠した陣地にまつさきに乗りこんだ一人だった。私の後から、将軍は最前線の歩兵のように這《は》って進んだ。ロンメルは前方のとある塹壕に行くつもりだった。まだいくらも前進しない時、一団の戦闘工兵が、積み上げた石の陰に腹這いになっているのを見た。

「どこへ行くつもりだ？」と特務曹長が怒鳴った。強力拠点の参考地図を示して、私は怒鳴り返した。

「ばかな真似はやめな」特務曹長は元気よく叫んで、「イギリス兵《トミーズ》が奪い返したんだ」

うつぶしたまま、私は自分の肩章と、ロンメルとを、わざと指差した。特務曹長はやっとロンメルの軍帽の上にあるゴーグルに気がついて、口をつぐんだ。

いっせいに機関銃が火を吐いたので、愚かにもその場に留まるつもりはなくなった。私たちは慎重に這いもどった。

オーストラリア軍は反撃を開始して、幾つかのトーチカを奪還した。中東軍総司令部の発表によれば、五月一日ドイツ軍はトブルク攻撃を行ない、翌日も継続のうえ、外廓防衛区域に突入、しかもその後陣地を固めた。この報告は正確だった。その日から、敵の反撃後わがほうの占拠した陣地は、トブルクにおけるドイツ軍戦線の前衛地区となった。

八　ハリケーン機、ロンメルを襲う

つづく何日かのあいだに、第一五装甲師団隷下《れいか》自動車化歩兵部隊の残りの兵員が、ユンカースＪｕ五二型機でデルナに到着した。輸送車輛《しゃりょう》が彼らを迎えて空港に待機していた。そして兵隊たちはどこに着いたのかと、とまどっているうちに、トブルク外辺の前線に空輸されているのを知った。彼らはいぶかしく感じた。いったい、こんど配属になったドイツ・アフリカ軍団の象徴――葉の青々と茂ったアフリカのヤシの木は、どこにあるのか？

兵隊たちはその目で見たアフリカがいやになった。蝿、数知れぬ蝿、制限された行動、乏しくまずい糧食、それから水の不足は、トブルク要塞《ようさい》の絶えざる砲撃のうなりよりも、日を経るにつれてますます彼らを落胆させた。

ロンメルの意見では「相対しているオーストラリア人はすぐれた軍人で、毎夜斥候《せっこう》襲撃をくり返す冷静な能力を持っている」

ある時、わが軍の真正面にあるオーストラリア部隊の塹壕《ざんごう》に、一門の機関銃が銃撃を開始した。びっくりしたことに、一人のオーストラリア兵は悠然と胸壁に腰をおろして、機関銃弾が雨と降りそそぐのに、その縁の広い帽子を、私たちの方にうち振っていた。

夜になるとかすかな音もなく、わが軍の戦線に侵入してくる敵の不気味な才能には、さんざん悩まされたが、ある晩、襲撃隊を捕虜にしたことからその理由がわかった。彼らは偵察用の靴――特別に厚いクレープゴム底の砂漠靴を着用していた。

ロンメルはトブルクを陥落させることが容易でないと見てとった。もしたやすく手に入らないとしたら、ほかにどのような手を打ったらいいのか？　彼は包囲陣地を堅固にし強力にする準備にかかったが、ドイツ部隊はほとんどこれにあてることができないので、包囲駐屯《ちゆうとん》隊はやむなくおもにイタリア軍となった。ロンメルは自身サルーム前線を訪ねて、国境の有刺鉄線越しに「約束の地」エジプトを見たいと思いたった。

その間に騎士鉄十字章が、バルディアとサルームの英雄フォン・ヴェヒマールのために届いた。ロンメルはその勲章を親しく授けたいといった。これが東部へ出向するのに恰好《かつこう》な理由となった。五月十九日、私たちはかなりの隊列をつくって白壁の家を離れ、私の車とロンメルのマンモスが先導した。同行した無電トラックが司令部と連絡を取った。宣伝班もいっしょにいて、その中には旧知の戦時特派員のフォン・エーゼベック、およびその同僚で典型的な山男エルトルという男がいた。エルトルは有名なホーン岬の映画「ロビンスン」の製作者で、エベレスト山塊への遠征で名声をかち得ていた。彼は映画の撮影機を用意していて、ベルントからロンメルを宣伝用フィルムに収めるよう指令を受けていた。

私たちは塵埃《じんあい》の雲につつまれたトブルクを迂回《うかい》して進んだ。肌はひりひりと日に焼け、歯の間には砂がざらつき、顔、頭髪、軍服といわず焦茶色にカムフラージュされて、誰だかわからない。

トブルクからエル・アデムへ通じる道を横切った時、一台の車輛が、敵航空機の落とした小地雷――私たちは間もなくばかにできないことを知ったが、危険な対人用擬装小地雷の散らばっている場所に乗り入れた。トブルク砲兵隊からわずか数回、一斉射撃を受けただけで、私たちは無事にバルボ海岸道に達し、それから沿岸道路をスピードをだして走ったので、思ったよりも早くバルディアに到着した。

ロンメルはフォン・ヴェヒマールに心のこもった挨拶《あいさつ》をおくり、撮影機が回っているうちに、勲章を彼の咽喉《のど》元にかけた。

ロンメルはことのほか上機嫌だった。フォン・ヴェヒマールに石を積みあげたカプッツォ砦《とりで》周辺の戦闘の模様を、要約して話させたり、またリビヤ、エジプト国境を、遥《はる》か南へのびている有刺鉄条網を、じっと見渡していた。ロンメルは双眼鏡で、遠くに潜んでいるウェーヴェル軍の装甲偵察車を発見して、東の方を長いあいだ眺めていたが、敵もまた私たちに望遠鏡を向けていたにちがいない。彼はイタリア軍の海岸防備砲を見て、まるで子どものように喜んだ。あきもせず防禦《ぼうぎょ》陣地や交通壕に、一つ一つもぐりこんで見て、イタリア軍がトブルクのと同じ型に構築しているのを気づいた。その日の終りには、ロンメルを除いて、誰もが疲れきっていた。彼は自身を含めて誰も彼もが活動し、いっさいを敏速しかも精確に行なうことを、常としていた。

日暮れに近く私たちは帰途についた。再び私が隊列の先頭に立った。バルディアの西を車で三十分くらい走り、ガンブートにはまだ近づかない所で、日没の陽光がまぶしく射すなかを進んでいる時、私は突然低空を飛ぶ二機に気がついた。友軍かイギリス軍か？

二機は私たちの方へ急降下してくる。もはや一抹の疑いもない。「空襲!!」と私は声を限りに叫んだ。航空機を指差し、それから遮蔽物《しゃへい》を求めて、道路脇に飛びだした。私の運転手はもっとすばやかった。私が彼のそばに身を投げだした時には、もう地上に平らになっていた。

一瞬後、二機のハリケーンが襲ってきた。二機は急降下し、正確に旋回して、また急降下して再度攻撃を行なった。ことに一機がまともに運転手と私の方へ襲いかかってきたので、私は夢中で砂の中へ潜りこもうとした。

やっと航空機が離れ、海の方へ、北へ飛び去ってから、私は立ち上がった。顔のかすり傷から血が流れていた。私はむしろ見当違いにも、太陽がいまにも沈んで行くのを、ぼんやりと眺めていた。規則通り、私たちは車輛のかたわらに立った。私の車には十二以上の弾痕《だんこん》が数えられた。私の直ぐ後を走っていたバイクの伝令は、明らかに車を離れる余裕がなかったのだ。倒れたバイクと並んでのびていた。頭部重傷で、瀕死の状態だった。

ロンメルはマンモスから降り立った。彼の運転手が装甲シャッターをおろすよりも早く、敵の弾丸は窓をつらぬいた。そして運転手の胸を貫通し、危うくロンメルの頭をそれて、内部の障壁に当ってはね返ったのであった。

相当の数の車輛が被弾していた。無電車は破壊がひどく、棄てていくことになった。私たちは戦死者を直ぐに道路脇に埋葬した。ロンメルの運転手はまことに沈着勇敢な態度を示した。毛布に包まれて、マンモス後部のシートに寝かせられた。彼は苦痛の色さえ見せなかった。

ロンメルは自身でハンドルをにぎり、夜を徹して車を走らせた。アルディンガーとシュレープラーが交替を申し出たが、彼は席をゆずろうとしなかった。私たちが白壁の家に着いたのは、朝を迎えてからであった。

九　スターリングラードのパウルス――私のエリトリアでの物語

ベルリンから最初の「大物」が、私たちを訪ねてきた。陸軍最高司令部《OKH》参謀次長のパウルス中将である。後に国防軍が受けた最大の敗北を喫して、一九四三年二月スターリングラードで降服することになったあのパウルスである。

ロンメルはパウルス訪問にさして熱意を見せなかった。私の感じでは、首脳部で何かたくらんでいるのではないか、あるいは彼の更迭でもと、彼は疑惑をいだいていた。パウルスはまずトブルク前線を視察したいと希望していたので、翌日いつものような小旅行に出るものと、私は考えていた。だが私の想像ははずれてしまった。ロンメルは司令部に残ることになった。「シュミット、明日君は将軍と同行してトブルクの前線へ行く。幕僚の配置は十分に心得ているし、必要な情報はすべてお伝えできるはずだ」と、彼は私をパウルスに紹介してからいった。この言葉は私だけでなく、パウルスにも当てられているようであった。

翌朝、私たちは二台の自動車で、なじみ深い塵埃《じんあい》だらけの道を、走って行った。パウルスは私と並んで、私のオープン・カーの後部に、席を占めていた。彼は私に話しかけた。「これで気楽に話ができるな」ロンメルと違って、彼はすぐうちとけた口調だったので、私は間もなくくつろいだ気分になった。

「アフリカにきてからどのくらいになるのかね？」とパウルスが尋ねた。

私は何か月になるのか数えねばならないので、いちおう、答えた。「閣下、一月からであります」

「一月から？　だが、そのころにはまだアフリカ軍団はここにいなかったが――」

　彼はいぶかしげに私をじろっと見た。

「しばらくエリトリアにおりました。アフリカ軍団がはじめて上陸する前のことです」

「おもしろい、先を話してくれたまえ」

　車がアクロマ・バイパスを砂塵《さじん》の雲を舞い上げて走って行くあいだ、パウルスに指摘し説明するほど重要な軍事的施設もないので、私はエリトリアでのようすを話して聞かせた。

「ご存じのように、閣下、一九三九年の夏、戦争がほぼ確実となったころ、ドイツの商船はすべて、もっとも近い中立国の港に入るよう命令を受けました。当時地中海《ちちゅうかい》にいた九隻の貨物船はマッサワに行ったのです。大部分はドイツ極東商船の船で、六千トンから九千トンの船でした。快遊船級のコーブルク号のように至れり尽せりの設備をした船から、『東洋の白鳥号《シュヴァン・デス・オステンス》』という汚ない不定期貨物船まで、さまざまでありました。

　一九四〇年六月、イタリアが宣戦布告をして、アビシニアとエリトリアも戦域となったのです。ドイツ船の乗組員のほとんどは、自発的に義勇兵隊を結成しました。武器装備はイタリア軍が提供し、軍服もイタリア軍のものでしたが、鉄兜《てつかぶと》と腕章には鉤《かぎ》十字がついているのです。軍服は見たところあまりスマートとは申せませんが、船員たちの士気は高く、いかなる不足も補うくらいでした。

船客の一人が予備士官で第一次大戦の古参だと名乗り出て、イタリア軍から隊長に任命されました。しかし隊がはじめて戦闘に参加した時、この男には指揮のとれないのがわかったのです。そこで代わって指揮をとる適当な士官をベルリンに頼みました。その任に選ばれたのが私で、ローマからエリトリアへ航空機で参りました。そのころ、イタリア軍はリビアとスーダンを横切って定期飛行を行なっていたのです。

　私の隊は訓練が不足、装備も貧弱でしたが、エリトリアのアゴルダトやケレンで、勇敢に闘ったものです。しかしイタリアの東アフリカ帝国の運命は定まっていて、微力な私たちでは救いようがありません。私の隊は後退しました。マッサワ地区で、ベルリンから訓令を受けて、隊は即時解散、隊員はそれぞれの船に復帰、そして私は北アフリカへ飛び、当時トリポリに上陸したばかりのドイツ派遣軍に出頭する用意にかかったのです。

　私は居心地のよいコーブルク号を離れて、アスマラへ行きました。ここで北アフリカ行きの便を、イタリア軍が用意してくれることになっていました。毎日催促しても、答えは同じくり返しです。『明日《ドマニ》、たぶん明後日《フォルセ・ドポドマニ》には』と。

　ケレンの前線はあぶないほど近く、イギリス軍は間もなくアスマラへ来るにちがいありません。ある日曜日の朝、ホテルを出る時、偶然、三十分以内に出発する便が、車で二十分の距離のグラ飛行場にあるのを、耳にしました。取るものも取りあえず、タクシーに飛び乗って、飛行場へ行きました。サヴォイア八七型が一機、エンジンをふかしています。私が駆けよると、三人の操縦士が飛びだしてきて、私とすれちがい、壕《ごう》の細い入口へ潜りこみました。その時気づいたのですが、南アフリカ軍の戦闘機が、こっちへつっこんできます。私は三人のイタリア人の上へ潜りこみました。低空を飛んで、敵機は飛行場にある多数の航空機を徹底的に破壊しました。もっとも大分前から使いものにならないものなのです。ただ一機の飛べるサヴォイアは無事でした。

壕のなかで、私は三人の操縦士と親しくなり、私の任務を話したのです。まだ敵機が見えるのに、私たちはサヴォイアに乗り、飛び立ちました。紅海《こうかい》沿岸の方、東へ向けて深い谷間を飛び、平原の臨時着陸場らしい所に降りました。機を直ちに、網と有り合わせの枝で、仮にカムフラージュしました。たそがれる前に、海へ出て、それからたしかサウジアラビアと思われる陸の上を飛んだのです。

やがて暗闇が私たちをつつみました。三人の操縦士はみんな操縦席にいて、それぞれパラシュートを着用、万一の場合には、一瞬のうちに『脱出』の用意をしています。いうまでもありませんが、たったひとりの同乗者に、パラシュートはないのです。私はキャビンを占領して、相手といえば通信物を入れた小袋と、私のそばで絶えずがちゃがちゃ鳴っているキャビンの壁の鎖と、それだけです。

三人の操縦士はブドウ酒を飲んで時間をつぶしているようです。良いブドウ酒をそれもたくさん用意して。かわるがわる姿を見せましたが、大変、ご機嫌でした。とうとうひとりがいっぱい入った瓶を持って、こっちへやってきて、飲めというのです。エリトリアを脱出する時私たちを悩ました対空砲火、それから三人の連中が後でどんなざまになるか考えて、喜んで貰《もら》いうけ、さっそく飲んで、夜どおしぐっすりと眠ってしまいました。が、どうやら生きて目をさますことができたのです。

その時はもう真昼間です。海の上を飛んでいて、陸地に近づいています。北アフリカだなと思いました。サヴォイア機は間もなくエル・アゲイラの西に着陸、燃料を補給しました。私は三人の操縦士に礼をいって別れましたが、三人はそれからローマへ飛び、ムッソリーニはエリトリアからの勇敢な脱出行を、ねぎらい激賞したとのことです。近くの着陸場から小型機が私を迎えにきて、その日の午後私はトリポリへ向かいました。そしてロンメル将軍のもとに出頭、東アフリカでの任務が終了したことを報告いたしました」

「なるほど、非常におもしろいね。ところで君の隊員はどうなったのだ？」とパウルス将軍は尋ねた。

「閣下、私の知る限りでは、イタリア潜水艦の一、二隻が、喜望峰《きぼうほう》を回るのに成功し、何人かの義勇兵とコーブルク号の一等運転士が乗っておりました。残る船は大部分マッサワ港で、すべて乗組員の手で自沈した模様です。コーブルク号は、トリポリでイギリス放送を聞いたところ、モーリシャス島付近で自沈したとのことでした」

　パウルスはさらにアビシニアおよびエリトリアでの戦闘に関していろいろと尋ねたが、そのあいだに私たちはアクロマを右に見て、トブルク戦線の方へ曲がった。

　私はパウルス将軍にもっと重要な陣地をあれこれと指示したが、わざとそこへ連れて行くことはしなかった。相当に距離があるものの、敵の確実な砲火が、わが前進拠点で毎日のように起こっている場面を、いまにも展開する恐れがあった。この前線がピクニックではないのを見せるため、パウルスを炸裂《さくれつ》する砲火のなかに、わざわざ連れて行くにはおよばなかったからである。

　陣地から陣地へ、私たちがすばやく車を走らせて行くと、パウルスは情勢全般に深い関心をよせて、指揮官たちと戦術を活発に論じあった。彼はとくにピラストリーノとメダッワ前面の陣地に注意した。

「向こうの第一一五歩兵連隊への糧食・弾薬の補給は、どうなっているのかね？」

　昼間、安全に近づけるぎりぎりの個所まで進んだ時、彼は尋ねた。

「糧食供給を行なえるのは夜間だけであります、閣下。毎晩、炊事班の兵隊が、食料、コーヒー、パンその他を、弾薬といっしょに、トラックで前線へ届けるのです」と私は説明した。

「行なう時間は？」

「だいたい、真夜中前には行ないません。陣地の位置からして、敵は昼間や月夜の時には、いかなる行動でも、見通しなのです」

「というと、昼間兵隊は壕に潜って、ほとんど行動できないということだね」

「はい、閣下。それに我慢できないのは蠅の猛攻です。食べものに群がってたかり、おそらく兵隊の赤痢その他病気の原因となっています」

「食べものの質にもよるんじゃないのか？　兵隊は一般にどんなものを食べているのかね？」

話題は一番ありふれていて、しかも痛いところに向けられた。

私は給食の不備をごまかそうとはしなかった。有力なこの将軍の影響で、事態が改善されるかもしれないからだ。

「果物や野菜は兵隊に縁がありません。ことにジャガイモがないのです。普通の割当ては、油漬けのイワシ、罐詰《かんづめ》肉のソーセージ、それから『おいぼれ』でありますが」

「おいぼれ？」と、将軍はけげんな面持ちで私を見やった。

パウルスはアフリカに来て、まだ二日にしかならないのである。それでなければ、ロンメルのように、A・Mと記号のある小さな丸いイタリア製の堅い牛肉の罐詰を、彼は知っているはずである。北アフリカのドイツ軍はこれを「ムッソリーニのロバ」といっているという話だが、私は耳にしたことがない。私はパウルスにA・Mの記号のことを説明して、兵隊がこれを「アルター・マン」（おいぼれ）と呼んでいるのを話した。

将軍は笑った。そしてしばらく口をとざしていた。司令部へ戻ろうとした直前、彼はいった。「トブルク周辺の部隊は、非人間的で耐えがたい状況のなかで闘っておる。ガザラの強力な陣地に後退するよう、わたしはベルリンに上申するつもりだ。ガザラなら兵站《へいたん》線も短くなる。そして部隊をもっと良好な状況の下に置くことができるし、予備部隊を確保するのもらくである。……わたしの見るところ、ここにおる各将兵は、休む暇なく軍務についておる。部隊の交代や新兵力の注入も不可能である。この事態を改善するためなんらかの手を打たねばならんね」

ガザラの安全な防禦《ぼうぎょ》線を維持すべきだというパウルスの計画は、実行してみてもいい一案だと思った。だが強気なロンメルは、砂漠の戦場でこのような弱気な役目を、断じて演じる気持はないだろう。事実、パウルスの視察後数週間経っても、重要な変化は何一つ起こらなかった。私たちはガザラに後退しなかったし、相変らず「おいぼれ」を食べていた。

十　国境の「戦斧《バトルアクス》」

サルームを訪ねてから、ロンメルはトブルクよりも国境に、関心を寄せていた。「トブルクは手ごわい相手だ。慎重な準備が必要である」と彼はいった。彼は敵将ウェーヴェルが手をこまぬいて、やすやすと準備を許すとは考えていなかった。そこで彼はすべての拠点を、要塞《ようさい》の周辺にあるものばかりでなく、国境線にあるものまで、強化する計画をたてた。五月の日が重なるにつれて、砂漠の暑さは激しさを加えていった。暑い夏のあいだ、作戦は中止されるという噂が、部隊のなかにひろがっていた。そして願わしいことは、そのまま事実と信じたがるのが、世の常であった。実際、戦車に経験のある大部分の兵隊は、自分たちはもともと問題外で休養がとれるものと思っていた。だが彼らは知らなかったが、ウェーヴェルは攻勢に出ようとしていたのだ。

イギリス空軍の偵察部隊は、今では、わが軍の前進司令部の位置を、発見していた。私たちは「白壁の家」地区から北方へ、トブルクの西に当る海岸に移った。ここの状態は荒涼たる「白壁の家」地区に比べれば、まさに天国といってもよいくらいで、この点ではイギリス空軍偵察機のおかげだと、私は感謝していた。あの塵埃《じんあい》にまみれた砂漠の巡回を終って、海へ戻ってくると、さわやかな気持になった。

私はしばしばロンメルといっしょに国境へ車を走らせた。わが軍はハルファヤ峠の麓《ふもと》の海岸から、内陸のシジ・オマールまで、防禦線《ぼうぎょ》を構築していた。これをドイツ軍の八十八ミリ砲とイタリア軍砲兵部隊とで、急速に強化しつつあった。装甲捜索大隊は現在、カプッツォ砦《とりで》とシジ・オマールのあいだに、機動予備として待機中であった。

私は国境から帰ってくると、いつでも海へ飛びこんで楽しんだ。ロンメルも、私がはじめて会って以来やっとくつろいで、小型トラックのなかで暮らしていた。ベルントと私はその車に近いテントで起居をともにした。もう一つの隣家は、戦時特派員のフォン・エーゼベック、エルトル、ボルヒエルトの連中であった。彼らはよく私たちの客となって食事をいっしょにしたが、ことに私が得意の料理、米とコンデンス・ミルクの混ぜ飯をつくった時に招待した。エーゼベックはからっと仕上がったためしが好きで、私は客たちを喜ばすため腕によりをかけた。砂漠はまったくの男所帯なので、海辺の司令部では、昼間でも裸で差支えなかったし、夜の礼装は海水パンツと上衣だけであった。

「シュミット、起きろ！」と、ある朝早く、テントの入口から、ベルントが叫んだ。「さっさと起きろよ――大きな船が、岸の間近で、メッサーシュミット機にやられているぞ」

「えっ」私は足をひっぱられながら、「またイギリスの小舟でも沈めるのに苦労してるんだろ」

「違う。本当だぞ。入口からのぞいてみろ。たぶんトブルクへ行こうとしてる船だ。起きろったら、起きろ!!」

せっかく、心地よく眠っているところを起こそうとするなら、もっといい手を考えろと、ベルントにいおうとした時、遠くで機関銃を射つ音がした。

「ほら、メッサーシュミット機が射ちまくってるぞ。嘘だと思うなら、そこにいるがいい」

ベルントの大きな頭が、入口から消えた。

私は海水パンツをはいて、二、三歩で、地中海《ちちゅうかい》の景色を遮ぎっている小さな砂丘を越えた。

たしかに船だ――ベルントのいうほど大きくはなかったが、とにかく三本マストで機関付の船である。わが戦闘機三機が急降下し、全力をあげて船を攻撃していた。船上の軽対空火器が勇敢に応戦した。船は数海里の先にあるが、すべてがはっきりと眺められた。

たちまち岸辺に人々が集まった。そのなかにはロンメルと数人の参謀将校もいた。フォン・エーゼベックとエルトルもかけつけて来た。エルトルは例の撮影機を回していた。

戦闘機は爆弾を持っていないようであった。これでは船の航行を完全に停止させるのは、むずかしいのではないかと思われた。だが、突然、思わぬ事態が起こった。あっという間に、船は、はじめ中央部で、それから船尾で、炎を噴き出した。船員たちが救命艇に、あわてふためいて乗りこむのが見えた。ボートは懸命になって船から離れて行く。まだ二百ヤードと間が空かない時、船は轟然《ごうぜん》と爆発した。明るい炎の矢が閃《ひらめ》いたと思うと、つづいて火の波が四方八方にひろがり、それから激しい大爆音が聞えてきた。黒煙の柱が空高く茸《きのこ》のように昇った。隣りではファインダーに目をあてて、エルトルが立ち昇る煙の方へ、カメラを移動させていた。いくつか船の横梁《おうりよう》が海に墜ちて、しぶきをあげた。数分後、濃い煙が散ると、船はもはや影も形もなかった。

煙のなかから救命艇が再び姿を見せた。乗組員は陸の方を目指して、一生懸命に漕《こ》いでいた。何回かトブルクの方へ向かったが、そのつど、漕ぎ手の頭上一、二フィートのところまで、反対側から襲いかかる戦闘機にはばまれてしまった。約二時間もボートは岸辺から離れていたが、とうとう私たちのテントの近くに漕ぎよって、乗組員は上陸した。その場所は後にイギリス軍奇襲コマンド部隊が捕えられたのとまったく同じところである。

船員たちは疲れはてていた。二人は重傷で上陸後間もなく息をひきとった。沈没船上で対空火器を操作した分遣隊をべつにして、大部分ギリシアの民間人だった。船はギリシア国籍の小貨物船で、アリグザンドリアからトブルクへ武器弾薬を輸送する途中であった。船長は夜間トブルク港口を見うしない、夜が明けてから数海里東へ航行しすぎたのに気づいたのである。そこへ戦闘機が現われた。開いていた船室の入口から、一弾が射ちこまれ、朝のお茶の用意に火をつけていた石油ストーブに命中、たちまち船室は炎につつまれた。石油罐《かん》に引火して、炎はさらに広がった。乗組員は船を見棄てるよりしかたがなかった。

だが私たちはいつまでもこの牧歌的な気分を、楽しんでいるわけにはいかなかった。背後ではイギリス海軍が、アフリカ軍団の補給を妨害しようと企てて、ベンガジに砲撃を加えた。一両日の後ウェーヴェルはサルームで反撃に出た。同じころアオスタ大公はアンバ・アラギで降服しようとしていて、東アフリカにおける最後の重要拠点が抗戦を終結した。しかし数日のうちにドイツは空挺部隊をクレタ島に侵攻させて、ウェーヴェルに深刻な打撃を与えた（アンバ・アラギはアビシニアの一万一千フィートの高地にある要塞で、五月十九日イタリア総督アオスタ大公と守備隊は、第五インド師団および第一南アフリカ旅団に、名誉の降服をしたのである）。

ウェーヴェルの反撃は、暗号名を「戦斧《バトルアクス》」としていた。ハルファヤ峠の前線から「強力な戦車攻撃」を受けたと、第一報が入った時には、むろん、私たちはこの名称を知らなかった。イギリス軍戦車の大部分はマークⅡ型で、前部に特殊な装甲がほどこされ、キャタピラは装甲板の側面覆いで保護してあった。

戦車を援《たす》ける歩兵部隊はハルファヤ峠の断崖《だんがい》の深い峡谷と、サルームへつづく海岸に沿って、いちじるしく前進した。

ロンメルはその方面の防禦に大変気をくばっていた。それというのも防禦施設をまだ構築中だったからである。彼は命令を発して、第五戦車連隊の一部部隊を、沿岸道路の南、もっともはっきりしている砂漠路の一つ、トリグ・カプッツォづたいに、できるだけ速やかに前進させた。

イギリス軍の反撃二日目、情勢は混沌《こんとん》としていた。ウェーヴェルの先鋒はサルームに刺しこまれていた。ロンメルは自身この地区へ行くことを決心し、アルディンガー、ベルントそれに私が随行した。イギリス空軍の攻撃が激しいので、沿岸道路を行くことができず、やむなくトリグ・カプッツォ路を選んだ。

まことに見事な戦闘だった。ウェーヴェルの戦車は、ほとんど予想もしなかった八十八ミリ砲の熾烈《しれつ》な砲火を浴びながらも、多くの歩兵陣地へ突入して来た。八十八ミリ砲を操作する砲兵は身体を乗りだして、視界を広く取っていた。ひとりが倒れると、他の兵が直ちにとって代わった。イタリア軍の砲兵も、ドイツ軍の勇気に鼓舞されて、戦闘精神を燃えたたせていた。だが砲撃のため甚大な損害を受けたにもかかわらず、イギリス軍の歩兵は果敢な攻撃を行ない、ハルファヤの谷を越えて前進をつづけた。

数日間の苦闘の末、戦闘はロンメル側の有利に終った。この戦闘は他の砂漠の会戦のように、広く伝えられなかった。事実、リビアの戦いに歴戦した多くの勇士たちでさえ「戦斧《バトルアクス》」を記憶しているものは、きわめて数が少ない。同様なことは、当時ヨーロッパや地中海の戦域でも、起こっていたのである。

私はロンメルの視察に供をして、ハルファヤからシジ・オマールまで、前線の戦場を見て歩いた。撃破されたイギリス軍戦車は百八十台を数え、大部分がマーク二型である。そのなかの何台かは戦場から運ばれ、修理を加えられ、ドイツ軍の十字標識を描かれて、順送りにかつてそれらを操縦した兵隊たちと戦うため、戦場へ送られて行った。

ロンメルの勝利はおもに八十八ミリ砲使用のおかげだった。この砲ははじめ高射砲として設計されたものなのだが、対戦車砲として用いたのである。この砲を各防禦拠点の中心に配置して効果をあげたのである。

捕虜は少数だった。参謀部の将校が、若いイギリス軍の戦車操縦士を尋問しているのを、通りがかりに耳にした。

「わたしの意見では」とイギリス人は近くの八十八ミリ砲を憎々しげに見やって、「戦車を高射砲で射つなんて、卑怯ですな」といった。

そばで腰をおろしていたドイツ砲兵が、通訳を聞いて、興奮して言葉をはさんだ。「なるほどね。だったら八十八ミリ以外にはぶち抜けない装甲の戦車で、おしかけてくるあんたたちは、もっと卑怯だぜ」

このやりとりは私の微笑をさそった。問題はそこにある。八十八ミリ高射砲は正面射撃では、マーク二型を擱坐《かくざ》させることができない。だがマーク二型は側面射撃にはまったく脆《もろ》いのである。

ロンメルの行くところいまや部隊の将兵は歓声をあげて彼を迎えた。彼はすでに英雄になりつつあった。多くの部隊で彼は将兵をたたえて短い挨拶《あいさつ》を行なったが、必ずイタリア軍を称賛するのを忘れなかったし、イタリア軍は事実よく戦った。ベルントは抜け目なくロンメルの成功を宣伝に転化して、大いに利用する方法を心得ていたので、戦地でのロンメルの名声を高めるのに努力した。ロンメルの功績はもちろんドイツ国内でも喧伝《けんでん》された。

その後間もなくハルファヤ峠を「劫火峠《ヘルファイヤ・パス》」と称しているイギリスの新聞記事が手に入った。ベルントは興味深くその記事を読んだが、さっそくベルリンのゲッベルスのもとへ送り届けた。

一つの伝説が、すでに、砂漠で生まれて育っていた――狡猾《こうかつ》で、出没自在、敏捷《びんしょう》に動きまわる「砂漠の狐」の伝説が。

ロンメルは国境にますます注意を集中するようになった。バルディアからトブルク周辺までの海岸線に沿う最高地点にいるわが軍の監視兵は、海上輸送に監視の目を光らしていたが、その報告によると、包囲された港に補給・交替が到着していた。しかし部隊増強の模様はなかった。それゆえトブルクから包囲網突破の挙にでるおそれは、まずないものと見てよかった。ロンメルは向こう三か月間、新しいイギリス軍の反攻はあり得ないと考えていた。

ロンメルはサルーム正面が来たるべき時に、作戦地区となる公算が大きいと見ていたので、主要戦闘部隊をより東へ、国境の方へ移動させることを決定した。彼の新司令部と居室は、村の礼拝堂の真下になる少し壊れた家で、この建物は多くの東アフリカ軍、オーストラリア軍、イギリス軍部隊将兵に、疑いもなく有名になった。

当時のロンメルはアフリカ軍団のみの総司令官であった。戦場の将兵は彼を本当の司令官として見ていたが、理屈のうえでは北アフリカにおける作戦の最高指揮権は、イタリア軍のガリバルディ将軍の手に与えられていた。

サルーム防禦線が満足できるまでに強化された時、ロンメルはガリバルディ将軍を招待して前線を視察させようと計画した。将軍はこの招待を受けて、間もなくバルディアに姿を現わした。ここで彼はロンメルにイタリアの勲功銀章を授与した。びっくりするどころではなかったが、この晴れがましいイタリアの勲章が、私の胸にも飾られた。ガリバルディは私たちの誰も彼もに愛想よく応待した。

　ロンメルはさっそくガリバルディを戦線に案内し、情勢や部隊配置を説明しながら、サルーム前線へ車を走らせた。ロンメルはイタリアの将軍に、各拠点を十分に視察してもらうつもりでいた。だがロンメルが説明しているあいだ、彼の言葉をハーゲマン博士がわが同盟軍側に通訳したのであるが、ガリバルディと同行の将校たちがずっともどかしさを顔にだしているのを、私は気がついていた。ちょうどハルファヤ峠に到着したその時、ひとりの将校が前に出て、将軍にいった。

「閣下、ご存じと思いますが、キュレネの緊急会議に出席いたすことになっておりますが？」

「そう、そう」とガリバルディはいって、すぐ引き返さねばならないと話した。これではロンメルが計画した段取りどおりにはならない。名義上の上官に見せたい前線がまだ数多く残っていた。

「あなたのすばらしい成果にお礼をいいます。あなたの実行された処置はすべて正確そのものです。わたしがやったとしても、まったく同じだったでしょう」と厚意を示して、ガリバルディが別れを告げた時、ロンメルの眸《ひとみ》にちらっとおもしろがるような皮肉の色が閃いた。

　イタリア軍の将官一行は帰って行った。私たちは同盟軍なしに、ハルファヤ峠防禦線の先任将校バッハ大尉を訪ねた。牧師から戦う軍人になったバッハは、後に少佐となり、次の年の一月、第二南アフリカ師団のJ・P・ド・ヴィリヤ少将に、ハルファヤ峠でドイツ軍とともに降服することになった。

それから私たちはバルディアへの帰途についた。ロンメルは眸を光らせたが、突然、茶目っ気のある微笑を浮かべていった。

「キュレネでそんなに緊急を要することって、いったいなんなのだろうな」

エーラートはロンメルの参謀部から去り、その後はヴュステフェルト少佐がIaとなった。彼を現場に連れて行って、ロンメルは十一月末までに完成したいと考えている目的を、はっきりと説明した。
一、ハルファヤ峠からシジ・オマールまで一連の強力拠点を完成する。これらは三週間ないしそれ以上つづく敵攻撃を、補給なしに十分堪え得るよう糧食を準備する。
二、この防禦線の牽制《けんせい》部隊の背後で、トブルクへ対する攻撃を十分に準備して開始、陥落させる。
「いいね。ヴュステフェルト」とロンメルは考えにふけりながら、言葉をつないで、「このことはこれから半年間、トブルクの陣地と、トブルクを迂回《うかい》してこの戦線まで、兵站《へいたん》線を確保せねばならぬことを、意味してるんだよ……」

「はい、閣下、やむを得ないと考えております」ヴュステフェルトは元気なくいった。おそらく私と同じように、トブルク付近をとりまく塵埃のなかを通っている悪路を、思い浮かべていたのであろう。

「ついては、当然やらねばならないことがある」とロンメルはつけ加えた。「トブルクを迂回する専用道路は、どう考えるね？　それから港を通っている海岸道路を欠いてはならない。港はまだオーストラリア人の手にあってわれわれのものではないが」

ロンメルの計画は大賛成を受けた。さっそく具体化することになった。イタリア軍師団長たちと会議が開かれ、その結果、迂回路を構築するのに部隊を使用してよいことになった。ドイツ軍の兵隊ももちろんこの労働にかりだされるはずだったが、彼らは前線勤務のほうを選び、請願のあげく、戦闘陣地にいるイタリア兵士と交替するのを許された。

道の測量が直ちにはじめられ、標識がうたれた。石ころだらけの砂漠なので石はたくさんあるし、砂にはまったくこと欠かない。やがて三千人のイタリア人が道路造りに営々と働いた。この仕事に彼らはすぐれた才能をもっているらしい。部分的に完成した道路を視察してみて、驚きを通り越したのは、わんさと大きなキャンティ酒の瓶がころがり、やたらと床屋のあることであった。

道路は三か月で完成した。あるイタリア軍将官が公式の開通式をとり行なって、「枢軸道路」と命名した。それから一九四三年の末になるまで、その道は敵味方の双方にとって、砂漠での生活の特色となった。現在でもキレナイカでずっと使用されているのではないかと思う。

十一　将軍の書簡

バルディアは地中海《ちちゅうかい》を見おろす険しい断崖《だんがい》の縁にとまっていて、その東側の遥《はる》か下に、ほとんど陸に囲まれた湾があり、ここは一千年もの昔、古代の海賊どもの巣窟《そうくつ》だったのである。平和の時ならバルディアは愉しく心安らかになるところだと思う。ロンメルはここが前進司令部に好適だと考えた。そのわけは緊張した仕事の後で気持をなごやかにするのにいいことと、絶えず部隊と密接に接触していたいと考えている彼にとって都合がよかったからである。

わが軍にはいくらか増援部隊が到着した。各種部隊から将兵を集めて、三番目の師団を編成し、第九〇軽師団と名づけたが、師団にはまだ輸送機関がなかった。第五軽師団は再編成のうえ、第二一装甲師団となり、シュトライヒに代わってフォン・ラーフェンシュタイン少将が司令官となった。私の友人である戦時特派員の従兄弟《いとこ》になるフォン・エーゼベック少将が第一五装甲師団の指揮をとるようになったが、それから数日後、アクロマ近傍に空襲があったさい負傷した。

それゆえ後に名声をあげたアフリカ軍団の当時の主力は、第一五、第二一装甲師団、そして第九〇軽師団となったのである。

私たちはバルディアで大変にくつろいで暮らしていたので、イギリス軍のコマンド部隊が崖下《がけした》の私たちの水浴場に上陸をしたと、ある朝知らせを受けたけれども、あわてふためくようなことはなかった。コマンド部隊員の二人は捕えられ、残りは逃亡したらしい。

数日後ロンメルが、供はベルントと私だったが、わが軍の西部沿岸地区のバルディア塹壕《ざんごう》近くの地形を視察していると、あたりに誰ひとりとして人影が見えないのに、突然、狙撃兵から射撃された。敵はひとりで、しかも照準も確かであった。ピストルを携えているだけの私たちは、石壁の陰に身を潜めた。三十分のあいだ、頭をあげたが最後、ピューンと弾丸が近くに飛んで来た。狙撃が終ったと見るや、私たちは急いで車へ戻った。それから半時間とたたぬうちに、私は三十名の兵隊を連れてとって返し、あたりをくまなく塹壕のなかまで調べてみたが、あるものは古びた毛布、手榴弾《しゅりゅうだん》、その他のがらくたばかりで、去る十二月にイタリア軍が敗北した時のままのものであった。捜索した塹壕のなかで、三十分前に敵の隠れていたのはどれか、発見しようにも不可能だった。むなしく二時間の捜査を終って、私たちはあきらめた。この石の迷路のなかに身を隠したら、まず発見されるおそれなしに、潜んでいることができよう。

これは敵がロンメルを「排除」しようとした二度目の出来事である。最初はトブルク西方の海岸に司令部があった時のことだった。襲撃隊員はロンメルのトラックから数百ヤード離れた個所で捕えられた。この時は不注意きわまることに司令部護衛兵を置いてなかったのだから、ことなきを得たのはまさに幸運であった。当時ロンメルに近づくのは、前哨《ぜんしよう》地点の兵隊と同様、いやもしかすると兵隊よりも、らくなことだった。私たちは敵の狙ったのがロンメルだとは考えていなかった。たんなる妨害侵入と見ていた。

ロンメルはバルディアの奇襲に少しも動じなかった。笑って、こういった。

「わたしはイギリス人にとって、大変値打ちがあるらしい」


私たちの補給状態もだんだんとよくなった。砂漠に来てからはじめて新鮮な野菜が、ジェベル・アクダール地方とトリポリから、入手できるようになった。それからレバーのバタ焼きというご馳走《ちそう》にありつける吉日がやって来た。食堂担当の士官が大声でいった。「お代わりのほしい方は申し出て下さい」私たちは鷹揚《おうよう》なのにびっくりしたが、もちろん遠慮などするものは、ひとりもいなかった。だが、次の食事のさい、彼は大声で告げた。「ラクダのレバー、お代わりのほしい方は申し出て下さい」私たちは顔を伏せてしまった。

ロンメルそのひとは食事に関して控え目で、食べものにも不平をこぼさなかった。彼は兵隊と同じ割当てで生活しているものと思っていた。だいたい、食卓に出るものは、罐詰《かんづめ》のイワシ、まずい罐詰のソーセージ、パン、それから例の「おいぼれ」のほかには、ほとんど何もなかった。唯一のぜいたくといえば、交際上特別の場合に、一杯のブドウ酒を飲むぐらいのものだった。煙草は全然吸わなかった。事実、彼とその好敵手モントゴメリーとは、質実剛健な生活態度の点で、不思議なほど相似ていた。

ロンメルは好んで早寝をしたが、いつも早起きで、そして仕事に打ちこんでいた。狩猟が好きで、時々、気晴らしに、砂漠でカモシカ猟をやった。そういう時、感情を表にださない彼の外観の下から、狩猟本能が鋭くほとばしりでるのを、ひとは知った。さもなければ彼はもう一つの休養をとっていた。——蠅叩《たた》きである。毎日昼の食事時間に、できるだけ数多くこの害虫を退治するため、規則正しくこの仕事に励んでいた。

ベルントと私はロンメルの宿舎に近い建物で暮らしていた。崖に面していて、元は厩舎《きゅうしゃ》だったという噂があった。

そのころには私はベルントのことを大変よく知るようになっていた。私の見たところでは、着々と育っていくロンメル伝説に、大方の人の考えているのに増して、彼は貢献していたのである。ベルントはあらゆる機会をとらえて、本国や中立国の出版物のために、「砂漠の狐」の写真を撮った。ロンメル自身も、戦時特派員が知っているように、気軽に写真を撮らせた。写しやすくしかも効果のあがるように、ロンメルがしばしば考えてポーズをとっているのを私は見たことがある。

ベルントと私は政治的意見を異にする場合がたびたびあったけれども、仲が良かった。この大頭のたくましい男は私に熊を思い起こさせた。彼の話しぶりは落ち着いて確信に満ちていたが、想像力は劣っていて、私たちの経験——というよりもむしろ彼自身——に関しての話はいつも厳密な正確さを欠いていた。平凡な少尉の軍服を着用しているにもかかわらず、いまもって宣伝省に影響力をもつ人物だという印象を、彼は与えたがっていた。たんに人目を惹《ひ》きたい欲望だったのか、それとも本当に「大物」だったのか、私にはよくわからなかった。

ある日、ふと彼が打ちあけたのだが、彼は一時チェコの軍服を着て、公式発表では「反ドイツ挑発」といわれている国境紛争の火つけ役を演じたのであった。そのあとのことは誰でも知っている。そのころの軍人として私は慎重にでっちあげた事件について何も聞いてなかったし、よしんば聞いたとしても、ドイツの敵がつくったたんなる宣伝と片づけて、ろくに注意もしなかったに相違ない。だからベルントが自慢そうに語るのを耳にしてびっくりした。

私は率直に自分の考えを話した。そんな役目はけがらわしいだけでなく、非常に危険だ、というのはもし失敗すれば、チェコの本当の挑発行動に対する非難が、すべて彼の挑発行為のみに向けられてしまったかもしれないのだと。

ベルントはいつもの冷静さを失い、腹を立てて私を怒鳴りつけた。「君はドイツ人らしくない連中の典型だ。奴らは感傷主義のもたらす愚かしい陶酔状態でものごとを考えている。われわれはイギリス人のモットーを採用すべきなんだ。わが国は正しいか誤っているかだ」

私はこんな格言を聞いたことがないし、いずれにしてもベルントは解釈を間違っているらしいと思った。彼の大目に見ている手段は、他国のみならず、同時に自国ドイツのとくに軍隊の本質にとって欺瞞だときめつけたので、彼はますます怒った。

ベルントは憐れむように私を見て、「だが、政治は誰にでもわかるってものじゃないからな」といった。喧嘩《けんか》したくなかったので、「そうだよ」と私は応じたが、彼の私にあてた言葉は、そっくりそのまま黙って彼にお返しした。

こうした論争はあったが、私たちは戦況の許すかぎり、男世帯の生活を楽しんだ。ところがいろいろと変遷があって、日常の仕事を変えたばかりか、私をいっそうロンメルに近づけるようになった。

アルディンガーの身体は、ロンメルのように頑健ではなかった。彼は健康を害し、ロンメルの右腕である地位をあきらめ、長年にわたる腹心の友と別れ、傷心をいだいて北アフリカを去りヨーロッパへ帰らねばならなくなった。

彼の任務は私に引き継がれ、私はロンメルの隣室に移った。

ベルントもベルリンへ戻る「特別賜暇」を願いでて、六か月間ゲッベルスの宣伝省へ行くことになった。

私の責任の仕事はものすごく増えた。毎日の前線巡回の準備、命令配布も、いままでは私ひとりの仕事となった。将軍の希望、命令はいずれも正確に筆記し、記録しておかねばならないので、時間・氏名・地名・部隊兵力等々のメモが山のようになった。

夜にはいわば個人秘書のような仕事もやった。このころ、まだロンメルは人気の絶頂にいなかったが、ドイツの各地から各階層から、日に三、四十通の手紙が送られてきた。英雄好きの少年からのが多かったが、半数以上は女性からだった。どれも敬慕の気持を示すものである。ほとんどが写真をほしがっていた。この求めに応じるため、ヒトラー御用の写真家ミュンヘンのホフマンが撮影した葉書大の写真が、たくさんに用意してあった。ストックの補充は定期的に行なわれていて、ロンメルは返送する写真に自分でサインをした。

ロンメルの知己でも交際の浅い場合には、私がやはり返事をしたためた。これはなかなかむつかしい仕事だった。なにしろ手紙の主も交際の度合いもわからないのだから。だが私たちには時間の余裕がないので、やがて私は数種類返事のひな型を作り、それによって事務的に処理していった。ほかの返事は速記係のベトヒャー伍長に私が口述した。

私はよく一把の手紙をベトヒャーに渡して、こういったものである。

「十八人の少年少女が写真をほしがっている。いつもの要領で返事をそえ、送ってくれないか」

それから他の二、三通を取り出し、「これは前大戦の戦友からだ。書いてくれ——親愛なるメルテンス、手紙をありがとう……」できるだけロンメルの癖を真似して、私は口述をつづける。しかしロンメルは必ずこれらの返事をくわしく調べて、真実味がないと、サインはしなかった。

いつもおもしろく思ったのは、ロンメルはサインをする時、舌の先をちょっとのぞかせ、ぼんやりと、はでに美辞麗句をつらねた文章を、おかしそうに追っていって、署名を太々と書いた。

時々、私は手紙の中になじみのある筆蹟を発見した。「おや、ライプツィヒの『お婆《ばあ》さん』からまた来た」この手紙は、明らかに年とった一女性からきたもので、いつも「お婆さん」と名乗っていた。最初の手紙は「尊敬厚き将軍さま……」ではじまっていた。が、五番目のになると、「親愛なるロンメルとその部下の方々へ……」と愉しそうな書出しになった。彼女は心に浮かぶことを素直にしたためていて、高官に対する遠慮とか気おくれとかは、少しもなかった。たとえば「ハンス・フリッチェ（当時の宣伝省ラジオ局長）は相変わらずラジオにかかりきりです……このひとのむだ口と皮肉な言葉にはかないません」彼女の手紙は愉しいニュースがいっぱいで、ロンメル宛とはなっていたが、私たちみんなの楽しみとなった。少し風変わりではあるが、たしかに元気なお婆さんというのが、私たちの定評であった。

ある日、本を荷造りした小包が、彼女から届いた。ロンメルは私にそれをハルファヤ峠の部隊へ、届けるようにといった。本を調べてみると、驚いたことに全部がいわゆる「文学の屑《くず》」で、第三帝国が焚書《ふんしょ》に値いするとしたか、頽廃《たいはい》せる民主主義向けときめつけた著者のものであった。

次の手紙を開いてみると、「なつかしい弟へ、私たちはあなたを誇りとしております……」という文句ではじまっていたので、姉さんからきたものとわかって、私は目を通さずに、ロンメルへ渡した。

ことにおもしろかったのは、ロンメルの故郷シュヴァーベンの同郷人からの手紙だった。シュヴァーベンは南西ドイツにあり、「黒い森」をはさんで、ネッカー川とコンスタンツ湖の間にある。彼らはその地方生まれの人を優秀な軍人たらしめている忠誠心、従順、勇気という特徴を、明瞭《めいりょう》に表わしていた。だがシュヴァーベンの人たちは、私の意見では、一つの弱点をもっている。しばしばお国自慢に熱しすぎる傾きがある。だから手紙にこういう文章が出てくるわけだ。「あなたの成功を読んで欣喜に堪えない。シュヴァーベン生まれのあなたが、アフリカ軍団を統率していることは、まことにすばらしい。聞くところでは、あなたの部下の大部分はシュヴァーベン生まれという。しかり、シュヴァーベン生まれこそ最上の軍人であることに、一点の疑いもないのである……」こうしたお国自慢の人には、できるだけ如才なく返事を書くようにし、当アフリカ軍団にはドイツ各地出身の人々が所属し、プロイセン野郎さえいると書いたものである。ロンメルはこの手紙を前にして、いささかためっていたが、にっこり笑って、サインをした。

毎晩作戦参謀がロンメルの部屋で、その日のロシアの状況を、要約して説明した。大きな地図が壁にかけてあった。ロンメルはかつて指揮した第七装甲師団「幽霊師団」に、特別の関心をもっており、彼の誇りに応《こた》え、当時その師団はモスクワ攻撃の先鋒中でも、いちじるしく進出していた。

彼はまたそのころ行なわれた枢軸軍落下傘《パラシュート》部隊のクレタ島奪取に、当然、最大の関心を示した。この成功は、砂漠および中東全域の敵に対するわが空軍の作戦遂行に、絶好の基地をもたらすこととなるからである。しかし彼はマルタ島の占領こそはるかに大きな価値をもつであろうと、考えていた。この小さな島は北アフリカ戦を通じて終始、わがほうが絶対に必要とする海上輸送に、絶えざる脅威を与えていた。もしも一九四一年にマルタが攻撃され占領されていたならば、イギリスは北アフリカの戦争にはたして勝利をかち得たであろうか？　私は得られなかったと思う。

十二　前線の一日

ロンメルはサルーム正面を、とくに力をいれて強化していた。私たちの毎日の仕事のなかで、それがどのような意味をもっていたか、説明してみよう。

きっちり午前七時に、私たちはおきまりの前線訪問に出発する。二台のオープン・カーで私たちの一行は、アフリカ軍団司令部への唯一の入口を通って行くと、防柵が背後で再びおろされ、哨兵《しょうへい》が敬礼する。アルディンガーがいなくなってから、私は必ずロンメルの供をする。彼は前に運転手と並び、私は通訳のハーゲマン博士と後部の座席にすわる。

カプッツォを通過、国境の鉄条網のなかの通路を通り、速力をあげてわが前線拠点の遥《はる》か彼方の砂漠を目指して進む。無人の地の地平線上に敵の偵察車がいるのをしばしば目にする。双眼鏡の目のとどく範囲内に、大きな獲物の動いているのを、彼らは推察できない。

ロンメルは敵側の有利な地点から、自軍の陣地を検討する。科学者が顕微鏡を使うように、細心の注意をはらって、双眼鏡で調べていく。彼は鼻をならす。気にいらないものを何か見たのである。私たちは彼につづいて車に乗る。いままで観察していた陣地へまっすぐ向かうあいだ、彼は立っている。

哨兵がびっくりしてロンメルを見つめる。「なぜ敬礼せんのだ」と将軍が怒鳴る。兵隊は直立不動の姿勢をとり、口もきけない。

「前哨地点の指揮官は？」とロンメルは怒っている。

「睡眠中であります。その……少佐殿」哨兵は口ごもる。

哨兵は新兵で、前線へ来たばかり。ロンメルを見たこともない。階級章を間違えたのである。偉そうなところから佐官級とふんで、「少佐」に賭《か》けたのだ。

「や、兵隊君、ここでは誰も彼も寝ているようだね。起こしてくれんか――きみ」

哨兵は出かけなくてすむ。その時、元気そうな若い士官が傍の壕《ごう》から顔を出し、将軍に気がついて、さっと敬礼し、「前哨地点指揮官フランク。目下異状ありません」と報告する。

「どうしてわかるね？　少尉」とロンメルは手きびしくきめつけて、「君は今までやすんでいた――いい気持で」

少尉は返す言葉がない。しばらく言葉がとぎれる。ロンメルはいう。

「少尉、君の陣地はわたしの訓令にしたがって運営されていない。掩蔽《えんぺい》物は目立つし、陣地のカムフラージュもない。部下は自由に歩き回っていて――君は寝ている。明日また来て、わたしの要求がすべての点で満たされているか、調べてみる」

彼は運転手に出発の合図をする。若い士官は根が生えたように立ちつくしている。彼がおきまりの「ハイ、閣下」という前に、ロンメルは走り去った。もしこの若い士官が、何かロマンティックなものを、北アフリカの砂漠に期待していたとしたら、いま激しいショックを受けたことであろう。

私たちの車が次の前哨地点があるコワに着く前に、そこではもう気がついていた。この陣地は油断がない。指揮官の少尉が歩哨に立っている。ロンメルの態度ががらりと変わる。だがそれでも彼は多少の訓戒を与える。「陣地の選択はよろしいし、配備もよい。これは最高に重要なことだ。われわれにはいちかばちかの冒険はできない。地中海《ちちゅうかい》を渡るわが兵站《へいたん》線の問題は、アフリカに現在ある以上の大部隊に、装備・糧食を供給することを、困難ならしめている。この理由からして、われわれは自然の特徴、そしてわれわれの自由にし得るものはなんであれ、最大限に利用せねばならない。一つのすぐれたトーチカは、二つの拙劣に計画し兵を配置したものに劣らず、役にたたねばならないのだよ――」

「ハイ、閣下」

「弾薬・糧食の費消は？」

「弾薬は十分あります、閣下、糧食は三日分です」

「三日分？　糧食は三週間分を要求しなさい。だが……心配はいらん、手配をしておこう」

簡単に「ご苦労」というと、ロンメルはまた次の場所へ向かう。

各前哨地点でロンメルは車を降りる。私の二倍ほどの年齢だというのに、疲れを見せない。私の足は痛み、鉛のように重い。砂のなかを歩くのはつらいものである。要求、命令、観察と、彼のいうことを、一つ一つメモに書き記していく。宿舎へ帰ると、それぞれを整理し、参謀長や参謀将校など関係筋に提出するのが私の任務である。

わが軍の無電傍受哨は二つあるが、その一か所を訪ねる。二つともサルーム前線にあり、相当離れている。敵の波長に合わせ、方向探知機で方角をきめ、三角測量を行なって、敵の固定および移動無電ステーションをつきとめる。

傍受に当っていた兵の報告では、いま受信した結果によると、敵はそのステーションを北へ、海の方へ移動しつつある。「無理もない」とロンメルはにやっと笑って、「この天気ではね。イギリス人だって海水浴はきらいじゃないよ」といった。

私たちはたびたびハルファヤ峠へ行った。その日は長いこと前哨地点を巡視してからそこに着いた。バッハ大尉が杖《つえ》をつきながら、私たちを迎えた。バッハ以外に士官でステッキを許されたものはいない。彼が年をとっていたからである。市民生活では牧師だった彼は、部下に思いやりがあるので、信頼を受けていた。平和時に、軍人らしからぬ職業についていたにもかかわらず、彼は多くの職業軍人以上に、陣地を巧みに管理していた。ロンメルは彼を心から賞賛していた。

ハルファヤ峠は引きつづき激しい戦闘の場であった。ロンメルははっきりとその戦術上の重要性を知っていた。峠はエジプトからキレナイカへ入る沿岸道路を制圧しているからである。サルームとハルファヤを通る道を棄てた場合、敵はキレナイカ内部へ攻撃を加えようとしたら、遥か南、砂漠のなかへ入らざるを得ないだろう。そこでロンメルはできる限り急速にこの地区の強化を心がけていて、輸送車不足のためまだ移動していなかった第九〇軽師団の一部隊を、そこへ派遣したばかりのところであった。

バッハはちょうど会議のため中隊長らを召集していた。ロンメルはその機会をとらえ、戦術について話した。

「諸君、砂漠の戦いは、海戦と比較するのがもっともよい。射程距離の長い武器を有するものが有利なのは、海とまったく同様である。効果ある機械化と補給によって、すぐれた機動性を得たものは、敏速に行動し、それによって意のままに敵を右往左往させることができる。

諸君の部隊はここハルファヤ峠にあって移動しない。それゆえ強力にして準備十分な陣地にある時のみ、機械化部隊に対抗しうる価値をもつ。だがそれにしても射程距離の長さがもつ有利さには変わりがない。わが軍にはそれがある。八十八ミリ砲だ。諸君に、固定された部隊にとって不可欠なのは、堅固な掩蔽物、巧妙なカムフラージュ、そして八十八ミリその他の砲に有効視域をもつことである」

ロンメルは息をつぎ、特有の力強さで話をつづけた。

「わたしは海辺からシジ・オマールまでのびる長い防御《ぼうぎょ》線を占拠する考えである。各前哨拠点は、中隊兵力のものを含めて、相当離れることを覚悟せねばならない。しかし全線にわたって、後衛の方へ十分な深さをもつ必要がある。

各防禦点はそれ自体完全な防禦施設を備えねばならない。各火器はいかなる方角をも射撃しうるように位置をとる必要がある。このような防禦点の理想的配備を次のように考えている。

八十八ミリ砲一門を視界の許す限り深く地中に沈めて設置する。ここから三つの火点へ、三方向に、壕を放射線状につくる。第一は機関銃、第二は重迫撃砲、第三は二十二ミリ軽高射砲あるいは五十ミリ対戦車砲の各陣地である。つねに三週間分の水・弾薬・糧食を貯蔵しておく。そして各員は戦闘にそなえて睡眠を十分にとる」

ロンメルは話に熱中した。

「諸君、戦闘について簡単に述べる。敵襲のあった場合、わがほうの砲火は防禦点間の間隙《かんげき》を完全に制圧しなければならない。もし視界不良があったとして、敵が間隙を突破するのに成功したならば、各火器は後衛の方へ向かって交戦しうる位置にあることが必要だ。はっきりといおう、『方向、前方』というがごときものはなく、あるのはただ『方向、敵』である」

ロンメルはさらに言葉をつづけた。

「諸君、敵の攻撃があるとしても、戦闘の最終的決定はおそらく、前線背後の戦車および機械化部隊にかかっている。この決定がどこで行なわれるかは重要ではない。敵を撃破してはじめて戦いは勝利となる。ひとつのことを念頭にとどめておいてほしい。すなわち、個々の陣地は、全般的状況がどのようであろうとも、断じて維持されねばならない。わが戦車と機械化部隊は、諸君を見殺しにはしない。よしんば諸君が数週間もそれらを目にしなかったとしてもである……ご苦労、諸君」

将校たちは解散した。バッハは私たちといっしょにイタリア砲兵隊を視察した。ここでもロンメルの関心は弾薬と糧食だった。ハーゲマン博士がイタリア語で通訳した。だがロンメルは翻訳がその意図している意味合いを、正確に伝えていないと、直ぐに気がついた。彼はイタリア人の考えている以上にイタリア語を知っていた。

その日ハルファヤ峠をくだって沿岸平地へ向かっていた時、東方から砲撃を受けた。ロンメルは敵が一時前進させた野砲の射ちだした砲火だと断定した。

平な沿岸地でロンメルは、数か所の防禦点で鹵獲《ろかく》したイギリス軍のマーク二型戦車が、砲塔を地表に残しただけで、地中に埋めてあるのを発見した。この敵物資のかしこい利用法を、ロンメルは大変に喜び、私たちは上機嫌で車を走らせた。

海岸に着いた時、私は一浴びしたらとほのめかした。海水浴用のパンツはなかったが、砂漠の前線でそんなことを心配するものがあろうか？　ロンメルと私は冷たい地中海の水のなかへ飛び込んだ。青色のシャンパン酒が泡立つような新鮮さであった。ロンメルは少年のようにはしゃいで水をはねちらかした。

道はいま曲がりくねった峠をのぼって、絶壁の縁にあるサルームの兵舎の方へ向かっていた。半ばほどのぼると、工兵がイタリア軍の沿岸防備砲を設置するため、険しい傾斜地を爆破して、トンネルのような穴をあけていた。私たちは作業を調べるため車を止めた。例によって、ロンメルはあたりを歩き回り、双眼鏡で敵のいる茫《ぼう》とかすむ東の方をさぐっていた。

そんなわけで、午後も遅くなって、防柵を通ってバルディアに帰った。一日じゅう食事もなく、そのうえ、事務上の仕事が山ほど私を待っている。そして、ロンメルにとっては、戦場にある将軍ですらさまざまな書類仕事がある。

これがロンメルとともに生活していたころの一日の例である。

十三「装甲集団《パンツアーグルッペ》」誕生

一九四一年の中ごろ、在アフリカ・イタリア軍総司令部に更迭があり、バスティコ将軍がおとなしいガリバルディ将軍の後をおそった。

暗号電報がバルディアにとどき、ロンメルは至急キュレネにあるバスティコのもとへ出頭することになった。私たちは翌日キュレネに着いたが、長旅のため疲れ果て、埃《ほこり》まみれであった。もちろん道中、トブルクを迂回《うかい》したのだった。バルディアの壊れかけたちっぽけな家に慣れていた私たちは、美しい庭園を通って、大理石の円柱の立つ大きな建物に案内された時、まるで華麗な宮殿に入る心地がした。緑の色濃いジェベル・アクダール地区にきたことは、本当に快適だった。太陽と砂と蠅ばかりを見なれた目に、何か月ぶりかではじめて、青々とした野原を、わたのような雲を、木々の茂る丘を、そして美しい女性を見たのである。だがロンメルと私は汗くさく汚れ、車も弾痕《だんこん》だらけのうえに長いあいだの砂漠の塵《ちり》でおおわれていて、大理石の広間や上品な周囲に、似つかわしくなかった。私の感じではイタリア軍司令部の連中も、不似合いだと思っているようであった。

ロンメルは直ちに到着を告げ、バスティコと面会しようとした。しかし新任のイタリア軍司令官がロンメルを迎えたのは、三十分も待たせてからだった。短時間の会談を終ってバスティコの部屋から出てきたロンメルは機嫌が悪かった。その後私たちはいつもバスティコを「ボンバスティコ」と呼んだものである。

事実上、ロンメルはいまでは指揮のうえでも権限のうえでも、前よりも高い地位に立った。新司令部勤務のドイツ軍将校たちがキュレネに到着した。この人々はドイツ・アフリカ軍団に代わる「装甲集団」の要員であると公表されたが、これはかねがねロンメルが照会したためであった。ロンメルはこの動きの背後に明確な意図を推測しているようだった。新参謀部は直接ドイツの最高司令部の一環として動くのか、それとも、より高位のドイツ軍将官がアフリカ軍団をその広い指揮下に収めるのか？

状況はキュレネ滞在中にはっきりとなった。その間私はロンメルを待つあいだに、新参謀部の二、三の人々と顔をあわせた。そのひとりはひょろ長い当直将校のディックマン少尉で、彼は上官ぶって、いかにもとってつけたように親切な態度で私に接した。私はこの洗練された雰囲気のなかで、前線からきた私たち無作法者が気はよいけれどばかもの扱いにされているのを、ことさらに感じた。だがバスティコと会ってからロンメルは新任の参謀長ガウゼ将軍を訪ねた。ガウゼは快活で礼儀正しく、見るからに落ち着きのあるしっかりしたひとで、新参謀部がロンメルに所属するようになるのを、はっきりと話した。

こうしてアフリカ装甲集団が生まれ、一九四一年八月から実効になり、指揮はロンメルがとることになった。集団にはロンメルの麾下《きか》で現在クリューヴェル将軍の指揮するドイツ・アフリカ軍団とともに、実際上の理由からトブルク郊外のイタリア軍二個軍団も含まれることになった。

新司令部の創設にもかかわらず、砂漠におけるわが兵力の増強は、ほとんど行なわれなかった。有効な増強はしばらく期待し得ないのは明瞭《めいりょう》であった。ロンメルそのひとは、さらにドイツ戦闘部隊がアフリカに輸送される以前に、現在あるドイツ軍三個師団に十分な給与を維持することができるよう、砂漠の補給線を強化すべきだと主張していたのだ。

暑い夏のあいだに、サルーム戦線はロンメルの命令通り構築された。強力な防禦《ぼうぎょ》用火砲が設置され、地雷原が広げられた。これらの準備を完成した時、ロンメルは全力をトブルク前線に集中した。組織的に彼は十一月末の攻撃準備にかかった。彼は数地区の部隊に新しく前進拠点を占拠するように命令を下した。現前線の前方になる新前哨《ぜんしょう》地点は、オーストラリア軍斥候《せっこう》隊の執拗《しつよう》な奇襲をものともせず、夜間に構築を行ない、完成を待って占拠することになった。

今回ロンメルはメダッワ地区を棄て、南東に当るエル・ドゥダ地区から攻撃を行なう考えであった——私がつねに心に描いていた地区である。

四月、五月には防御施設について情報が不足していたが、今回は航空写真を周到に準備してこれを補った。写真は一枚一枚こまかに検討された。攻撃に参加する各連隊、各大隊、および各中隊にさえ、それぞれが立ち向かう地区の詳細な写真が与えられた。

攻撃の主力は装甲二個師団によって行なわれることになった。これらの師団はともに前線から撤退して、休養をとると同時に、特別訓練を受けた。第二一装甲師団はバルティアとトブルクの中間に宿営した。第一五装甲師団の第一一五狙撃兵連隊は、数か月前に到着して以来引きつづきトブルク南西の塹壕《ざんごう》を占拠していたが、この不安な地区から撤退し、トブルク東方の海近くで休息と特殊な訓練についた。将兵のあいだにはさっそく肉体的な反応が現われた。部隊の約七十パーセントはたちまち、赤痢とか黄疸とかいう病気のため役にたたなくなった。部隊の戦闘力は、トブルク戦線ではいつもほぼ正常だったのだが、見る見るうちに深刻な低下を示し、中隊は小隊程度の兵員にすぎなくなった。

敵の砲撃を分散させるため、ロンメルは非占拠地区に、まやかしの陣地を構築することを命じた。彼の指示は十四日以内に、木材とズックで造ったにせの監視哨を、数百か所、周辺全体に建設せよというのである。彼はこれによってわが軍に損害なく、包囲した要塞《ようさい》に貴重な弾薬を数百発となく、浪費させることになると信じていた。敵軍がむだにかなりの砲弾を射ちこんだ後で、相当数のにせの前哨地点は実際に監視哨として使用された。

ロンメルがこの計画をたてた時、私は成功すると思ったが、彼の耳に入らないと知ると、困惑した将校らがこぼしはじめるのだった。「弱ったな。シュミット、きみたちは何を考えてるんだ？　われわれの地区だけで十二か所も監視塔を建てる。いったい、この砂漠で材木やズックを、どこから調達させるつもりだ？」

ロンメルはいつでも——かつてないほどにその時は——彼の部隊に積極さと精力を求めていた。「陣地戦が持続する場合といえども」と彼は声を大きくして叫んだ。「将兵はその陣地に釘《くぎ》づけになるようなことがあってはならない」

できるだけ新鋭のドイツ軍部隊を攻撃に振りむけるため、防禦線の適当な個所は、イタリア軍と代わった。ロンメルは次のように命令した。「ドイツ軍数個中隊を、もっぱら戦線のある地点に集中させて、残余の戦線の要《かなめ》として行動させる」イタリア軍がこれをどう思ったか私は知らない。

ロンメルはイタリア人の扱いがへたで尊大だったわけではない。ある日、完成間近の枢軸道路を車で行ったが、彼はイタリア人の道路建設の見事なのに心から感心した。敵の空襲を警戒してマンモスがいつものオープン・カー二台に同行した。一行のなかには、カルヴィ将軍の参謀将校トウッツィ少佐、トウリーニ少尉、ハーゲマン博士に代わった通訳のフランツ博士がいた。ロンメルは道路建設大隊の一つを指揮している肥満したイタリア軍少佐に声をかけた。

「フランツ博士、すばらしい工事ができ上がって、非常に喜んでいると伝えて下さい」

少佐の丸顔はほめ言葉を聞いて喜びに輝いた。陽気で快活な少佐は微笑を浮かべて私たちを見ている。ロンメルが何か不足はないかと尋ねると、彼は興奮して答えた。「閣下、食事に変化がなく、酒《ワイン》がよくありません」

ロンメルは小柄なふとっちょの少佐に、茶目気のある微笑を見せて、「でも、まだ毒にはなっていないようですね」と、静かにつぶやいた。


クリューーヴェルがアフリカ軍団を、そしてロンメルがアフリカ装甲集団を指揮することが公式に決定すると、ロンメルはその参謀部をバルディアにいる新司令官に引きついだ。残ったのは私と、従兵ギュンター、それから書記ベトヒャーだけである。私たちはジェベル・アクダールに戻り、ほんの短い期間だが、ベダ・リットリアの美しい緑の環境に包まれて暮らした。

十四　ロンメルとヒトラーの関係

緑なす山々のなかのベダ・リットリア。わずかの滞在だったが、愛着を感じて思い出す。だがロンメルは、特別に小別荘が用意され、居心地も砂漠とは天と地の違いがあったが、そこが好きではなかった。怒鳴りちらしている時でさえ彼の可愛がっている前線部隊の将兵と、別れているのがつらかったのであった。

いま装甲集団を指揮下におき、彼はある意味では直属の部下にも恵まれていた。はじめて彼は介添役として優秀な参謀将校を二名持ち、彼らは彼にとって得難い人材であるのをたちまちのうちに示した。ひとりは参謀長ガウゼ少将、思慮深く行きとどいた気質で、落ち着きがあってたくましい。いまひとりは参謀将校ヴェストファル中佐、抜目がなく有能で、厳格に規律を守るタイプである。イギリスの軍隊用語でいえば、わが装甲集団は「軍」に当るものかもしれないが、装甲集団という名称には弾力性があって、「軍」よりも歩兵でわずかに劣り、おそらく戦車でまさっている。たしかにアフリカ装甲集団は軍集団には相当していない。

新参謀部は巧みにロンメルをときふせ、いまや彼の真価は前線部隊と個人的に接触する点にあるのでなく、むしろ外交的管理的な活動範囲内にあるといった。前線を好む一軍人として——当時私は若かったので——この一目瞭然《りょうぜん》の成行きにあきたらなかった。砂漠を離れたら、必ず離れることになるのだが、その時には現下の活動力を感じなくなると、私は徐々に確信するようになっていたからだ。私たちは疑いもなく「ごまかし」をやっていて、砂漠で対峙《たいじ》する敵を知るものは誰ひとり、ロンメルの情熱がさめたとは考えていなかった。

ガウゼとヴェストファルは如才なくロンメルに、イタリア軍との新関係——とにかく彼がドイツ軍のほか戦場で主力戦闘部隊を指揮することになったのを納得させ、そして代表たることを自覚し、最後にはもっとも重要となる参謀部の仕事により以上専念して、同盟軍と友好関係を維持するようにと求めた。

ロンメルとガウゼはかなり親しくなったが、ロンメルは誰かと心の底からうちあけた仲となることがけっしてなかった。わが軍の司令部とイタリア軍とのあいだを往復する退屈な車中で、内々耳にしたのだが、いろいろとおもしろい会話をおぼえている。

ある日、ガウゼが尋ねた。

「閣下はいつどうしてヒトラー総統と親しくなられたのですか？」

私は聴き耳を立てた。ロンメルは座席に深々と身を沈め、めずらしく昔を懐しむような気分にひたっていた。

「ヒトラー総統が最初に、わたしに気がついたのは、総統の党本部に勤務していた時だった。わたしはかなりのあいだ幕僚部にいたんだが、いっこうだつのあがらぬ中佐で、いわばざこだったよ。このアフリカでいえば野営司令部の野営指揮官のようなものだ――輸送・保安対策その他退屈な編成仕事を担当していたのだ。

それから例の面倒な仕事の一つ――『党大会』の一日を迎える時、わたしはヒトラーから命令を受けた。翌日彼が司令部を出発する時、六台以上の車が随行してはならんという。わたしは随行する車がこの数を越すのを許してはならないわけである。翌朝、総統が出発する段になると、党本部前の広場は、大臣、将軍、大管区指導官ら『大物』連中を乗せた車で、うずまっている。だがわたしはこういうこともあろうかと、かねて手をうっておいた。

行列が動きだすと、ヒトラーにつづく五台の車を通して、次の車の前に、わたしは数歩踏みでた。むろん車は止まる。わたしは総統命令を伝えた。車の主は、大臣か何かだったが、怒ったね。重要な立場にあるものが任務を遂行しようとするのを、たかが中佐風情がでしゃばって妨げるとは、何事だとたけりほえる始末だ。総統閣下の身辺にあって仕事をてきぱきと行なう責任がある、無礼者!!　ときたよ。

進むのを許可する前に、わたしは落ち着いて説明した。『行かれるのを強いて止めるわけにはいきません。しかしこの先の十字路三か所は、戦車で封鎖されております』相手は怒りに燃えて、『僭越《せんえつ》きわまる沙汰《さた》だ』と怒鳴り、『よろしい、この事を総統閣下にご報告申し上げるぞ、中佐！』

わたしは先の狭い十字路の左右に、あらかじめ戦車を待機させ、ヒトラーの車を含めて六台の行列が通ったら、両方から戦車を向かい合わせに進め、通りを封鎖してほかの車を通過させないように命令してあったのだ。

ヒトラーはこのことを耳にした——おそらくあの怒りたけった高官からだろう。道を進むうちに幾度も戦車に妨げられ、うんざりしたにちがいない。

わたしは譴責《けんせき》される代わりに、その晩ヒトラーに招《よ》ばれ、褒められた。命令が厳格に実行され、かねての望みどおり『お荷物』なしに、自由に行動できるとは期待していなかったようだ。この会見があってから、わたしはしばしばヒトラーの会合に招待されるようになった。彼はわたしが第一次大戦の経験からものした『歩兵は攻撃する』という本に、くまなく目を通し、よく話題にした。それからだよ、彼がわたしをおもしろい男だと思ったのは。

それから戦争が起こった。ヒトラーはわたしにいずれを指揮したいかと尋ねたので、即座に装甲師団の指揮をお願いした。それはわたしの側からすれば法外な願いなのだ。わたしは軍の戦車部隊に一度も属したことがない。この種の指揮をとりたいと望む適当な将軍連が大勢いた。だが、知ってのように、わたしは第七装甲師団の師団長になった。およそこの任命は陸軍最高司令部の紳士方にはお気に召さなかったよ」

ガウゼはじっと話に耳を傾けていた。彼はていねいに「おもしろいお話です、閣下」といって言葉をつぎ、「一時、ヒトラー青年団《ユーゲント》の連絡将校のような役目につかれたと、うかがっていますが？」

「ああ、やったよ。そんなようなものをね」ロンメルはくわしいことには触れなかったが、ポツダム軍事学校で、ヒトラー青年団《ユーゲント》の予備軍事訓練に当ったことを話した。私の総合したところでは、ドイツ青少年の訓練に関する彼の考えは、青年団を管轄するフォン・シーラッハのそれとは合致しなかった。ロンメルにいわせればシーラッハは傲慢《ごうまん》で無能だった。事実シーラッハを「愚かな少年」と呼んでいた。

ロンメルは席に背をのばし、思いにふけるかのようにして語った。

「一番幸福だったのは——妻も同じだが——ヴィーナー・ノイシュタットの軍事学校校長だった時だね。そしていまは？　何をしているか？　指揮をとるのは楽しいことだ。ここには願ってもない機会がある。しょせん、わたしたちは戦争のために訓練された職業についている。……わたしたちは何をすべきか？　簡単だ。イギリス軍を撃破せねばならないのだ。彼らは相手として不足がない。彼らは戦争に向いてないように見えるし、事実、それは本当だと見ているものもある。だが戦争の技術あるいは戦争のゲームにかけては優秀である。わたしたちの任務ははっきりしている。砂漠にいる将兵はいずれも、この簡単な事実を認めねばならない。われわれがここにいるのは勝利を得るためである。わたしたちの目的には一点の疑いもない。わたしたち将兵に課せられた仕事は、砂漠で闘うことなのだ」

ガウゼは自身の軍隊歴をロンメルに話した。彼の話でもっとも興味を惹《ひ》いたのは、参謀将校の一人として、一九四〇年のイギリス侵攻――「あしか作戦《ゼーレーヴェ》」の立案に参加したことだった。ガウゼ自身は心ひそかに、この作戦計画は実現しそうもないと、無視していたと語った。「第一に」と彼はロンメルと私にいった。「利用できる船舶のトン数が決定的に不足していました。次に、イギリス上空の航空戦後、ゲーリングの楽観説にもかかわらず、空からの掩《えん》護《ご》がたよりにならないのが明瞭になったのです。それにドイツ海軍はこの計画を支持したものの、必ずや強力なイギリス海軍は最後の一兵を賭《と》してまで戦うにちがいない。そうなると彼我の艦隊の均衡に相違があるので、ドイツ海軍は全滅の憂目を見るのみだと主張したのです。結果は、ご存じの通りです」

この日の夕方、ベダ・リットリアに着いた時に、イタリア軍参謀総長カヴァッレーロ将軍の出席する会議が、まだ残っていた。それがすむと、枢軸両軍代表が顔を並べる公式の晩餐《ばんさん》会があり、ロンメルとしてもはじめて出席した。私はしがない一少尉にすぎないので、あまり会話の仲間入りはしなかった。有名な人々と同じ席で一夕を過ごし、そのうえめずらしい料理の相伴にあずかる特権に恵まれたのは、後々までも印象に残ることだった。料理は、もちろん、おいしかった。

十五　ロンメルのカモシカ猟

ロンメルは狩猟家だった。現在では前よりも暇があるので、機会を見てはこの好きなスポーツを楽しんだ。彼としては部隊とともに前進してもっと大きな狩りを計画したかったであろう。しかしせめてこの落ち着いた時期のあいだだけでも「よい子」でいなければならなかった。獲物はカモシカで、一日がかりであった。

「そのうちちょっとヨーロッパへ行き、マンフレートを連れて狩りをしようと思っている」とロンメルはよくもらした（彼は当時十二歳になる息子を可愛がっていた）。ロンメルは家族や家庭に関してめったに話さなかったし、うちあけ話のたぐいはほとんど口にしたことがなかった。何か月も私を呼ぶのに、官名の少尉だけを使っていた。名前を呼ぶようになったのは、私がものの役に立つのを納得してからで、私の年齢や、結婚しているかどうか、楽しいかどうか、しきりと気をつかい、やっと軍服を着て命令に答えるだけのものではないと考えるようになった。識りあってから長いあいだ経って、冷厳な将軍もやはり血のかよう人間だったと知ったのは、思えばじつに不思議なことだった。

ロンメルはベダ・リットリアはあまりに後方すぎると考えて、装甲集団司令部をガザラに移した。ガザラの南に当る地方はまったく自然のままであった。その名の示すとおり、ガゼル（カモシカ）で有名だった。

ある日私たちは二台の車をつらねて気晴らしに出かけた。

ロンメルは軍用ライフル銃と、あるイタリア部隊から贈呈された一種の短機関銃をたずさえていた。彼の武器はたいしたものではなかったが、私たちの行なった追跡は軍隊的に組織だっていて、戦略・戦術を用い、後方へ逃げて行く獲物を阻止する計画になっていた。

私の車の後部座席にはイタリア軍の大尉が乗っていた。彼は数年間この地方を知っていたので追跡係の役目をした。彼はとまどわずにカモシカの棲息《せいそく》する地区へ案内した。私たちは一群のカモシカを狩りだした。二台の車は雄ジカのあとを追って疾走した。だがびっくりしたカモシカの群れはすばやく逃げて行った。運転手はアクセルを踏み、徐々に私たちはカモシカに追いついた。

ロンメルの車は粗い砂と石のなかで滑りながら止まった。彼は立ち上がって射った。弾丸ははずれた。カモシカの蹄《ひづめ》が埃《ほこり》を舞いあげていたが、弾丸が砂煙りを立てるのが見えた。そして獲物は走りつづけ、ロンメルも走りつづけた。

私の車はその間止まらなかった。私たちは獲物のすぐ後に追いせまり、進路を変えさせようとした。立ち上がって私は運転手に「止まれ！」と叫んだ。車は急に停止した。あまりに急なので、危うく私は風よけ越しに投げだされそうになった。埃を通して、私はすばやく一頭のカモシカを射った。ロンメルの車が激しい速度で獲物を追って通過した。

　こうして狩りはしばらくつづけられた。私は獲物に同情しないわけにはいかなかった。カモシカはなかなか効果のある戦術を採用していた。射つたびに群れは二つにわかれた。一つは左へ、残るは右へ、走った。つねに私たちは大きなほうの群れを追った。しまいには大きい群れでもたった三頭ぐらいになった。

「わたしたちを皆殺しにしようってんだね」と、あたかも彼らはいっているようであった。「でも、兄弟、この群れだけだよ。あんた方は陽動作戦にひっかかり誘導されて、主要目的を忘れてしまったのさ……」

　だが狩猟家たちは本当に獲物を奪われたのか？　この戦場での作戦は全滅することではなく、たんに一方の戦術的優位を主張することにあった。事実、カモシカは戦略的には勝ったが、戦術的にはこの戦いでいつも敗者であるにちがいない。

　三頭のカモシカはまだ私たちを惹《ひ》きつけて前方へ走らせた。その忍耐強さに私は驚嘆した。彼らは鋭く右へそれ、地歩を進めた。地図を持ち、慎重に考えた末、作戦的行動を計画したと思えるほどであった。というのは右手の地域は広がるにしたがって岩だらけになっていた。「敵の戦車を選んだ地域に惹きつけ、そこで撃滅せよ！」とはロンメルの原理だった。まさにそのとおりである。

地面は穴だらけで、いっそうでこぼこになった。ものすごいスピードで飛ばして行く追跡は命がけであった。もしアフリカにあるドイツの高級将校が、たかが雄ジカを追って、頸《くび》を折ったとしたら？　しかしロンメルは狩猟本能に憑《つ》かれていた。激しい追跡はつづけられた。

とにかく、いまは少なくとも、正々堂々とスポーツをやっているのだと私は思った。私たちは少なくとも、狩猟にも同じように命を賭《と》しているのだ。

車が射撃のため急停止しておどりあがった。雷鳴のような爆発音に危うく私は倒れかかり、右耳に焼くような鋭い痛みを感じた。どうしたのか？　背後のイタリア軍将校が近接射撃をやったのだ。興奮のあまり歩兵銃の銃口が私の右耳の先、一インチとないところにあったのを、気がつかなかったのである。だが耳が聞えなくなっても、狩りはできるものらしい。

追跡はつづいた。まるで獲物が消えてなくなりでもするようだった。地面はますます険しくなった。しかしロンメルはいよいよ熱心になり、運転手に速度をあげろと命じた。私も同じようにした。この自殺的な行動で、再びカモシカの群れに追いついた。ロンメルはライフル銃を、背後の情報参謀フォン・メレンティン参謀少佐に手渡し、拳銃《けんじゅう》を引きぬくや、一発射った。一頭のカモシカが倒れた。

　私たちは車を止めた。つやつやした美しい動物が横たわっていた。あの生々と躍動していた生物から生命が去ったのを見て、私たちの多くは意気銷沈《しょうちん》した。誰ひとり口をきくものがない。私は生まれて最初の狩りなので、これからどうしていいのかわからなかった。だがロンメルはためらわず、大きな狩猟ナイフを取りだし、仕事を片づけた。巧みに腸をぬき、角を切り取り、そして死体を車に積んだ。

　司令部へ戻ると、炊事係は大喜びであった。さて計算してみると、利益は大きなシカ肉の厚切り。損失は、折れたスプリング二本、壊れた風よけ一個、聞えなくなった耳と、良心のうずき。その後狩猟に出かけた時には、もっとスポーツ的な技術を使い、獲物に忍びよるようにした。

　だが……しょせん私たちは戦争をしているのだ。ロンメルはすぐれた狩猟家であった。ここでも彼は食うか食われるかだった。その点では私も同じである。対戦車砲の照準をつけながら神経質でいられようか？

十六　ロンメルの襲撃。「無人の地」に立往生

ロンメルはガザラに装甲集団司令部を置いたことに不満だった。そこは部下の将兵から離れすぎていたし、バルディアにいた時には前線へ行くのに数時間ですんだものが、いまでは一日がかりであった。ベダ・リットリアに離れているのとほぼ同じように不便だ。司令部として使った道路技師の家——私たちは宿屋と呼んだ——は最近、たびたびイギリス空軍の空襲を受けていた。敵の飛行機は朝早くに来襲した。どうもイギリス軍は「砂漠の狐」の所在をつきとめていたらしい。

ある士官が命令を受けて、トブルクとバルディアの中間地区に、新司令部の適地を探し求めた。彼はガンブートの「宿屋」を選んだ。

私たちは新司令部の位置を調べ、あわせて第二一装甲師団長フォン・ラーフェンシュタイン少将を訪問すべく、車を走らせた。枢軸道路の完成で、トブルクを迂回《うかい》するのに、前の半分の時間ですんだ。

フォン・ラーフェンシュタインはバルディア西方の海沿いの地区に、その司令部を移していた。彼は美しいものが好きで、そのマンモスは椰子《やし》の木の茂みに囲まれた絵のようなところに駐車していた。椰子の木はアフリカ軍団の象徴なのだが、この地域ではめずらしいことにかけては、女性と同様である。到着したのは夕方だった。フォン・ラーフェンシュタインとその幕僚たちとは、食堂に使っている装備のよい大天幕で、いましも食卓につこうとしていた。彼らは手厚く私たちを迎えた。

北アフリカにある司令部食堂で、ロンメルの司令部のように装備といい食事といい控え目なのは、どこにもないのを見て、私はいささかうらやましくなった。ここにはおいしいものがいろいろとあった。夢にも思わない新鮮な卵もあれば、冷たいビールもある。この前新しい卵を食べたのはいつだったかなと、私は嬉《うれ》しさに自分の卵を磨いた。磨き終った時、フォン・ラーフェンシュタインが目をぱちぱちさせたのに気づいた。「どうだね、おいしいか、シュミット?」といっているのだ。

私たちは知り合いの仲だった――もっと正確にいえば一九三七年以来私はフォン・ラーフェンシュタインを知っていたというべきだ。そのころヴェストファーレンのイゼルローンで彼は大隊長を務めていたが、その隊で若き士官候補生の私が平和時の訓練にいそしんでいたのであった。フォン・ラーフェンシュタインは黙ってテーブル越しに、手をつけない自分の卵を私の方へ押してよこした。私は遠慮したが、彼が親切にすすめるので、とうとうちょうだいしてしまった。私は将軍の卵を賞味したのである。

食事後私は星の輝く夜をしばらく散歩した。フォン・ラーフェンシュタインがいっしょになって、私たちは砂丘の上にのぼった。「わたしは晩になるとよくここへ来る」と彼はいった。「そしてあたりの美しさと静けさを楽しむのだよ」彼は新鮮な砂漠の空気を胸いっぱい吸って、「明るい月光に照らされて、砂丘がまるで雪でおおわれたようになる」
私たちは黙って景色の美しさにひたった。私はよく知っている砂漠の二将軍が、まるで違った性質なのに思いをはせた。フォン・ラーフェンシュタインは、美しさ、やさしさ、人間らしさ、思いやりを愛する人で、彼にとって人生は詩であった。これに対してロンメルはきわめて実際的で、厳しく、他人の個人的問題については無関心で、人々との関係も彼の軍事的目的に影響する範囲内に、留められていただけである。彼にとって人生は淡々とした散文だった。

性格に根本的な相違はあったけれども、二人の将軍はたがいに相手をよく理解していて、作戦計画に関してはまったく一致していた。このことは翌朝の会議ではっきり示された。フォン・ラーフェンシュタインは融通がきき、機略に富み、しかももっとも困難な問題に対しても、自信をもってぶつかった。彼は敗北を許さず、つねに障害を乗り越える方法を考えた。会議中、ロンメルに匹敵する将軍がいるのを、私は感じた。ロンメルが彼を高く評価していたのはいうまでもない。

力を合わせて二人はいくつか新計画を生みだした。私たちはイギリス軍がサルーム前線に前進無電監視哨《しょう》を設けたのを知っていた。また前線地区を絶えず偵察している装甲車のために、砂漠のなかに秘密補給集積所をつくったのを、察知していた。二将軍の計画によると、フォン・ラーフェンシュタインは九月の半ば、戦車と数門の高射砲の掩護《えんご》を受けて、きわめて機動力に富む自動車化戦隊をもって、前方地区に強力な奇襲を敢行することになった。

奇襲はハルファヤ峠の南になる戦線から出動する予定であった。奇襲ということが欠くべからざる要素で、この作戦を成功させるには電光石火のスピードが必要だった。戦隊の兵力はおよそ一個連隊の半ばで、すばやく目的物を破砕し、敵が態勢をととのえて反撃に出る前に、捕虜を連れて引き返すのである。ロンメルとフォン・ラーフェンシュタインとは、まるでいたずらを考えだした少年のように、夢中になっていた。「わたしもいっしょに行く」とロンメルはいった。「ただ、一つだけ念をいれる必要がある。――イギリス軍の空中偵察にくさいなと思わせる、事前の徴候を見せないことだ」

私たちはガザラへ引き返した。途中、新戦闘司令部となるはずのガンブートの家を視察した私たちが着く数時間前、イギリス軍爆撃機が家の近くにいくつか爆弾を落としたのを知って、すっかり気落ちした。敵はここがロンメルの新居になるのを知っていたのであろうか？

九月の奇襲はロンメルの幕僚の想像力をかきたて刺激した。喜ばしい傾向だった。将軍に随行したいと希望する将校が、いつもより増加した。マンモスはまたイタリア軍のカルヴィ将軍やその幕僚も乗せて行った。

私たちは攻撃前夜カプッツォに到着した。フォン・ラーフェンシュタインはいっさいの準備が完了したのを報告したが、彼の命令に背いて戦車の一隊が日中有利な地点に移動し、敵の航空機に発見されたかもしれないと残念がった。

翌朝の未明、私たちは地雷原にあらかじめ用意した通路を通過し、東方へ向かった。ロンメルは、艦橋に立つUボートの艦長のように、マンモスのむきだしになった屋根の端に、高々と腰をおろしていた。彼はすごく元気で、浮き浮きとした調子で叫んだ。「エジプトへ出発!!」

砂漠の未知の区域へ車を走らせるのは愉しかったし、やがて相まみえる冒険に私の心はおどった。スピードをあげて相当の距離を走った後、ブク・ブクの西、ほど遠からぬところに着いた。だがここで占領されているものと予期した貯水池に、敵の影はなかった。秘密補給集積所の気配は何一つ見あたらなかった。あるものはただ空の牛罐《かん》と、これもからっぽの酒瓶が、いくつかあるばかり。戦利品の夢は——ことに罐詰の果物とスコッチ・ウイスキーは——リビア砂漠の蜃《しん》気《き》楼《ろう》のように消えてしまった。私は急に唇の乾きを感じた。

わが奇襲部隊の一機動隊が、鹵《ろ》獲《かく》したイギリス軍トラックを伴って、引き返してきた。運転手とその同僚は捕虜となっていた。トラックを調べると、重要な暗号の写しを含めて大量の文書が発見された。資料を調べてみればみるほど、重要なのがますますわかったので、ロンメルは詳しく調査するためそれを後方へ送り届けた。フォン・ラーフェンシュタインは喜んだ。「閣下、これらの書類を入手しただけでも、ここまで来たかいがありましたよ」ロンメルは口のうちで相づちをうった。しかし私が見たところ、彼は十分に満足したかどうか疑わしい。

私たちは予定地点まで進出していたので、戦車および自動車化歩兵部隊に防禦《ぼうぎょ》体制をとるように命令した。敵は私たちの訪問を喜ばずさっそく反応を見せた。強力で機動性に富んだ二十五ポンド砲の砲火をあびせてきた。この砲はその音から私たちが「バリバリ砲」と綽名《あだな》をつけたものである。

それからイギリス空軍が来襲した。敵の飛行機は頭上に群がり集まり、弾倉の開くのが見えた。爆弾はロンメルのマンモスの上に落ちてきた。私は近くの装甲車のなかに飛びこんだ。そうしながら、ロンメルと運転手の二人が、車を棄てて突進して行くのに気づいた。二人は身体を投げだし、腹這《はらば》いになった。爆弾はうなりとともに落下し、地上で爆発した。破片がマンモスの鋼鉄の壁にぶつかった。

最初の爆撃が終ると同時に、私は装甲車から飛びだして、ロンメルのところへ走った。運転手は重傷を負って、血まみれだった。ロンメルは立ち上がった。足をひいているので私は狼狽《ろうばい》した。

「閣下、お怪我は？」

「なんともない」とロンメルは息をはずませていた。

気がつくと彼の野戦靴の左踵《かかと》が破片で切り裂かれていた。

運転手は近くの救急車に運ばれた。マンモスを調べてみると、破片が一つ前輪のタイヤに深くめりこんでいた。しかしタイヤは第一級のものだけに、保ちそうであった。

わが軍の無電はイギリス軍の攻撃が引きつづき行なわれるのを伝えた。行進を開始する前に第二波の爆撃があった。部隊は国境へ帰還する隊形をとることになった。ロンメルは行進の準備が終るまで主力とともにとどまった。私たちが再び西へ向かって走りはじめた時にはもう暗くなっていた。

ロンメルが運転し、時々私が交替した。夜はものの文目《あやめ》もわからぬくらいに真っ暗で、縦隊の他の車は見ることができなかった。突然、傷のついたタイヤがパンクした。車輪を取りかえるか修理するかするまで進むことはできない。

「畜生！」と私は独り言をもらした。どう考えても、最若年で、位が下で、しかも一番こういう仕事に慣れているのは、マンモスの一行のなかで、私だった。当然私が修理に当らねばならなかった。

私たちは暗闇のなかで道具を捜した。ジャッキは短かすぎたので、車軸の下に石をあてがい、両手で砂をかいた。ここで私たちというのは私自身とカルヴィの幕僚の若い伯爵である。他の連中は周りに立って、なんの手伝いもせず眺めていたが、口うるさいのに閉口した。こんな大きなタイヤはさておいて、私はタイヤのパンクを直すのは、生まれてはじめてだった。

仕事は真夜中になっても終らなかった。このころにはロンメルや他の人々も手を貸してくれたが、かえって足手まといになる有様であった。

無電係は受信器につきっきりでいた。彼の報告ではイギリス軍が撤退するわが縦隊の後尾に追随していた。彼は付近に敵装甲車のコール・サインを聴取した。援軍をもとめて信号を発信すれば命取りになるだろう。部隊はわが軍の戦線へ何事もなく帰還しつつあった。誰ひとり私たちが遠く砂漠のなかで、立往生しているとは夢にも思わなかった。無電通信はイギリス軍をして私たちに急襲をかけさせるだけであろう。

私たちは汗みどろで車輪と取り組んだ。脂汗が流れ落ちる。ロンメルは、仕事をしている私に遮蔽《しゃへい》したフラッシュ・ライトを向けてくれた。時計を見ると、日の出までに二時間しかない。ウェーヴェルにとって私たちはまたとない獲物になるだろう！

やっと車輪の取りつけがすんだ。私たちはマンモスに飛び乗った。ロンメルがハンドルを取り、巨大な車をまっしぐらに走らせた。夜が明けた時私たちは国境の鉄条網に着いた。ロンメルは地雷原に通路を見つけ、走り抜けた。一団の工兵が、無人の地からものすごいスピードで出現したたった一台の車を、茫然《ぼうぜん》と眺めていた。

十七　キーズ、ロンメルを襲って失敗する

九月は十月と移り変わった。そして十一月末のトブルク要塞《ようさい》攻略のために作戦計画が引きつづき練られた。

攻撃に参加する部隊は、まだ再編成を行ない、休養を取っていたが、同時にその特殊任務のために定期的な訓練に励んでもいた。今回の攻撃はエル・ドゥダの方向から行なうことになっていた。戦闘工兵隊が戦車と密接に協力して、はじめに突破口をひらく。空軍は攻撃が地上で開始されてから参加するにすぎない。西部防禦《ぼうぎょ》線に対する偽装攻撃が、敵を欺きその機動予備と反撃兵力をその地区に集中させるように計画されている。防禦線が突破されるや直ちに、第一一五歩兵連隊が無蓋《むがい》装甲車でその間隙《かんげき》から進入、戦車と協力して、トブルク・バルディアおよびエル・アデムの各路が出会うキングス・クロス目指して突進する。この地点から第二一装甲師団は次の目標のトブルク港へ向かう。

各小隊は細目にわたる訓令を受け、その行動は微細な点まで計画してあった。航空写真を最少のグループ（六名の班）にまで配布したので、末端の兵隊でもその目標となる戦闘地区

の状態をはっきりとつかむことができるだろう。部隊は障害物の除去や各種塹壕《ざんごう》の攻撃法を、入念に組織立って訓練した。

しかしこの準備は兵隊のあいだに黄疸、赤痢、壊血病が発生したため遅延した。これらの病気は隊によっては実兵力をほとんどたおしてしまった。

わが軍の司令部はガンブート飛行場の近くにあった。空軍のノイマン戦闘飛行隊《ヤークトグルッペ》がここに駐屯《ちゅうとん》していた。同隊の士官たちは昔の地下貯水場を食堂に改装した。古代の貯水場は居心地よく防弾で、しかもエル・アデムの建物から移した次の間とバーのカウンターが、そっくり設備してあった。客に招《よ》ばれてそこで食事をすると、いつももてなしを受け、冷たい飲物、新鮮な果物、巻煙草などがだされた。「ギリシアから持って来たんですよ」と士官たちは説明した。彼らのぜいたくはロンメルの食堂の貧しい食事と鋭い対照をなしていた。

ウェーヴェルは任を離れてインドの司令官となり、サー・クロード・オーキンレックが彼の後をおそって、イギリス中東軍総司令官の地位についた。

空軍の報告によると、アリグザンドリア＝メルサ・マトルー間の砂漠鉄道が先の方へ、シジ・バラニ地区へ延長されていた。ロンメルの情報参謀ベーレントはこれが来たるべき反攻のきざしであるのを認めた。私は敵が年の改まる前に攻撃に出るだろうと、ハーゲマン博士と賭《かけ》をした。

私の予感はもちろん的中した。ロンメルの誕生日から三日後、わがほうのトブルク攻撃予定日の五日前、わが同盟軍をアビシニアから追い出したサー・アラン・カニンガム将軍指揮のもとに、十一月十八日第八軍は「十字軍戦士《クルーセイダー》作戦」を開始した（ロンメルは一八九一年十一月十五日、ヴュルテンベルクのウルムに近いハイデンハイムに生まれた）。

イギリス奇襲部隊は、有名な提督の息子ジョフリイ・キーズ中佐を隊長として、潜水艦でキレナイカの海岸に上陸、反攻の夜にロンメルを殺すか捕えるかしようとする不敵な計画を敢行した。

この大冒険は失敗に帰したが、私が示すように誤報にもとづいて計画されていたのである。キーズ中佐、レイコック中佐、五人の将校そしてその他の階級のもの約五十人は、二隻の潜水艦に乗せられ、キュレネ地区に送られた。キーズとその部下とは、怪我をした二人を除いて、一つの潜水艦から上陸したが、レイコックはいま一つの艦から七名を上陸させただけであった。キーズと二人の士官、それから二十五名の奇襲隊員は、アラビア人に化けていたイギリス情報将校と会い、ロンメルの司令部がベダ・リットリアにあるのを知った。アラビア人をガイドとして、雨夜を一行は徒歩十八マイルの行程に踏みだした。途中一行はアラビア人と別れて単独行をつづけ、翌晩、余計な装具や食料を棄てた。

彼らが出会った友好的なアラビア人の一隊の口から、ロンメルの司令部はベダ・リットリアでなく、シジ・ラファにあるのを、彼らは耳にした。キーズは計画を変更した。

次の夜、アラビア人の案内で、キーズたちはその家に着き、真夜中寸前に奇襲をかけた。玄関で哨兵《しょうへい》を射ち殺し、最初に踏みこんだ部屋ではドイツ人のあいだに手榴弾《しゅりゅうだん》を投げつけた。次の部屋ではドイツ側がすばやく電灯のスイッチを切った。

キーズは勇敢にも扉を開けて攻撃しようとしたが、拳銃《けんじゅう》の弾丸をつづけざまに受け、瀕死の重傷を負って倒れた。キーズといっしょにいた将校が部屋のなかに手榴弾を二つ投げ入れ、扉を閉めたとたんに爆発した。キーズの部下二人が彼を外へ引きずりだしたが、彼は間もなく息を引きとった。

退却しようとした時、キーズといっしょだった将校は脚に一弾を受け、やむを得ず後に残り、ドイツ側に捕えられた。補給課のドイツ将校四名——兵站《へいたん》参謀のオットー中佐に所属する幕僚——が殺害され、キーズとともに、シジ・ラファに埋葬された。キーズは後にヴィクトリア勲章を授けられた。

まことに大胆不敵なイギリス軍の奇襲であった。気の毒なのは彼らが誤った情報にたよっていたことである。当時ロンメルはアフリカにさえいなかった。彼は誕生日を祝う会に出席するためローマに滞在中で、ロンメル夫人とフォン・ラーフェンシュタインもいっしょだった（戦後フォン・ラーフェンシュタインから聞いたのだが、ロンメルたちはオペラ見物に行っていた。すばらしい歌唱を楽しんでから、廊下に出ると、ロンメルはフォン・ラーフェンシュタインに向かって、オペラでなく、ずっと気がかりになっていたらしい話題を取りあげた。「フォン・ラーフェンシュタイン君、メダッワ地区の各大隊を交替させる必要がある……」）。

奇襲部隊の攻撃した建物は、ロンメルの司令部となったことがなく、そのころ司令部はガンブートにあり、二百マイルほど離れていた。

キーズの襲ったシジ・ラファの家は、ロンメルがはじめてキュレネに「ボンバスティコ」を訪問し、アフリカ装甲集団の創設を知った時、私がロンメル、ガウゼ、カヴァッレーロその他の高官と陪席した晩餐《ばんさん》会の行なわれたところであった。

この家はもともと、ロンメルが折りにふれて幕僚とも戦争の問題とも離れて、独り静かに憩いをとるために用意してあった。ロンメルはアフリカにいたあいだ、ずっと黄疸に悩まされていて、前線で力強い生活力を発揮し、尽きることない精力を示したものの、病人でなかった時のほうが稀《まれ》なのだった。

ロンメルはシジ・ラファの家に一度か二度泊った。だがイギリス諜報《ちようほう》機関は、彼が常住しているものと、ことにその夜そこにいるものと、思い誤ったのだ。

十八「十字軍戦士《クルーセイダー》」

「十字軍戦士《クルーセイダー》」は枢軸側にとってまさに不意討ちであった。航空捜索によって大部隊が、マトルーの南砂漠の奥へ移動しているのを探知したが、訓練中の部隊と見ていた。わがほうの予期に反して、ウィロビィ・ノリー中将麾下《きか》のイギリス第三〇軍団全軍が、戦車およびピーナール将軍の第一南アフリカ師団を含め、マッダレーナ砦《とりで》の遥《はる》か真南で鉄条網を越えて侵入、トリグ・エル・アブド路をビル・エル・グビ目指して進撃し、エル・アデムを狙っていた。インド部隊は国境のオマール・ヌオヴォとリビヤ領オマールの攻略に当った（この二地点はその後十一月二十二日ブリッグス准将の第七インド旅団によって占領された）。ゴドウィン・オーステン中将麾下の第一三軍団はニュージーランド部隊および戦車とともに、サルームとバルディアを孤立させた。ニュージーランド部隊はトリグ・カプッツォおよびバルボ海岸道沿いに圧迫を加え、両者の中間地帯を進んでガンブートへ向かい、ロンメルの司令部を脅やかした。司令部は攻撃兵力が判明した時、移動する予定だった。イタリア軍のボローニャ師団をトブルク東部周辺から、ガンブート近くに迫ったニュージーランド部隊の先鋒に会敵させるために、前方へ進撃させた。その後戦闘はもっとも混乱・錯雑し、彼我の目標は敵の戦車を撃破することにあった。

わがほうの攻撃は十一月二十三日に予定されていた。いまとなってはそれも明らかに「中止」だった。しかしロンメルは、このような展開が好都合なものになるか否かは、まだ判断できないと考えていた。

もし第八軍の攻勢を広々とした地帯で迎撃し弱めるならば、東部から攻撃を受けるおそれなしに、トブルクを攻略しやすくなる。さらに休養をとった新部隊でカニンガムの攻撃に立ち向かうことができるし、トブルク攻撃後ではこの部隊が弱体化し疲労しているかもしれないと、彼は考えていた。

とにかくわがほうの計画は大変更になり、それとともに私自身の生活にも変化が起こった。

いまやトブルク攻略が開始されようとしていた。離れた個所に集積したり分遣してあった資材や部隊を集めて、中隊、大隊、連隊、そして師団でさえ、兵力を強化することになった。ある部隊は車輌《しゃりょう》が不足していたし、他の部隊は燃料・油が足りなかった。また弾薬不足の部隊もあった。大部分は兵隊と士官がいちじるしく不足していた。

私は第一五装甲師団に関する報告をロンメルに提出しに行った。それによると兵力が、死傷者および疾病のため、五十パーセントも激減していた。私はかねがね思いあぐねていたことを決心した。過去数か月私には郷愁のようなものが身内にうずいていた。私は一九四〇年の楽しかったころを思い出した。そのころ、私は中隊長で、同じ年輩の士官たちと苦楽をともにしていた。遊ぶのも戦うのもいっしょだった。一個の独立した人間として、自由であった。いま私はロンメルの伝令将校である。もちろん多くの士官が私の立場やロンメルとの密接な関係を羨《うらや》んでいるのは知っている。だが私は本当に恵まれているのか？　作戦計画を立てる高名な将軍の側近にあることは特権だし、その作戦の遂行、そして戦闘における将軍の反応を、目のあたりに見ることは興味がある。だが士官の多くはこの仕事の内容について、誤解していた。この仕事は「のんきな暮らし」ではない。

朝早くから夜おそくまで、将軍の実務を整頓《せいとん》し、その仕事の順序をあらかじめ計画しておかねばならない。目をさましているあいだはつねに緊張していることが必要である。彼の話す言葉は一語ももらさず書きとめ、その内容を要約しておかねばならぬし、彼の命令、意見、言説などをくわしく、正確な日時、場所、氏名とともに、その個人用日誌にこまごまと記録する。前線で与える口頭の命令は、すべて日誌にもとづいて、正確に関係幕僚に伝達される。車を走らせているあいだ、いついかなる時でも、現在位置を明確に知っていることも、私の責任であり、砂漠のなかに孤立した各地点へも即座に将軍を案内しなければならない。また彼の身の安全に絶えず注意せねばならぬし、とくに敵空軍が突然低空から攻撃してくるおそれが四六時中あるので、それに対する万全の防護を行なう必要もある。一日の締めくくりは、夜になってから、ほとんど私信もしくはそれに類するたくさんの通信物を処理する仕事である。簡単にいえばそこには自分の生活というものがなく、ただ将軍の影となるのだ。

しかし私が決心したのは任務が辛《つら》いためではなかった。ただ私と同じ年ごろの青年といっしょになって、苦しみと喜びをわかちあいたいという希望があったからである。もう一度個人の自由と独立とを、いくらかでも取り戻したいと、強く感じていた。そのためには地位など低くてもかまわない。私には軍隊での職業的野心はなかった。

いろいろと思いにふけっているうちに、私は無意識に師団報告書をたたんだり、広げたりしていた。紙にできたしわをのばし、息を大きく吸い、扉を叩《たた》いて、なかへ入った。

将軍はちょうど電話に出て、いつもの力強い語調で「ロンメルだ」と答えたところだった。話は長く重要なものらしかった。待つあいだに私は考えをまとめた。通話が終りになった時、ロンメルの机の上に報告書を置いた。彼は書類を取りあげ、黙読したが、首を振り、鉛筆を取って、「Ⅱａ――会談せよ」と紙片に記した。「信じられん！」といいながら、彼は報告書を私に返してよこした。

「ハイ、閣下」と私は答えた。話すならいまだと思った。

「何かほかに用は？」とロンメルは私をじっと、眺めながらいった。

「ハイ、閣下、大変勝手なお願いでございますが、私を戦闘部隊へ転出させていただきたいと存じます」

ロンメルの眸《ひとみ》がきらっと光った。それから厳しく私を見据えた。私は間の悪さを感じてふっと思った。第一次大戦以来の仲である忠実なアルディンガーならば、まさかこんなことを言いだしはしまいと、彼は考えているのではないか？　私が義務感に欠けていると思っているのではないか？

まだ鋭く私を見つめながら、ロンメルは半ばおもしろそうに、「シュミット、ここで働くのがいやになったのかね？」と尋ねた。

「いいえ、そうではありません。ただ若い士官として部隊に戻りたいのであります」と私は急いで答えた。

「なるほど」将軍は思いがけなくうなずいた。「少尉だったら、わたしもそっくり同じようにやったにちがいない。……」と目を輝かして、「司令部の生活はわたしにもつまらない」

彼は唇の端をかんでいた。

「たしかに砂漠向きのしっかりした将校が不足している……よろしい」

彼は第一五装甲師団の報告書に、短い書きこみを付け加えた。

「参謀長と会って君の後任者を相談しなさい」

私は後任者を訓練することになった。それに中隊長の任命を受け、自分の行く隊を選ぶのを許された。私は第一五装甲師団隷下《れいか》第一一五狙撃兵連隊の重火器中隊を選んだ。この中隊の編制は、五十ミリ対戦車砲数門、百五十ミリ砲一門、歩兵一個小隊、八十七ミリ迫撃砲隊、戦闘工兵一個小隊であった。

私の後任は伯爵フォン・シュリッペンバッハ少尉で若い歴戦の勇士だが、左の前膊《ぜんはく》を失っていた。私は一目見て彼に好意をもった。後で聞くと、彼がロンメルのところにいたのはわずか三か月で、私はその後の彼の消息について、何も耳にしなかった。

私は第一五装甲師団に出頭するため車を走らせた。この師団で私は重火器中隊を指揮することになっていた。師団は当時トブルク東方の沿岸にいた。沿岸地帯には前夜豪雨が降ったけれども、南部には降っていなかった。イギリス側のものは「十字軍戦士作戦《クルーセイダー》」の初日に、砂が泥と化し行動の自由を失ったのを、記憶しているだろう。

わが師団地区は深さ一フィート（約三十センチメートル）の泥沼となり、師団は泥地を抜けだすのにまる一日かかった。

ノイマン＝ジルコウ少将が指揮して、第一五装甲師団はガンブートの南に集結していた。敵の航空機が幾機となく頭上を飛び去ったが、攻撃して来なかった。完全に無視されているのが腑に落ちなかった。一方わがほうの航空機は飛行場の表面が水びたしになり、ほとんど釘《くぎ》づけになったも同様であった。

私は状況地図を見て、ロンメルの立場が完全に不利なものでないのを知った。第一五、第二一装甲、および第九〇軽の各師団は、十一月二十三日のトブルク攻撃計画に備えて、ある期間後退させてあった。トブルク戦線は、ドイツ軍数個大隊を補強した、イタリア軍第二一軍団が維持していた。第二七ブレシア、第一七パヴィーア、第一〇二トレント、および第二五ボローニャ各師団は、西部から東部へかけての周辺に位置をとっていた。イタリア軍の第一〇一トリエステ自動車化師団はビル・ハケイムに、第一三二アリエテ装甲師団はビル・エル・グビに、そしてサヴォナ歩兵師団は両オマールにいた。

ハルファヤ＝サルーム＝バルディアの三角形の防禦《ぼうぎょ》線にはおもにイタリア軍と、第一六四歩兵師団の数部隊が配置され、この部隊にはかなり年をとった予備兵と訓練不十分の新兵とが、多数含まれていた。

第一五装甲師団はいまいくつかの戦隊に編合されていた。私たちは南へ進撃した。イギリス軍戦闘機が相変わらず頭上でぶんぶんやっていたが、攻撃は行なわれなかった。突然、南東から砲火が浴せられ、しだいに激しさを増した。わがほうは広い砂漠に散開して、進軍をつづけた。私たちは敵がすでに侵入した地帯にいるのだ。イギリス軍が地上に敷いた着色電話線の上を進んでいるのに気がついた。私たちは電話線を切断した。遥か彼方に特徴のある小旗をひるがえしているイギリス軍の戦車が見えた。第七機甲師団だ。

私自身の隊は十一月二十三日になるまでの混戦期に、小ぜりあいをしただけであった。

二十三日の朝私たちは玉突台のように平坦《へいたん》な、シジ・レゼグ近くの地区に到達した。夜が明けると二つの敵戦車の集団が、一つは北に、いま一つは北西に見えた。わが砲兵隊が長距離射撃を彼らに加えた。戦車と戦車が遠くで射ちあった。私たちは朝の間その有様を眺めていたが、私たち自身は平静なものだった。一度北の方の戦車が幾輛か近づいてきた。

私は砲を展開し戦闘を開始しようとした――五十ミリ対戦車砲五門である。まさに発射したその瞬間、後方の重砲兵隊が参加した。敵の戦車はしっぽをまいて方向を転換させ、依然として遠く北方にいる集団へ逃げ帰って行った。

十九　シジ・レゼグの進撃

私は敵の行動が何を狙っているのか、とき明かそうと努めた。攻撃は私たちの方へ拡大してくるらしい。双眼鏡で見ると、イギリス軍砲兵隊の砲列が、北方の戦車の集団から分離・移動しているのがわかった。私は部下にたこつぼを掘るように命じた。もっと早く掘っておくべきだった。地面は石まじりで、私が一鍬《くわ》いれるかいれないうちに、最初の砲火が頭上で怒号した。

大隊長——年とった予備少佐が私のそばに立っていた。そしてあまり遠くないところに連隊長代理の中佐がいた。二人とも落ち着いていた。しかし私は二人を見ていても、敵の砲火がだんだん活気を増して来るのを感じた。本能的に私は隣りの少佐の腕をつかんだ。「伏せて、少佐殿」と叫んだ。一瞬たりとおろそかにはできない。私たちが狭い壕《ごう》に転げ落ちたのと、一弾がいままで私たちのいた個所で炸裂《さくれつ》したのと、同時であった。頭上で埃《ほこり》とともに飛び散った破片に、私たちは撃たれずにすんだ。

連隊長は士官に召集をかけた。師団命令を受けたのだ。全戦局が不明だった。ロンメル自身にも敵の兵力がつかめなかったので、危険な情勢がトブルクの南西、シジ・レゼグ高地に展開しつつありという布告を発したのであった。ロンメルは直ちにシジ・オマール南方のイギリス軍兵站《へいたん》線を切断しなければならぬと感じていた。しかし現在シジ・レゼグの状況を処理せねばならなかった。

「この地区におけるさし迫った戦闘は重大な意味をもつものである」と大佐はいった。

一斉射撃の砲弾が絶え間なくあたり一面に爆発していたけれども、私たちは立ったまま命令を受領した。つづいて砲弾が前よりも近くに落下、士官がひとり負傷した時、数人の士官たちはすばやく反射的に、壕にもぐった。

「諸君！」と大佐は戒しめるように呼びかけた。「ドイツ士官は腹這《はらば》いになるものではない!!」

　騒音にまぎれて私は少佐に囁《ささや》いた。「私の考えではいまのお言葉は誇張しているし、現代戦には向きませんな」

　少佐は遠慮のない私の言葉にいささかびっくりしたようで、目をぱちくりさせていたが、首を縦に振って同意を示した。「君が正しいようだよ」

　それでも私たちは立ったままでいた。砲撃はますます激しくなった。私たちの周りにいっそう多くの砲弾が落下した。さらに二人の士官が倒れ傷ついた。それから私たちは全員壕にもぐりこんだ。


　シジ・レゼグへの進撃を再び開始する時が来た。私たちの命令はいかなる犠牲をはらうともカニンガム軍の戦車隊を攻撃、支援歩兵部隊を撃滅することにあった。当時わかっていなかったが、相手はアームストロング准将の第五南アフリカ旅団グループであった。

　各砲に前車をつなぎ、兵隊はそれぞれ席についた。私たちは広い平原に散開し、またもや北東へ向かって出発した。

敵の位置はシジ・レゼグの高地の真南にあった。その前日彼らは着陸場を守るわが陣地に攻撃をかけたが、失敗に終った。着陸場は回教の聖者を葬った墓から三マイル少し離れていた。トランスヴァール・スコットランド連隊第三大隊と南アフリカ・アイルランド連隊とはおびただしい死傷者をだし、ボータ連隊はそれよりも損害が少なかった。彼らは連繫《れんけい》して夜間防衛体制をとったが、そこで彼らは誤りをおかし、その「B」梯陣《ていじん》の補給車を、非戦闘員と現地人の補助部隊との一団とともに、その南側面に置いたのであった。

たしかにわが軍の攻勢は彼らの北側にあるように思われたかもしれないが、敵は砂漠の機動戦で、ロンメルが弱い側面を発見するまで至るところを捜しまわるのを、悟るべきだった。こうしたロンメルの戦術はいまでは敵ですら理解するほど、はっきりしていたのである。

朝八時半ごろ、二十三日日曜日、わがほうの戦車数輛《りょう》がイギリス軍戦車と小ぜりあいをやり、優勢になって、敵を追撃した。追撃は南アフリカ部隊「B」梯陣のまっただなかを衝《つ》いていった。敵は大混乱に陥り、ほとんど抵抗しなかったので、わが軍の戦車隊長らは、混乱を抜けだしてから、敵の防禦《ぼうぎょ》陣地の脆弱《ぜいじゃく》点を報告した。直ちにこの弱い後衛を攻撃する作戦がたてられた。

その朝私たちはシジ・レゼグで南アフリカ部隊の西にいて、敵の二十五ポンド砲の射撃が激しくなった時、やや南の方へ移動した。東方へ行っていた多くの戦車を呼び戻し、戦車は南アフリカ部隊の南側面を横切り、敵の砲撃の射程内を進んで、私たちと合流した。

しかし驚くべきことに、戦車隊はほとんど砲火を浴びなかった。後にわかったことだが戦車隊は友軍と、ピーナールの第一旅団が南方から到着したものと、間違えられたのであった。わが軍の戦車隊は、南アフリカ自動車化歩兵部隊とたやすく区別できるのだから、この点は理解に苦しむ。それに南アフリカ部隊の装甲車は戦車縦隊を調べるため前進し、砲火を浴びて退去していたのである。

ロンメルは南アフリカ部隊北方の高地に数か所の監視哨《しょう》を設けてあった。午後になると彼は北からの攻撃準備に見せかけるため、砲撃を開始した。だが実際にはわが軍の戦車隊が、およそ百輛、南西部に集結しつつあった。これについての報告はもちろん、第五旅団司令部に届いていたが、敵はこの脅威を見きわめていなかった。

前面には南アフリカ部隊、右正面には第七機甲戦闘グループ。第七機甲旅団は前日の熾烈《しれつ》な戦闘で着陸場から後退していた。南アフリカ部隊の西、わがほうの左正面は、イギリス軍第二二機甲旅団が残していった全戦車隊であった。

計画によれば、わが第一一五狙撃兵連隊は、右翼で戦車隊の主力とともに、攻撃を行なう。この攻撃はイギリス軍戦車隊に向けられ、彼らを撃破・突破して、南アフリカ歩兵部隊の脆弱点「B」梯陣を寸断、部隊を混乱に陥れる。

私たちはこれを遂行するのだ。だが任務の実行は言葉でいうほど容易なものではなかった。三時ごろわが軍は準備砲撃をはじめ、攻撃部隊は待機に入った。前方には戦車の集団がいた――第二二機甲旅団だ。戦車はあたかもバリケードを築いたかのように見えた。彼らの左側には南アフリカ部隊の対戦車砲と、第七野砲兵中隊の二十五ポンド砲とが砲列をしいていた。四・五インチ曲射砲も数門あった。

わが自動車化連隊は戦闘隊形を展開した。対戦車兵器を正面に据えた。友軍の戦車が幾輛か右翼に到着したのを見てほっとした。

「攻撃！」命令はすみやかに伝達された。連隊長はオープン・カーに直立して先頭に立った。その後に少佐、つづいて私がその直後を進んだ。わが軍は敵戦車隊目指して進撃した。ちらっと振り返って見ると、わが軍の各車輛が――種々雑多の車が集められていた――扇形に目の届くかぎり広がっていた。装甲輸送車、さまざまな種類の車、移動砲を引くキャタピラ車、歩兵をのせた大型トラック、自動車化高射砲部隊などである。かくて私たちは敵の「バリケード」に向かってごうごうと音をたてて進んだ。

私は魅せられたように前を見つめた。すぐ前には連隊を指揮する大佐の直立した姿。その左側、ややおくれて少佐の車。敵戦車の射つ砲弾が空気をつんざいて飛んできた。敵は二十五ポンド砲、二ポンド小型対戦車砲の全砲門をつづけざまに開いた。わが軍はまさに自殺にひとしい進撃をつづけた。

連隊長の車が傾いて、突然、停止した――直撃弾だ。大佐が体勢をとりなおそうとしているのが目に入った。彼は身体を横に向け、木の倒れるように車から落ちた。と見る間に、私の車は稲妻のように、彼のそばを走り過ぎて行った。少佐はまだ前方にいた。

正面に歩兵陣地があった。背の高い瘦《や》せた兵隊が空地に姿を現わし、後方へまっしぐらにかけて行く。背後に爆発音が聞え、つづいて曳光弾《えいこうだん》が私をかすめて前方遥《はる》かに射ちこまれた。曳光弾の飛ぶのがとほうもなくゆっくりに思われた。背の高い兵隊は倒れた。

私たちは対戦車砲巣と戦車隊に達するばかりになった。背筋がぞくぞくして来た。私の車の風よけに小さな丸い穴があいていた――まるで透明な機械がくり抜いたようだ。機関銃の弾丸だ。私の運転手はますます背をちぢめてハンドルを握っていた。

少佐の車が傾き、横倒しになった。この地獄をまっさきかけて走っているのは、私の車一台だけであった。前に見たものは、ただ火を吐く砲ばかり――。

不意に激しい動揺を感じた。鋭い叫びとしゅうという音がして、車はぴたっと止まった。私は直前に塹壕のあるのを知った。車から飛び降り、たこつぼの方へかけこんだ。私の運転手も車から飛び降りた。だが彼は壕へ頭を突っこむ前に、突然、身体をのばして、くるくると回転すると、ばったり倒れた。

私は地中に這いつくばった。たしかに敵の棄てた前哨拠点にいるのだ。

おずおずと頭をあげて見た。車輛の群れはどこへ行ったのか？　停止しているのだ！　運転手は何をしているのか？　まだ生きているのか？

彼はそばに横たわって、死んでいた。

わが軍の扇形に散開した車輛の大群は、背後に、微動だにしないで立ちつくしていた。後でわかったことだが、彼らはその前面で指揮官がひとりまたひとりと斃《たお》れていくのを見て、ためらい、浮足たち、そして止まってしまったのだ。しかし若い少尉がひとり健在だった。彼は隊を鼓舞し、再び前進を命じた。この功績によって彼は騎士鉄十字章を授けられることになった。

頭を持ちあげたのは私の失策であった。はっきりと見つけられる羽目になった。弾丸が音をたててかすめて行くようになり、私ひとりを狙っているのだ。たこつぼは、幸いにも、ゆとりがあった。やがてひゅるひゅるっと羽ばたくような音がして、炸裂音がつづいた。よく知りつくしている音だ。それがくり返しくり返し聞えてきた。迫撃砲だ!!

わが運命のきわまったのを感じた。口は乾き、唇は焼きついてからからである。思うは故郷のことだった。こうして最後の時を迎えるのか、アフリカの塵埃《じんあい》にまみれた惨めな穴のなかで。なんの因果で大佐や少佐や私の運転手と同じ運命の手にほんろうされねばならないのだろう？　私は思いに沈んだ（少佐は負傷したが健在で戦争末期イタリアで出会った）。

その時尻《しり》を激しく打たれたと思うと、砂が崩れ落ちて危うく頭まで埋まりかけた。撃たれたのだ。が、妙に気は落ち着いていた。しょせん、死んだからとて、どうということはないじゃないか？

その時砲火がおさまった。しばらくじっと動かずにいた。どのくらい時間がたったか覚えはない。おずおずと片方の足を動かし、次に別の足を動かしてみた。右足が痛んだが、動かすことはできた。脊柱と骨盤、腰と股《また》の骨は完全のままにちがいない。尻の傷が格好《かっこう》つかないだけであった。

となるとこれからどうなるのか？　敵が進撃して来て私を発見するだろうか？　オーストラリア部隊の銃剣が眼前にちらついた。それともオーストラリア人よりも前に、イギリス人か、南アフリカ人か、それともニュージーランド人か？

いったいどうしてわが部隊は前進をつづけていないのか？　味方の戦車はどこにいるのか？

答えがあった。砲弾が後方から頭上を越えて飛びはじめた。わが砲火は敵の応射をはるかに圧倒していた。軽高射砲がカタカタ鳴っている。戦車の軋《きし》りととどろきがしだいに高まり近づいた。戦車の轟音《ごうおん》が頭上に聞えるばかりになった時、よろめきながら立ち上がった。

「ここにひとりいるぞ!」とわが連隊の兵隊が、私に飛びつきながら、怒鳴った。奇妙に怒りと安堵《あんど》とがまじった気持で、私は彼にかみついた。「ばかもの……」と。

兵隊はためらい、私の正体に気づき、離れて、にやっと笑うと、前進して行った。足をひきひきその後につづいた。

イギリス軍の戦車が幾輛となく燃え上がり、破壊されて、沈黙していた。損傷を受けて、南アフリカ部隊の車輛の間を縫って逃走して行くものもあった。わが軍の戦車がそのあとを追った。そのあるものは、南アフリカ部隊の直撃弾をくったが、弾丸は装甲に当ってむなしく炸裂するか、はね返ってしまい、損傷を受けずにすんだ。南アフリカ部隊の砲の相当数はまだ発射の準備ができていなかったらしい。砲は地中に据えてなかったし、砲架につないだままのものもあった。もっともこれらの砲は損傷しているか使用不能のものだったかもしれないが、それにしてもわが軍を迎撃するのに、据えつけてあればもっと見かけは脅威となったであろう。

南アフリカ部隊の陣地はまったく混乱そのものになった。わが戦車と歩兵が縦横無尽に荒れ回っていた。間もなく旅団司令部がじゅうりんされ、旅団長が捕虜となった。わが戦車は散開して二つの主要縦隊をつくり、敵の歩兵――ボータ連隊と南アフリカ・アイルランド連隊の兵を掃蕩《そうとう》しはじめた。トランスヴァール・スコットトランド連隊は北寄りに離れていたのであと回しになった。戦闘が終了するまで、南アフリカ部隊は四方八方から同時に攻撃を受け、どこにどうしているのかすらわからなかった。

前方の破壊物のあいだから、燃え上がる戦車、トラック、沈黙した大砲のあいだから、敵部隊が手を高くあげて、姿を現わした。むだに砲弾の山を使い、弾薬が尽きてしまったと、罵《ののし》りあたりちらしている兵隊もいた。野戦衛生兵は数えきれぬ負傷者の手当てに忙殺されていた。

私は彼らの手助けをする軍医や看護兵はいないかと呼びかけた。わが部隊から相当数のものが名乗りでた。ひとりの南アフリカ部隊の士官は包帯が不足していると不平を鳴らした。私は黙って自分の傷を指し示した。血が足を流れ落ち、軍服にこびりついていた。出動するさいに着ただぶだぶの服を見て妙な感じになった。たこつぼに潜んでいるあいだ、腰から上はだぶついていてひだがあったのに、いまでは二十四も穴があいていて、穴のなかにはきれいに丸くなっているのもあったし、びりびりに裂けているのもあった。わがほうもその日の戦闘では傷の手当てに必要な材料・包帯の不足に悩まされた。

日暮れ時に私は傷の手当てをすませ、紅茶を一ぱい飲んだ。その夜はトラックのなかでうつ伏せになって眠った。周囲は戦死者、負傷者、捕虜でうずまっていた。多くの南アフリカ部隊兵が暗闇のなかへ逃走した。夜と未知の砂漠の戦場へ、徒歩で踏みこむ絶望的な冒険に直面して、行こうか行くまいかといたずらに時間を過ごしたものもあった。

暁が渾沌《こんとん》としたシジ・レゼグに訪れた。破壊物からはいまだに煙がたちのぼっていた。将兵たちは、いつに変わらず昇って来る太陽を、どんよりとした眸《ひとみ》で見つめながら、横たわっていた。

捕虜が整列して行進をはじめ、数台の車と分遣隊が護送に当った。私は北へ向かって行進する彼らの縦隊の一つと、六マイルほど並んで車を走らせた。タウトというドイツの曹長がこらえきれなくなって、からかうように歌いだした。「洗濯物をジークフリート線につるそうぜ……」進んで行く縦隊のなかの主立った捕虜は、曹長を睨《にら》みつけた。だが後につづく兵隊たちは大胆に冷笑を浮かべていた。誰かがくり返して歌った。数秒とたたないうちに、全縦隊が力をこめて歌いはじめていた。「洗濯物をジークフリート線につるそうぜ……」（訳注「洗濯物……」は第二次大戦初期にイギリスで流行した歌の一部）。

どうしようもなかった。彼らの多くにとって戦争は終ったのだ。

私にとっては新しい命令が待っている。私たちは渾沌として動揺する戦闘をぬって東へ向かうことになった。地図を拡げて、赤や青の記号を眺めた。ここ、戦死者や破壊物のころがっている所が、シジ・レゼグだった。たびたびロンメルといっしょに、マラブートの回教寺院のそばを、通ったのではなかったか!! 私たちはあの墓の見える場所で、よく朝食や昼食をとった。白い円屋根の小さな建物をべつにすると、シジ・レゼグにはその名前を偲《しの》ばせるものが何一つなかった。私たちはよもやその名がいつまでも記憶に残るようになるとは、一度も考えたことがなかった。

そのシジ・レゼグが、いまでは、強い印象を残したのであった。

二十　砂漠の混乱

シジ・レゼグの戦闘の後、ロンメルの命令が急ぎ各方面に伝えられた。オーキンレック軍にはいまだに相当強力な戦車部隊が温存されているので、ドイツ軍は戦闘を継続して弱体化した戦車部隊を浪費したくないし、またとりわけ各部隊の損傷を避けたいというのであった。

ロンメルはシジ・レゼグで第八軍を阻止するのを決意した。ここならば第五南アフリカ旅団が粉砕されたばかりでなく、イギリス軍戦車隊が大敗北を喫し、第七機甲戦闘グループは激戦のため疲労し、また強力なニュージーランド部隊も弱まっていたので、ハルファヤ峠とシジ・オマール間のドイツ軍防禦《ぼうぎょ》陣地の南になる国境へかけて、「魔女の大釜《ヘクセンケッセル》」——混乱を惹《ひ》き起こさせる心理的契機をつかめるからだった。

前に記したようにロンメルはハルファヤ峠周辺のドイツ軍部隊に堅い信念をしみこませて

いた。すなわち各トーチカは、いかなる方向をも砲撃しなければならぬ貴重な独立自足の要《よう》塞《さい》であり、たとえ機動部隊が数日間あるいは数週間、姿を見せなくとも、アフリカ軍団が救援に来るのを確信して、あらゆる犠牲に堪えて守り抜く覚悟でいなければならない。

ロンメルはカニンガム軍がトブルク要塞と連絡をつけるのに、成功するかもしれないという危険を、はっきり認めていた。ただ彼の見解では、トブルクとサルーム前線とのあいだで、断固たる戦闘が、ことに戦車で強行されない限り、これは第八軍を強化しないであろう。

そこで国境の鉄条網を越えて東へ向かう注目すべき襲撃を、ロンメルはフォン・ラーフェンシュタインと第二一装甲師団に行なうよう命じた。わがほうの空中偵察は当時貧弱なものだったが、イギリス軍のは優秀だった。私たちはガブル・サレーの南東約十五マイルに、二つの重要な前進補給集積所六三号のあるのを、まったく察知していなかった。フォン・ラーフェンシュタインがトリグ・エル・アブド沿いに進出、カニンガムの戦闘司令部を混乱に陥れて国境を越えた時、彼はこれらの集積所の北を通過し、大切な機会を逃したのを知らなかった。もし彼が集積所を襲撃していたならば、砂漠戦の展開はおそらく異なったものとなっていたであろう。イギリス軍はニュージーランド部隊を維持し、戦闘を継続させることが不可能だった――十一月の戦闘は主としてニュージーランド部隊によって勝利をかち得たのであった。

フォン・ラーフェンシュタインはシジ・レゼグで南アフリカ部隊に勝利を得た翌日、十一月二十四日国境へ向かった。ロンメルはいまではバルディアに本拠をおき、いつも戦闘地区に姿を現わしていたが、エジプトへ侵入する対抗手段が成功し、そしてそれ以上の成果が得られないまでも、イギリス軍を分裂させるであろうと信じていた。フォン・ラーフェンシュタインの部隊はたしかに敵を狼狽《ろうばい》させた。部隊の一部は国境に沿って南へ移動し、カニンガムの第八軍前進司令部に恐慌を惹き起こし、他の部隊はシジ・オマールのインド部隊を二度も攻撃し、多くの捕虜を捕えたが、完全な成功をおさめるにはいたらなかった。二十五日にフォン・ラーフェンシュタインはエジプト国内へ十九マイル侵入、砂漠での鉄道の起点ビル・タラタにわずか五十マイルと迫った。

フォン・ラーフェンシュタインは少なくとも相当の距離を進出できる燃料を備えていた。彼の立場にあったら、ロンメルはさらに遠くを目指したかもしれない。しかし後方のバルディアで、装甲集団参謀部のロンメルの作戦参謀ヴェストファル中佐は、鹵獲《ろかく》したイギリス軍地図と兵力報告を検討し、反攻は問題外と決定した。彼の見解ではイギリス軍ははるかに強力で、とくにハルファヤ戦線の東の第二南アフリカ師団はいまだにまったく無傷のまま待機していた。戦闘で疲れ弱ったわが部隊で、彼らに対抗することはできないと、彼は感じたのである。その結果、十一月二十六日の朝、彼はフォン・ラーフェンシュタインに、「帰還せよ」と無電を送った。

第二一装甲師団は第四インド師団の間隙《かんげき》を強行突破し、北へ向かってバルディアへ進む途中、カプッツォとムサイドに牽制《けんせい》攻撃を行ない、それからニュージーランド部隊がサルーム兵舎の東で封鎖するのに失敗した間隙を縫って、バルディア要塞に入ろうとした。

ロンメルは戦線から戻って、マンモスのなかで一ねむりしていた。フォン・ラーフェンシュタインがひとりで出頭した。安全に帰還できたので多少の誇りがましさを示していた。ロンメルはびっくりし怒りに身をふるわせた。「なんの用でここに来た？」と彼は叫んだ。「東へ進撃してエジプトへ入れと、君には命令してあるはずだ」フォン・ラーフェンシュタインは国境線から彼を召還した暗号のことを話した。

ロンメルはイギリス軍が手に入れたアフリカ軍団の暗号帳の助けを借りて、偽通信を送ったのだと、激しく非難した。だが彼はヴェストファルがその通信を送ったことを、しぶしぶ納得するようになった。後にロンメルは作戦参謀が彼の手許にある情報――ロンメルが戦闘部隊へ赴いていたため目を通さなかった情報に即して、正しい行動をとったものと認めた。

ロンメルの計画にしたがって、第一五装甲師団の一戦隊が、私もそれに属していたのだが、シジ・レゼグ地区から、ついでガンブートの南から東へバルディアへ向かって、急速に移動した。

シジ・アゼズで私の中隊は、二十七日ニュージーランド部隊に大打撃を与えて、その第五旅団司令部を攻略し、そして数台の車輛《しゃりょう》に護衛された起重機・滑車付のイギリス軍大型戦車修理車を見つけた。私たちは小機動分遣隊にキャタピラ車に据えた軽砲を同行させて追跡した。攻撃を加えると、護衛車の運転手たちは車を棄て、近くの荒れた土地に逃げ込んで狙撃してきた。だが私たちは大戦果を得て、本隊に帰った。

私たちは一時間後、再編成のためバルディアで小休止をとった。私は大急ぎで野戦病院へ行き、傷の手当てを受け、破傷風の予防注射をしてもらった。

二時間後私は隊に戻った。ヴァイクセル中尉が、彼は大隊長がシジ・レゼグで傷つき倒れた時その後任となったのだが、私にわが中隊を部隊の最後尾につけるようにと命令した。

私たちは急スピードで車を走らせ、国境線のリビア側を南へ向かい、カプッツォ（ここでは牽制攻撃を行なった）とオマールを通過して、マッダレーナを目指した。たびたび私たちは砲撃を浴びた。時には左から、時には右からと。一度、緊急報告が大声で叫ばれた。「後尾に敵戦車発見!!」私はヴァイクセルに報告すべく縦隊に沿って全速力で走った。報告すると彼はロンメルふうに簡潔に答えた。「撃滅しろ!!」

隊へ戻ると私は部下の先任士官に中隊の指揮をまかせ、対戦車砲三門の一隊に、列から離れるように命じた。

縦隊は行進をつづけた。数分のうちに隊は遠くただ塵埃《じんあい》の雲となった。私たちは砲を据えた。本当だ。イギリス軍のマーク二型が後をつけて来る。十二輛あった。それらは射程内に入った。前進して来る戦車に照準をつけた。射てという命令と同時に、三発の砲弾が戦車に向かって鋭い音をひびかせた。先頭の戦車が爆音とともに炎につつまれて停止した。残りは速力を落として散開した。

敵は私たちの位置に気がついた。機関銃がわがほうへ向けられた。砲の後ろで平になっている私たちを、弾丸が連続してピューンと過ぎて行く。一弾が私の肩をかすめた。戦車は散開したままであった。両翼にある戦車が私の方へ動きだしたようだ。まるで南アフリカ・ズールー部族の角笛のような音を立てて。状況はまったく不利だなと私は考えた。その砲火のなかで、脱出できるだろうか、思いまどった。ぞっとしたことに、イギリス軍のマーク二型がさらに二輛こちらへ近づいて来た。

が、よく見れば、鉤十字《スワスティカ》の記号がついていた。私はほっとした。この二輛は「戦斧《バトルアクス》」の戦闘中ハルファヤ峠で鹵獲した敵戦車であった。戦車は私のそばに轟音《ごうおん》とともに近寄った。私は戦車長の曹長と、すばやく言葉をかわした。「急いで砲とともに隊へ戻りなさい、少尉殿」と彼は叫んだ。「後は引き受けます」

イギリス軍戦車は砲撃をやめた。わがほうの後ろに戦車が出現したので当惑し、私たちが捕虜になったものと考えたらしい。敵が事態を推察する前に、私は砲を移させ、本隊を追って飛び立つように出発した。曹長と二輛の戦車は、私たちの後退を掩護《えんご》するため、後に残って待ち伏せていた。

本隊に追いつくまでに二時間かかった。その時はもうとっぷり暮れていた。

わが戦闘部隊はマッダレーナを急襲し、第八軍司令部を捕捉《ほそく》しようとする任務を、中止した。その理由をはっきりと聞いていなかったけれども、カニンガムの無防禦にひとしい司令部を襲うのはいまならばむつかしくなかったにちがいない。しかしロンメルはその時シジ・レゼグ周辺の陣地を、まず回復せねばならぬと決定していたようである。

一方、わが戦車隊はシジ・レゼグとバルディア間で、ニュージーランド部隊と対抗しようとしなかったため、敵はシジ・アゼズに一個旅団を残して、戦闘をつづけながら、シジ・レゼグとベル・ハメドへ向かって進んだ。ニュージーランド部隊は二十五日の夜、シジ・レゼグを占領した。翌日トブルクの要塞守備兵はイタリア軍戦線に突撃して成功、そして二十七日にはニュージーランド部隊と連絡した。ピーナールの第一南アフリカ旅団はこの間タイブ・エル・エッセムで、二十五ポンド砲の弾幕の陰に、じっと待機し、アリエテ師団とわが戦車隊の一部を寄せつけなかった。

バルディアから二十七日ロンメルは、各部隊に国境線任務から帰還するよう無電を発した。彼はバルディア＝トブルク間でイギリス軍第一三軍団と戦うのに、使用しうる全戦車を投入しようと計画していた。イギリス軍第七機甲師団は再び集結し、現在稼働している戦車は百二十輛であった。その午後数回にわたりイギリス軍はラーフェンシュタインの師団の接近を阻止しようと努めたが、この戦闘でわが軍よりも多数の戦車を失った。

しかしながらイギリス軍は一大成功をおさめた。というのはラーフェンシュタインが偶然まともにフレイバーグのニュージーランド部隊のなかへ突っこみ、捕われの身となったのである。――この戦いで捕虜となったドイツ軍最初の将軍となった。アフリカ軍団参謀ヴュステフェルト少佐もその日捕虜となり、そしてわがほうは同時に六百人の将兵を失った。

私はラーフェンシュタインが捕われるわずか二時間前、シジ・アゼズ付近で彼と会い、言葉をかわしていた。そのためか、彼は敵の手中に陥った時、みずから「シュミット大佐」と名乗り、イギリス側が階級章に気づかないようにと望んでいた。だが彼はフレイバーグ将軍のもとへ連れて行かれると、思わず知らず「フォン・ラーフェンシュタイン。将官です」と自己紹介をしてしまった。

フォン・ラーフェンシュタインはわが軍の全配置を示す地図を身につけていて、これが敵の手に落ちた。彼はカナダの捕虜収容所に入れられ、一九四八年までドイツに帰国しなかった。いまでは私が戦前軍務についていたころ、彼とはじめて会ったイゼルローンで暮らしている。

私はとくに命じられてこの日、後衛二中隊を指揮していた。私たちは絶えず敵の戦車か偵察車に悩まされた。わが隊が行くところ必ず、戦車縦隊の背後に、彼らが追随して来るのだ。私にとって砂漠の戦いは、逆に闘う奇妙な戦闘であった。一方へ進路を切り開いて前進していても、つねに背後を見て、止まっては戦い、それからまた引き返して行く。

しばしば私たちはすばやく右へ方向転換をやらねばならなくなる。それというのは敵もまた南へ障害を避けて来るからである。私の中隊は順ぐりにかわるがわる蛙跳びのような行動をとった。一隊が止まって戦闘すると、他の隊が引き返し攻撃のため停止し、その間に最初の隊が通過する。砂漠には敵が「ジョック縦列」と呼んだ小機動部隊がうようよしていて、蚊のようにうるさかった。しかししまいには刺されてもさほど痛くなくなった。この機動部隊はそれほど強力なものではなかったので、回復し難い損害を受けるようなことはけっしてなかった。

ロンメルは敵がわが軍よりも苦しんでいるものといまだに信じていた。そして、十二月二日天候がくずれだした時、彼はシジ・レゼグ地区へ向け、部隊を編成し直して集めはじめた。

翌日はもやのかかった日で、局部的な戦闘が随所に行なわれた。私自身はバルディアからエル・ドゥダまで後衛として戦闘した。私たちは強力な戦車部隊の攻撃を受けた。敵は激しく追い迫り攻撃して来たので、きまりきった防御態勢に入る余裕がなかった。思いがけなくエル・ドゥダ南方のわが防御陣地から、砲兵隊の掩護射撃があった時には、まったく生き返った心地がした。その日は猛烈な爆撃もあった。

次の日エル・ドゥダでわがほうはイギリス軍の頑強な抵抗を、撃破しようと懸命になったが、ついに成功しなかった。敵の戦車はエル・ドゥダから激しい反攻を数回くり返し、相当の戦果をあげた。それ以後ロンメルはイギリス軍を大挙して駆逐することができないと、ようやく判断し、わが前線はエル・ドゥダの真南から遠くビル・エル・グビまで、のびるようになった。

暇を見て私はエル・アデムの野戦病院へ赴き、まだ傷が完全に回復していなかったので、破傷風の予防注射を受けた。病院の外で前外務大臣の息子である男爵フォン・ノイラートに出会った。彼はトリポリ駐在の領事だったのだが、ここ砂漠では準佐官待遇の地位にあった。その役目をはっきりとは知らないが、おそらくわが軍が敵の市町村を占領した場合、民間業務を扱う将校として任務についていたのであろう。

いまや、温存されていた敵第二南アフリカ師団が、西方へ進撃していた。シジ・レゼグをめぐる乱戦は、あまりに複雑でここにくわしく語るわけにはいかないが、第八軍の勝利に終った。

ロンメルは総退却を命じた。

二十一　後　衛

「十二月十二日高価な後衛戦の掩護《えんご》を受けて、ロンメルはガザラより南西にのびる線に到達せり」と、後にあるイギリス公報は伝えた。

私はここ数日間に後衛戦の特別訓練にはげんだようなものだった。私は命令を受けて、ガザラ高地付近で、二個中隊および長距離百二十ミリ砲二門をもって、東方に面する広い防禦《ぼうぎょ》線をつくることになった。急いで有利な地点を偵察し、さまざまな掩護地点を定め、そして攻撃必至と考えた右翼に指揮本部を置いた。

最初に戦車隊が現われたのは正午に近かった。遥《はる》か南、タマール山地の麓《ふもと》を、行進していた。長距離砲の火蓋《ひぶた》を切った。だが戦車は止まらずに北へ転じ、それからわがほうへ進んで来た。一方、少なくて三十輛《りょう》、多ければ四十輛の戦車が、正面に散開し、こちらに迫って来た。私たちは壕《ごう》と擬装した対戦車砲の背後に身を伏せた。

　わがほうは発砲をひかえ、比較的近距離になっていっせいに砲門を開いた。たちまち二輛の戦車が燃え上がった。残りはしりごみしていた。わが長距離砲も連続射撃の火を吐き、敵戦車はきびすを返して、有効射程外に逃げて行った。

　遥か遠く第八軍の無数の車輛が、戦車をともなって、西方へ進撃して行くのを認めた。

　夜になって長距離砲を本隊へ復帰させよとの命令が届いた。あとは現在陣地を別命のあるまで放棄せずに維持することになった。

　私は長い冬の夜を徹して命令を待った。が徒労だった。昼間撤退不可能なのははっきりしていた。我慢しきれなくなった時、未明直前に撤退命令が無電で送られて来た。私は命令を携帯用無電機で、クレンク少尉の指揮する左翼の中隊へ送ったが、受領を確認することができなかった。

　そこで急ぎ伝令を送って連絡をとろうとした。伝令兵の姿は二度と見られなくなった。最後の手段は照明弾を射って、その意味をクレンクにつかませる以外にない。私たちは西へ向かってひそかに照明ピストルを射った。クレンクは私の照明弾の意味を悟ってくれ、彼の中隊は別行動をとって、ジェベル・アクダール地域を通り、八日後私の隊と合流することができた。一方、私の隊は砂漠を越えて行った。

夜が明けた時わが隊はものすごい速さで車を走らせていた。青ざめた冬の陽光を浴びて行程ははかどった。だがその日広々とした砂漠に生命のあるものといえば、わが縦隊以外何一つ見なかった。

一度イギリス空軍の航空機が一団となって飛んで来た。全部で六十機ほどだった。まずいことになったと思った。やけになって手当りしだい射ちまくれと命じた。ところがびっくりしたことに、航空機からは認知閃光《せんこう》信号を送って答えた。私たちはありがたくその信号を受けて、発砲を中止した。この驚くべき事件を解明するには一つしか道はない——捕獲した砂色のイギリス側の車輛が、わが隊には多数入っているので、西方へ急ぐ第八軍の先鋒と、空軍は見誤ったのに相違ない。

私たちは翌日本隊をつかまえた——だが少し早すぎたようだった。なにしろ空襲のさなかへまともに飛びこんでしまったのだ。大編隊のイギリス機がじゅうたん爆撃を行なった。私は車から掩蔽壕のなかへ逃げこんだ。空襲が終ると、車の座席は寸断されていた。私は運転手のシュミット兵長を呼んだが、返事はなかった。ひとりの兵隊が私の腕を押さえて、車の下を指差した。運転手の無惨な屍《し》体《たい》がそこに横たわっていた。数分前私たちは彼の奥さんや家族や、彼が待ち望んでいる賜暇のことなどを話し合っていたのであった。彼にとってなつかしい再会はもはや有り得ない。

数人の部下が苦痛をうったえていた。近くではべつの兵隊がのたうっていた。両手両足を失っていた。まっさおな顔を、しいて微笑にゆがめて、尋ねた。「軍医さん、役者をつづけてやっていけるでしょうか？」

「もちろん、大丈夫さ」と軍医は答えて、モルヒネを注射してやった。その時、慈悲深くも、彼は息を引き取った。

戦いはつづいて行く、そして私たちもつづけて行かねばならない。私たちは戦死者を葬るゆとりがほとんどなかった。敵戦車隊が背後に迫っていたのだ。ロンメル軍は再び西へ、沈み行く太陽の方へ、進んで行った。

二十二　エル・アゲイラへ帰る

私たちはベンガジへ戻った。そこではわが軍の補給集積所が幾か所も燃えていた。数台のトラックを止めて、兵隊たちは隊の貯蔵品にするため、持ち出せるものを救いだした。夢にも思わぬおいしいものがトラック一台分になった――イタリア製の果物罐詰《かんづめ》、ベルリン郊外シュプレーヴァルト産の胡瓜《きゅうり》、ビール、巻煙草、チョコレート等。こんなものは何か月も目にしたことがなかった。

ベンガジへ戻る途中いたるところで、アフリカ軍団はアラビア人から狙撃された。私たち自身はクリスマスの前日、南アフリカおよびイギリス部隊の装甲車と、小ぜりあいをやる羽目になった。

私たちは無謀にも前進しすぎた若いイギリス人将校ほか三名を捕えた。将校は快活なタイプらしかったが、つとめてうちとけようとはしなかった。場合が場合なのでおそらく当然のことだった。私は質問を彼の身分を明らかにする最小限にとどめて、それ以上何も尋ねなかった。

その夜、つまりクリスマス・イヴに、私はイギリス人たちそれぞれにビール一瓶、チョコレートそれに巻煙草を与えるように気をくばった。「親切な贈りものをいただいてありがたい」と将校は感謝した。敵が迫ったのでやむなく火をつけた倉庫から、持ち出したぜいたく品だとは、彼には打ちあけずにすましました。

若いイギリス将校は、同僚といっしょに、外で寝る許可を求めた。そしてつけ加えた。

「誓って逃走は企てません」

私は答えた。「わたしは貴官が約束を守るのを信じています。貴官の誓言を許可したい。だが軍規によって貴官等を遅滞なく師団に移管せねばならんのです」

彼は将校として紳士として申し出たのだと、再度許可を求めた。私の上司は捕虜のあるのを知らなかった。多少はお祝い気分で、だがうしろめたさを感じながら、私は彼の希望を許した。

クリスマスの朝、私はトラックのなかで睡気を残したまま毛布から起き上がった。三人のイギリス人は将校の指揮で、てきぱきと整列し、歩調をとって行進していた。彼は元気よく挙手の礼をして、申告した。「全員異状ありません」捕虜を師団へ移さねばならなくなった時、この立派な尊敬すべき軍人と別れるのがつらかった。

イギリス軍はそのクリスマスの日に、再びベンガジへ侵入した〔実際には、前夜、クリスマス・イヴにベンガジ市に達していた〕。

私たちはエル・アゲイラ湿地帯と海とにはさまれた隘路《あいろ》へ戻る道を、南へ進んでいた。アフリカ軍団はたしかに敗軍だったが、士気はおとろえていなかった。わが後衛部隊に士気を弱めるきざしは何一つ認められなかった。わが軍は高地のあるところで、必ず停止して応戦した。イギリス軍小戦車部隊、明らかに第二二機甲旅団に属するものが、わが位置を探知し、私たちは余儀なく陣地をいくたびか移動した。アフリカ軍団司令部は命令を発して、弾薬を温存し、そして避けられるならば、この祝祭期間中は戦闘を行なわないことにしていた――これは感傷的理由から戦闘を望まないのではなく、ただ弾薬が欠乏していたためであった。

しかし前線の将兵たちは新年を迎えるお祝いに、何かやらなくては、という気分になっていた。計画は秘密のうちに運ばれ、上官たちには一言も話してなかった。

大晦日《おおみそか》の真夜中、目の届く限りの各陣地はいっせいに、見事な花火を打ち上げた。軽高射砲と機関銃とが曳光弾《えいこうだん》を発射した。照明弾用ピストルが赤、緑、白の照明弾を射ちだし、あまり使われない手榴弾《しゅりゅうだん》が景気よくバンバンと鳴りひびいた。大口径の砲すら空か砂漠へ向かって発射された。騒音はものすさまじく、さびしい荒地が数マイルにわたって、輝き渡った。この花火は正確に三分間つづき、それから暗闇と沈黙がもう一度砂漠をつつんだ。

遠くイギリス軍戦車隊がいるあたりから闇を裂いて、照明弾が新年おめでとうと、応《こた》えるように打ち上げられた時、私たちはずる休みをした少年のようにはしゃいで喜んだ。

ロンメルや将軍たちから、前線へ叱責の言葉は一言もなかった。

数日後砂漠戦は一段落を告げた。私たちはエル・アゲイラに帰った。ここからロンメルは八か月前、ほとんど突然に、出撃したのであった。その間熾烈《しれつ》な戦闘が行なわれてきたのだが、その多くは継続する休みない戦闘と変っていった。わが部隊はすべて甚大な損害を受け、将兵も装備もともに疲れきっていた。だがイギリス軍も同じようなものだった。彼らはわが軍に徹底的な打撃を与えて、トリポリへ進撃をつづけることができなかった。

「十字軍戦士《クルーセイダー》」作戦の第一週中、結末はどうなるか疑問だった。もしもロンメルがより強力な空軍掩護《えんご》とより徹底的な空中偵察とに恵まれていたならば、私が思うのに、彼は勝利を手に入れたかもしれなかった。だがその間にオーキンレックは少なくとも士気と資材とに勝ちを占めた。シジ・レゼグの挫折《ざせつ》後、オーキンレックが勇敢に攻撃を行なったのは、大いに彼の誇りとしてよいものだった。彼は指揮をリッチー少将にゆだね、全力を挙げて攻勢を確保するように命じたのであった。

ところでロンメルのサルーム前線は、いまだに持ちこたえていた。そしてロンメルは有利な機会を捉《とら》えたら即座に反攻をはじめる考えを、まだ棄てていないことを、私たちに打ちあけていた。彼はその権限内であらゆることを実行して急速に部隊の全兵力を回復しようとした。そのためには最近トリポリへ急送されてきた増援の人員・補給品・装備などを惜し気なく投入した。

オーキンレックも国境での勝敗をつけたいと思っていた。彼は注意をバルディア、サルームそれからハルファヤ峠に転じた。

ド・ヴィリヤ少将の第二南アフリカ歩兵師団は――この師団の「十字軍戦士《クルーセイダー》」攻勢初期の任務は、ロンメルが行なうかもしれぬ広い包囲作戦に対して、第八軍の後尾を掩護することだったが――いまバルディア前面に、カプッツォ地区に、そしてシジ・オマール周辺に、陣地を構成していた。十二月三十一日の朝、猛烈な準備砲撃の後、ド・ヴィリヤはバルディア攻撃を開始、二日間激闘をつづけ、バルディアのドイツ軍指揮官シュミット少将の降服に終った。

包囲されたハルファヤ峠の守備兵を救いだすとしたら、明らかに、ぐずぐずしてはいられなかった。間もなく判明したことだが、反撃を開始しても、もはやキレナイカを取り返し、ハルファヤ峠に達するには手遅れだった。トランスヴァール・スコットランド連隊の一大隊と南アフリカ警備部隊の攻撃を受けて、サルームはド・ヴィリヤの手に落ちた。南アフリカ部隊はハルファヤ陣地攻撃の準備にかかったが、それは不必要になった。防禦《ぼうぎょ》部隊――イタリア軍部隊と牧師バッハ少佐の指揮する強力なドイツ軍分遣隊とは、飲料水も糧食もなくなったため――やむなく一九四二年一月十七日、白旗をかかげて降服した。

アフリカ軍団はまだ西方三百マイルのところにいた。しかし「砂漠の狐」は攻撃にうつる用意をしていた。ロンメル自身はわが軍の逆落としの退却に、少しも心を動揺させていなかった。彼の楽天主義は、他人にうつりやすくそしていまでは伝説になりかけていたが、トリポリから新しい装備が到着したため、ますます強められた。

わが情報部はオーキンレックの経験に富む第七機甲戦闘グループ――この部隊が「十字軍戦士《クルーセイダー》」で大活躍をしたのだが――と砂漠戦に未経験の新機甲戦闘グループ、第一と交替するのを知った。できるだけ早い機会に反撃を加えたいというロンメルの決意はさらに堅くなった。私たちは準備にかかった。そして一月二十一日ロンメルは「進撃」の号令をかけた。

　イギリス側は私たちが大部隊の捜索行動にでているだけのものと、明らかに考えていた。このことはその公式発表が同様の表現を使っているのからうかがわれた。わがほうの空中捜索は、イギリス軍がムスス地区に、戦車を集中しているのをあばいた。戦車の分解修理を行なっているのだ。わが軍は彼らに攻撃をかけることになった。

二十三　ロンメル、またも攻撃に出る

　私の中隊はアフリカ軍団の最右翼なので、ファラグ峡谷の上に陣地をしいていた。シルテ地方最大の谷であるこの険阻な斜面から、遠く有史以前の塊状不毛の断崖《だんがい》を残している海岸の南方へかけては、すばらしい眺望だった。

「十字軍戦士《クルーセイダー》」の初期、ノイマン＝ジルコウが戦死した後フォン・フェールスト少将が師団長となり、たちまち部下の信頼を得たが、いまこの師団長から北東への進撃命令が発せられた。

　私たちは南の端にいたので、私自身の車は、谷の険しい斜面の端にのっかっていた。ときおりイギリス軍の車輛《しゃりょう》が、この荒れ果てた地帯の、傾斜面の交差した地域を越えて、東へ走

って行くのが眺められた。私たちは軽自走砲を使い、くり返し局地的な急襲を敢行した。一度、止まっている偵察車を襲った。車のとなりに、乗員たち――三人の兵隊が小さな焚《たき》火《び》を囲んで折りたたみ椅子にのんびり腰をかけ、紅茶をすすっていた。私たちは紅茶のご馳《ち》走《そう》にあずかり、車を戦利品として押さえ、敵の兵隊三人には、どうにかしてお宅へお引きとり願いたいといって、後に残してきた。

進撃の二日目、一月二十二日、私たちはアンテラート地区で、はじめてイギリス軍戦車と、戦闘に入った。その前に第二〇〇近衛旅団の防禦《ぼうぎょ》線を突破していたのであった。およそ三十輛の戦車が、小山の多い地帯にある一つの台地の麓《ふもと》に止まっているのが見えた。攻撃命令を受けた時、まだ敵に気づかれていないのを確信した。私たちは五十ミリ対戦車砲数門を、とある窪《くぼ》地《ち》のなかに据えた。

砲門を開くと、敵はもうびっくり仰天した。そしてすかさずわが戦車十二台が、敵戦車めがけて突進した。敵は陣地を守り得ないと悟り、数台の戦車を失って、急ぎ出発して行った。

私たちは新しい攻撃法を編みだしていた。十二門の対戦車砲とともに、一つの有利な地点からべつの有利な地点へと、私たちが敏速に移動し、その間戦車は停止し遠くにいて、できれば掩護《えんご》射撃を行なう。それから私たちが戦車のために掩護射撃を行なっている間に、戦車はまた前進する。この戦法は図にあたり、敵が激しく砲撃を行なっているにもかかわらず、敵戦車はわが軍の前進するのを阻止できなかった。じりじりと損害をこうむり、引きつづき地歩をゆずらねばならなかった。トリグ・カプッツォでわが軍をはなはだしく苦しめた頑強で老練な敵を、相手にしているのではないような感じがした。わが軍はアンテラートとサウヌを二つとも二十二日に占領した。

第二機甲師団（第九槍《そう》騎《き》兵、第一〇王立軽騎兵およびクィーンス・ベイズ龍騎兵の諸連隊を含む）は攻撃を阻もうと努めたが失敗した。ロンメル将軍みずからの指導を受けて、彼の部隊はいまや決定的な能力を育てていた。それは状況の展開に応じてそれらにすばやく適合する臨機応変の能力だった。彼らはロンメルの教訓をどのように応用するか学び取っていたのだ。

——「小さな成功はさらに大きな成功への前兆らしい」

成功を切り開き、そして敵がいやしくもよろめくと見るや否や攻撃に出る。この叩《たた》きこまれた本能と——三日分の糧食とで、アフリカ装甲集団は突進した。だが当時わが対戦車砲が敵の戦車や対戦車砲に優っているのを、わが将兵が絶対に信頼していたからこそ、彼らはそのように行動し、あるいは断固として敢行することができたのではなかろうか。私はそう考えている。

またイギリス空軍というわれらの友が、このころ比較的に鳴りをしずめていたのも、昂揚《こうよう》した士気の助けとなった。私たちの推断によると、この問題の因は、イギリス軍が予定したベンガジへ前進するに足る燃料以上のものを、手に入れることができなかったためであった。その結果、トブルク前方のベニーナ空港その他の飛行場から、航続距離の短い戦闘機を飛ばすことが不可能だった。

空中偵察によって、イギリス軍戦車修理所の所在が判明した。私たちは抵抗らしい抵抗に遭わずにそこを襲った。一つの野戦工場だけでも、貴重な戦利品——修理可能の戦車が数台あった。

ガソリン事情については、まったく悲観的だった。それにもかかわらずある若い士官がロンメルに上申した。「閣下、もっと燃料が必要であります」元気のよい答えがかえってきた。
「では、イギリス軍のところへ行って、取ってくるがいい」

わが軍の進撃はムスス周辺の広々とした平原を越えてつづけられた。このあたりは文明の気配がまったくなく、たがいに相手を倒すことのみに心を集中して、機甲部隊が雌雄を決するのに恰好《かっこう》の試合場である。

イギリス第一機甲師団、砂漠に未経験の部隊が、わが軍に向かって来た。そして第四インド師団がベンガジから出動して戦闘に参加しようとした。わが軍はインド師団を二分し、第七旅団をベンガジにとじこめた。イギリス軍戦車隊はわが戦車隊よりも劣勢だったし、燃料不足に苦しんでいた。至るところで燃料がつきたため立往生している、孤立した部隊や補給部隊に出会った。

私たちは二日間、ムスス近傍の防禦線を対戦車砲で守っていたが、戦闘の大勢は東方にあった。オーキンレックは戦局の展開にびっくりして、空路カイロからトミミのリッチー少将の司令部へ赴き、第一三軍団に発せられていた退却命令を撤回させた。彼は反攻を望んでいた。だが二月四日、イギリス第八軍はガザラの新防禦線に拠《よ》り、ピーナールの南アフリカ部隊が、ロンメルの東方への進撃をくいとめた。

しかしながらロンメルは進撃できる線まで、すでに進撃していたのである——いや、むしろこの反撃段階では予期以上に前進していた。さらに進撃して強力な第八軍と戦う危険を冒すことはできなかった。進撃は目下トリポリに揚陸されつつある新戦車の増援を得てからのことであった。そこでロンメルはしばらくトミミ＝メキリをつなぐ線にとどまった。

二十四　トブルク計画

オーキンレックとリッチーはガザラに堅固な戦線を急いできずきあげた。私たちの側で得た印象では、オーキンレックは攻勢的で、トブルク再包囲を許す意思はなかったし、それどころかアフリカ軍団に新攻撃を行なうさい第八軍の補給に不可欠の港を、死守する覚悟と見えた。

イギリス前線は——むしろ一連の強力な防禦《ぼうぎょ》地区を広い地雷原で連結したもので、海岸から南はビル・ハケイムまで延びていて——わがほうの注意深い偵察によれば、着々と強化されていた。ロンメルはイギリス軍の先手をうって反攻を開始する計画を明らかにし、この情報はアフリカ軍団全員を喜ばせた。だがそれまでには長い休止期間があるので、私はとうてい我慢できなかった。

二月半ばから三月末まで、偵察活動以外何もなかった。やがてリッチーが牽制《けんせい》行動を行なって、アリグザンドリアからマルタ島へ航行する有力な輸送船団から、枢軸側の注意をそらそうとした。この島は、ロンメルがたびたびもらしたように、彼の脇腹に向けられたもっとも鋭い刺《とげ》であった。

もしもこの島を彼の派遣軍の北アフリカ上陸直後に攻略していたとしたら、定期的な補給と増強兵力を絶えず撃破されることもなかったので、一九四一年にエジプトへ侵攻し、軍をナイル三角州《デルタ》に進めるのを実現していたのに、と彼は考えていた。

事実、一九四一年に彼が次のように増強兵力を拒否したのを、私は記憶している。「アフリカへの補給路確保が先決で、そのことなくしてこれ以上兵力輸送を行なうことは了承できない」

一時ベルリンの最高司令部はマルタ攻略を決定したものと私たちは信じていた。空軍はシチリア島から、雄々しく防禦に当るこの島に、連続的に爆撃を行なった。これらの猛爆撃が物資の点でアフリカでの補給状態を、改善したのは事実であるが、確実に勝利を得る立場を保持したかったら、この島を占領すべきだったのである。

この休止期間中、装甲師団はほとんど戦闘をしなかった。わが軍の戦車は三月中デルナ地区で休止していたし、私の中隊はマルトウバ谷でのんびり休養をとって、早春の色美しい砂漠の空を楽しんでいた。そこへ思いがけない攻撃があった——雨だ。おどろおどろしい雷鳴が夜間とどろき、魅惑あふれる谷でねむ気をさそうような生活をしていると、ろくなことはないのを教えてくれた。まことに好事魔多しとはよくいったものである。大切な車輛《しゃりょう》や武器が数多《あまた》損傷し、谷底に押し流された。

四月は過ぎて、五月の大半は、再びトブルクを攻撃する準備についやされた。

ロンメルは去年の十一月トブルク攻略のためにたてた作戦計画と、瓜《うり》二つの計画を実行に移そうと決心していた。——その時には第八軍の「十字軍戦士《クルーセイダー》」攻撃に、五日早く機先を制せられたのであった。

五月二十六日の夜、闇にまぎれて、ビル・ハケイムでガザラ戦線の南翼を回って攻撃を開始、それから敵の背後で北方へ進撃する。同じ夜、イタリア軍アリエテ装甲師団はビル・ハケイム攻略に当り、同時にトリエステ師団は、第一南アフリカ師団の陣地南方で、トリグ・エル・アブド高地のイギリス軍地雷原に突破口を切り開く。

ガザラに面するイタリア軍は、左翼で南アフリカ部隊とイギリス第五〇師団を牽制し、沿岸道路を前進しようとする敵のいかなる企図も阻止する。

二日目戦車隊の一部——第二一装甲師団に属するもの——がガザラ戦線の背後で攻撃を行ない、一方イタリア軍は正面攻撃に出る。この攻撃が成功するに越したことはないが、少なくとも南アフリカ部隊とイギリス第五〇師団とがさらに東へ、彼ら自身の戦線の背後に入るのを防ぐ。わが軍の主たる目的はトブルクへの直接攻撃であった。私たちは第一五装甲師団とともにトブルク港へ向かう。ロンメルの時間表では三日目に攻略を完了する予定であった。

フォン・バイエルライン少将が、クリューヴェルのアフリカ軍団の新参謀長として着任した。ロンメルのアフリカ装甲集団の参謀長は相変わらずガウゼで、フォン・ビスマルク少将が第二一装甲師団長となり、第一五は前の通りフェールスト少将が指揮に当った。

戦いは賭《か》けのようなものだ。ガウゼとフォン・バイエルラインはそろってロンメルとクリューヴェルに指摘して、ビル・ハケイムを占領するなり、地雷原にはっきりした通路をつくるなりして、わがほうの兵站《へいたん》線が確保されないとしたら、彼我の機甲兵力が戦闘中に、危険な状況の生まれるおそれが多分にあるといった。

ロンメルはこのことを身にしみてはっきりと知っていた。だが彼はあえて主張した。「その運命は甘んじて受けねばなるまい。だから既定の計画にしたがって、巧妙・果敢な攻撃を断行し、賭けになるのを終らせるのだ。イギリス軍が戦略的訓練に欠けていないことを、銘記すべきだ。彼らはわが軍がガザラ戦線の背後から攻撃を行なう可能性を、もちろん想定したに相違ない。攻撃を受けても、びっくりしあわてふためくことはあるまい。それゆえとくにこの作戦計画を採用して、勝利に絶対必要なりと認めることを、効果的に実行し、敵を打ち破らなければならないのだ。わが戦車は敵の戦線の背後に行く、そして戦闘中、――そう、兵站線をのばして補給を行なうようにするのだ」

私たちはロトゥンダ・セニャリ地区で待機した。五月二十六日から二十七日へかけての夜私たちはビル・ハケイムの南側面を回って前進した。同時にイタリア軍はビル・ハケイムとガザラ＝トリグ・エル・アブド高地のアレム・ハムザ間の地雷原へ向かって行った。

私たちは朝になって海岸の方へ進んだ。側面から猛烈な空襲と激しい砲火を受け、第三インド自動車化旅団は全力をつくして私たちを撃退しようとした。私たちは敵部隊を突破したが、相当数の戦車を失った。第二一装甲師団が前進するわが軍の左翼にいて、ガザラ戦線の背後を脅かしつつ、アクロマの西へ向かっていた。しかしイギリス第一機甲師団は彼らを迎え撃ち、後にナイツブリッジの混戦となった。第一五師団では私たちがアクロマへ向かい、各戦闘部隊は再びエル・アデム、シジ・レゼグそしてエル・ドゥダに到達しようと、わかれわかれになった。

初期の段階で速やかに前進したので、意気揚々としていたのも、束の間に終った。私たちはイギリス機甲旅団の二個旅団と衝突した。後にそれらは第四・第二二とわかった。はじめて私たちは味方の武器の優秀性に疑問をもつようになった。

衝突はアクロマの南数マイルの急斜面で行なわれた。

私は第一一五狙撃兵連隊の増強した第二大隊でわが中隊を指揮していたが、アクロマへ到達し占領せよとの命令を受けた。それはたやすい任務ではなかった。なにしろ私たちは敵のガザラ戦線の背後にいるのを忘れるわけにいかなかったし、また強力な敵戦車部隊が待ちかまえているのを十分に知っていた。

二十五　わが大隊の敗北

私たちは急斜面の端に着いた。インド部隊を突破する間、私たちを掩護《えんご》した戦車部隊は後方にさがっていた。東と西の地域はいくらか平坦《へいたん》だったが、部隊や砲兵隊の姿は見えなかった。だが両側面から砲火を浴びせてきた。砲弾は私たちの間に落ちはじめ、その時私は最左翼にいたのだが、わが部隊は下り斜面の端に到達した。一、二度、遥《はる》か遠く小高いところをずんぐりしたトラクターが、砲を牽引《けんいん》して猛スピードで走って行くのを見つけた。

　時々遠くに戦車が一台で現われ、数発浴びせて、また姿を隠した。もっと不安なのはハリケーン機の機銃掃射だ。私たちはこの航空機を、兵隊言葉で「フーレン・ケーネ」といった。その意味はご推察にまかせる（訳註　娼婦《しょうふ》のベッドの意）。彼らは再三再四、襲いかかって来た。彼らは私の隊で最上最新の牽引車を燃え上がらせ、立ちのぼる煙の柱が私たちの位置をはっきりと示していた。

　私は高地の頂きで車の上に立ち上がり、陽を背にして、双眼鏡で見ると、遠くアクロマの方に濃い埃《ほこり》の雲があった——戦車のためだなと私は推察した。いま私たちは陽に照らされた地平線に向かい合っていた。私たちは斜面のへりを越えてくだり、砲撃を受けずに進んだ。

　わが軍の全車輛《しゃりょう》はほとんど平原にくだり、広く扇形に展開して、アクロマ目指して前進した。敵の砲弾が落ちはじめた時、前面には数台の戦車を認めたにすぎなかった。私たちは停止して、砲門をひらき、敵の砲撃に応戦した。敵は砲撃を中止した。私たちは再び前車をつなぎ、先を急いだ。前方になじみ深い道標、アクロマと旧司令部の「白壁の家」とをつなぐ電信柱の列が、眺められた。

　いまや敵はアクロマの小要塞《ようさい》近くの石の胸壁から、激しく砲火を浴びせてきた。わが部隊はイギリス軍の胸壁へ近づくことができず、やむなく停止し、またもや砲撃をはじめた。再びわが対戦車砲と、宿命の敵手――イギリス軍戦車とが、相まみえることになった。

　私たちは車輛をわずかに西へ寄った小さな谷に押し込んだ。夢中になって武器と自身のために壕《ごう》を掘りはじめたが、地面は石くれだらけで、掘るのは容易でなかった。ある歩兵部隊は運よく古いたこつぼを見つけた。私たちは戦闘開始を待った。私が背後に据えた砲を指揮する下士官に命令している時、五十ヤードばかり前方の岩の間から、二頭のアフリカカモシカが飛びだした。私は近くにいた砲兵の銃をつかみあげた。軍隊歴の浅い私は射撃がへただった。がこの時だけは名手に近かった。前方を横切って行くカモシカを、ただの一発でしとめた。さっそく獲物の雄ジカを引きずってきて、切り裂いた。車輛を置いた谷でガソリンとぼろで焚火《たきび》をつくり、すぐに肉をあぶった。

　左翼の私の戦区は平静だったが、右側の中隊は機関銃射撃を浴び、応射するのが聞えてきた。私はミュラー兵長が、私と彼自身用に掘った壕を調べてみた。前に私の従兵だったミュラーはいまわが中隊の歩兵であった。階級が大佐以下の士官はすべて、前線の兵員を維持するため、従兵を廃止されていたのである。

ミュラーが手回しよく壕のへりに置いてくれた双眼鏡で眺めると、私たちは敵の前哨《ぜんしょう》地点にほとんど接近しているのがわかった。一マイルと離れてないところで、岩の間を歩兵が動いていた。私の右側ではタウト曹長が壕から腰まで乗りだし、落ち着いて敵を銃撃していた。

私はシカ肉を思い出し、ミュラーに谷へ行って、私たちの分け前を、がつがつした砲兵たちがたいらげてしまわないように、注意してこいといった。が返事はなかった。それどころか、その時大勢ののどからしぼりだすような叫びがあがった——砂漠でおなじみのときの声だ。「右に戦車！」

その瞬間、タウトが倒れた。頭を射たれたのだ。彼は死んでいた。

十二輛の戦車が右手前方の死角から現われた。これまでに見たことのない型で、重装備のある戦車だった。後でさんざん痛めつけられてからわかったのだが、アメリカ製の「グラント将軍」型のもので、オーキンレックが希望したほどの数にはならないが、最近大量に近東地区に着いたのであった。これらの戦車は、イギリス軍が前に砂漠に出動させたどの戦車よりも、ずっとわがⅢ号もしくはⅣ号の戦車に似ていた。前にアメリカが供給していた「スチュアート将軍」型あるいは「ハニー」型戦車は、速力は速かったが、実際には装甲車程度の役にしかたたなかった。とうてい重装備のわが戦車には歯がたたない。

私の隊は射撃をひかえていたが、右翼の隊は五十ミリ砲をつづけざまに発射した。弾丸が

「グラント」型に当ってむなしくはねかえるのが目に入った。一方、敵の応射は凄《すご》かった。歩兵のなかで炸裂《さくれつ》すると、とくに致命的な恐ろしさを発揮した。

身内がぞくぞくしてきた。くぼみから、列をなして、新しい戦車が現われてきた。――優に六十輛はある。各砲口から火を吐きつつ、こちらへ襲いかかってきた。

私は右側の砲に発射を命じた。一台の戦車が止まった。数台が燃えていた。しかし戦車の大群はじりじりと迫ってきた。左側の砲はどうしたのだ？　弾丸がびゅんびゅんあたりに飛びかうなかを、私は壕から飛びだして、砲へかけよった。

二人の砲兵は地上に横たわっていた。砲尾は破壊され、装塡手《そうてんしゅ》は車輪のそばに倒れ、胸に機関銃弾を受けて血を流していた。「水、水」と彼はあえいだ。

砲の近くで砲弾がいっせいに炸裂した。戦車はほとんど直射でこの砲を攻撃していた。

私はつっぷして、両腕で負傷者の頭をかかえるようにした。兵隊はうなずいた。

「壕へつれて行ってやるぞ。――水があるんだ」私は彼の耳に叫んだ。彼はまたもうなずいた。びっくりしたことに、彼はよろよろと自力で立ち上がり、よろめきながらも、私の壕へ走った。

敵の戦車はいまや右手の戦区の前線へ接近していた。私は壕のなかへころげ込んだ。ミュラーはいなかった。私は傷ついた装塡手を半ば壕のなかへ引きずった。コーヒーの入った水筒があった。それを彼のふるえる手に持たせてやった。彼はごくごくと飲み、それからあおむけに倒れて、息を引きとった。両の足を壕のなかにぶらさげ、胴をそのへりに折り曲げていた。

砲弾がところかまわずあたりに炸裂しはじめた。ここでは私ひとりが残ったのか？　その時、背後から答えがあった。ヴェーバー軍曹が、三番目の砲を射っていた。彼は次から次へと発射した。だが、剛胆な彼の行動も頽勢《たいせい》を挽回するわけにはいかなかった。

戦車十二輛がこの邪魔物をのぞこうと襲いかかってきた。絶え間なく砲撃を浴せつつ、まっすぐにこちらへ進んできた。

私は双眼鏡を棄て、壕の底にころがった。底にはミュラーが敷いてくれた毛布があった。役にはたたないがその毛布をひきかぶった。目の前に戦死者の靴のかかとがぶらさがっていた。

大地が震動した。のどはからからに渇いてきた。これでいよいよ終りか。シジ・レゼグでは九死に一生を得たが、今度はこの有様だ。許婚者《いいなずけ》の彼女のところへこういって行くだろう。「大変お気の毒ですが、じつは……」彼女は私が祖国のために斃《たお》れたのを読むことだろう。それになんの意味があろうか？　砂漠のなかのアクロマというつまらぬ地点の近くというだけで、場所もさだかでないところの砂を、ただ血潮でこやしたのにすぎないのだ。

一台の戦車が壕のへりをがりがりとくずした。英語でしゃべるのが耳に入った。戦車のなかの兵隊かな？　それとも銃剣をつけてその後について来る歩兵かな？

毛布では銃剣を防ぎようもない。見つからないことを祈るばかりだ。だが、いつまでもこうやって壕にいたら、気が変になるかもしれない。砲弾にやられるかもしれない。べつの戦車に圧《お》しつぶされるかもしれない。

時間の経つのがまどろこしいほどであった。やがてドイツ語の声が聞えた。イギリス軍が私の戦区の捕虜を集合させているようだ。だが私はじっとしていた。

砲声はとだえた。十五分ほど経って、戦車が南の方へ進んで行くのが聞えた。沈黙が戦場におりた。しかし私は眠っているかのように、まだ横になっていた。

頭をもたげると、空はあのぎらぎらした午後の輝きを、くもらせていた。たそがれが近づきつつあった。あたりに人の気配はまったくなかった。と、いきなり少し後方のたこつぼから、びっくり箱から飛び出すように、兵隊が出て来たので、肝をひやした。ミュラーだった。

顔が苦しそうにゆがんでいた。「大丈夫ですか、中尉殿」彼は呼びかけた。「自分はやられました」

「こっちへ来い」と私はミュラーに命じた。「暗くなるまでここにいて、動くのはそれからだ」

「ハイ、中尉殿。あのシカ肉が焼き上がったところへ、イギリス野郎《トミーズ》がやって来ましたよ」

暗闇が戦場にたれこむのを待って、ミュラーは私を例の谷へ案内した。カモシカをあぶったところだ。腰肉が、温かさを残して、まだ鉄板の上にのっていた。ミュラーの水筒にはコーヒーが残っていた。私たちは香ばしい腰肉を歯で引きちぎったが、ひどく固いので、丸呑《まるの》みにした。

それでも口の端からたれる肉汁のおいしさは、いまだに忘れることができない。ほんとうに生き返った心地がした。あの塹壕のなかで私を捕えてはなさなかった無常感や死の予感は、どこかに吹きとんでしまった。生きようとする意志がふつふつとたぎってきた。そうはいうものの、生き長らえたのは、私たち全部ではない。私はヴェーバー軍曹の砲を眺めた。イギリス軍の戦車がまともにその上に乗りあげ、通り越して行ったので、めちゃくちゃになっていた。ヴェーバー自身は逃れ去っていた。私たちは谷を百ヤードほど登った個所で彼と、それから生き残った八人の兵隊に出会った。

大隊の生存者はわずかであった。破壊された車輛がころがっていた。大部分の車輛は戦利品として、イギリス軍に持ち去られ、数台が逃走しただけだった。

私がこの一団の指揮をとり、私たちは南へ向かった。十時ごろ、ほかの生き残りの一隊と出会った。私たちはとぼとぼと重たい足を引きずって行った。

明るい照明弾が空を美しく飾った。その輝かしいマグネシウムの色合いから判断して、ドイツ軍のものであった。同行の兵隊のひとりが、赤く白く緑に光る照明弾を射ちあげた。私たちは時々、こうした認識信号を交換しながら、歩きつづけた。一時間後私たちは装甲車部隊を見つけだした。彼らはロンメル自身のための偵察部隊で、ホーマイヤー大尉の指揮する特殊部隊であった。

翌朝、装甲車部隊に属するトラックが私たちを、いまは南方に後退していた第一一五連隊本部へ、運んでくれた。そこで知ったのだが、わが大隊は実質的に壊滅していた。大隊長ロスケ中佐は、三月に赴任したばかりだが、捕虜となった。中隊長で生き残ったのは私ひとり、ほかにたったひとり将校が無事だった。戦闘に参加したおよそ三百五十人のうち、生存者はほぼ三十名であった。

残存者は再編成中の連隊に属する二個大隊にわかれわかれに配属された。この新しく生まれた大隊は月末に、エル・アラメインで戦うことになった。

私は大隊長に任命される資格があると認められるようになり、師団予備人員に編入された。そして連隊本部付となり、トブルク攻撃および占領に部隊とともに参加した。この勝利の後、私は賜暇を得て、空路ドイツへ帰る機会に恵まれた。私の休暇期間はもともと三週間だったが、八週間に延長された。砂漠から帰国した若い士官には、故国にいる人々を喜ばせる話題に——トブルクの話など——こと欠かないと見たのであろう。

二十六　一進一退

私の大隊がじゅうりんされた日には、まさに大混乱が生じていた。ロンメルの目標は依然としてトブルクだった。だが形勢は楽観をゆるさなかった。長いあいだまるでわがほうはこの惨酷な砂漠戦の敗者であって、勝者ではないかのように見えた。

第九〇軽師団の戦隊の一つが、イギリス第七機甲師団長メッサーヴィ少将の師団本部を壊滅させ、彼とその幕僚全員を捕虜とした。将軍はシャツと半ズボン姿で、階級章をつけていなかった。そのため身許を看破されずにすんだ。彼は反撃が行なわれたどさくさにまぎれて逃走し、わがほうはずっと後になるまで、彼を捕えたとは、まったく気がつかなかった。

私たちも同じような目にぶつかった。アフリカ軍団を指揮しているクリューヴェルが、ガザラ戦線の第五〇師団陣地の上空で、将軍機のフィーゼラー・シュトルヒ機で飛んでいるところを、それと知らずに撃墜され、捕虜となった。ロンメルとその幕僚は例によって、私たちとともに前線にいた。司令官は不死身だったが、ガウゼは負傷した。バイエルラインがロンメルの参謀長の地位につき、そしてネーリングが空路急ぎ地中海《ちちゆうかい》を渡って、クリューヴェルの後を襲った。

わが軍はゴト・エル・ウアレブで苦戦した。そこにはイギリス第一五〇旅団が堅固な陣地に拠《よ》っていて、地雷原を突破しようとしたわがほうの最初の攻撃は、失敗に帰した。わが軍はビル・ハケイムを迂回《うかい》する長い危険にさらされた補給線に、頼らざるを得なかった。わが軍部隊の大部分はロンメルの命によって、イギリス空軍から絶えず空襲を受けている補給輸送部隊と接触するため、南へ移動した。

イギリス軍戦車隊は、五月二十九日、わが軍に近づき、壮烈な戦車戦が展開された。敵は第一機甲師団のすべてと、ほかに二個旅団であったが、午後になって砂嵐が吹きすさび、戦闘は幕を閉じた。敵も味方も、見分けがつかぬほどだったのである。この戦いはわが軍にとって敗北に終ったかもしれないし、イギリス軍にとってはトブルクを救えたかもしれなかった。

翌日の未明、イギリス軍は再びわが陣地に来襲した。だがわが軍は軽率な退却に陥ることのないよう、しだいに西方へ移動した。イタリア軍は前日の戦闘で、トリグ・エル・アブドとトリグ・カプッツォの地雷原に、ようやく間隙《かんげき》をひらくのに成功した。わが軍はこの通路を通って、再びガザラ戦線の西に退却することができるし、またたやすく補給を受けることもできるようになった。間隙路は両側からフランス軍およびイギリス軍の激しい砲撃を浴びたが、少なくとも通行可能だった。

ロンメルは戦車部隊をこの間隙路から後退させることに決定した。わが軍は退却を掩護《えんご》するのに、すでに用いて有効だったいつもの戦法にしたがった。そしてトリグ・カプッツォにまたがって、広い弓形の対戦車砲陣を設置し、この陣の右翼はイギリス軍地雷原にしかれていた。

イギリス軍戦車部隊は、北部のわが幕を側面包囲しようとこころみて、南部から近よってきたが、彼らはあまりに距離がありすぎていたし、それに加えて、リッチー将軍は攻勢にうつるため移動し、そして戦車を南部のビル・ハケイムを回って遠くへ送り、逆にドイツ軍の側面と背後をつく時機かどうか、熟慮をつづけていたようであった。

その日、事実——後に知ったのだが——彼は南部における戦車の行動からわが兵力をそらすため、牽制《けんせい》行動として、南アフリカ部隊とイギリス第五〇師団を沿岸道路に前進させる計画だった。だが彼の部隊は計画した攻撃のために準備がととのっていなかった。

そして翌日、リッチーはロンメルが敗北しなかったし、退却の意図ももたず、ただ地雷原の西で再編成を行なっているのをさとった。ロンメルは時来たらば再び攻撃にでるのをすでに計画していた。

トブルク占領の予定日はとうに過ぎていた。そして私たちは地雷原間隙路の突出部にいるので、みじめなものだった。弾薬は乏しくなり、補給も思うにまかせない。前線へ来る補給部隊は、かたっぱしから、イギリス空軍のえじきとなった。自由フランス軍はビル・ハケイムでいまなお勇敢に戦っていて、反撃に出て捕虜を得ていた。また第八軍の機動予備は前進し、私たちを包囲できるかもしれないと思われた。

私たちはまるで地雷原と敵にはさまれて、檻《おり》の中にとじこめられたようなもので、弾薬は少なく、糧食は乏しく、飲料水も心ぼそくなっていた。捕虜、大部分は第三インド自動車化旅団の将兵だったが、彼らへの給与も乏しくなった。私たち部隊のものでさえ、ひそかにラジエーターの水を抜いて飲んでいた。

アフリカ軍団の運命は、地雷原を通って連絡線を確保できるか否かにかかっていた。

ロンメルは五月三十一日の午後またもや賭《か》けを行なった。彼はいっさいをあげて第一五〇旅団を攻撃した。イギリス軍戦車部隊は歩兵部隊を来援した。しかし翌日の昼ごろ彼らは圧倒された。わがほうは敵戦車旅団（第一軍直轄戦車旅団）の大部分を一掃した。リッチーも反撃を開始、北からは第三二軍直轄戦車旅団に援護された第六九旅団、東からは第二二機甲旅団に援護された第九・第一〇インド旅団が来襲したが、この攻撃も挫《ざ》折《せつ》した。

リッチーの狙いは地雷原を通って進撃し、戦車部隊を西方へ送って、わがほうの間隙路をふさぎ、またも戦車戦をいどむのにあった。そして一方南アフリカ部隊は北部で沿岸道路に沿って前進しようとしていた。

イギリス軍の努力は大失敗であった。簡単に結果をいえば、リッチーは野砲兵四個連隊、インド旅団一個、カア准将指揮下の第二二機甲旅団の自動車大隊を失った。またわが軍は多数の戦車を撃滅し、さらに他の部隊にも大損害を与えた。敵は混乱状態に陥った。というのはわが軍が敵師団司令部の一つをじゅうりんし、多くの通信部隊を壊滅して、敵の連絡線を粉砕したためであった。

ロンメルは当時意気あがっていた。六月五日の夜、彼はトブルクをついに袋のなかのものとしたと、断定したようであった。

二十七　トブルクの門戸にて

ビル・ハケイムに対してロンメルはいまや第二八八特別隊、中近東作戦のためとくに訓練した、高度の機動力をもつ部隊をくりだした（私は後にこの部隊の大隊を指揮することになった）。しかし強力な急降下爆撃機の攻撃と徹底的な準備砲撃にもかかわらず、ケーニグの自由フランス軍は頑強に抵抗をつづけた。

彼らは空から補給を受けて、六月十日の夜まで持ちこたえた。その時にはもはやイギリス軍は補給を行なうことが不可能になっていた。彼らは退却命令を受けた。大部分の守備隊兵は包囲網を突破し、さらに東にいる第八軍と合流した。彼らこそは一九四〇年のフランス崩壊以来、フランス人の戦闘力の復活を、最初に示したのである。この時彼らは「幽霊師団」の勇名高いロンメルと拮抗したのであった。

ガザラ戦線は二か所で突破されていた。ただピーナールの南アフリカ部隊だけはいまだに、戦線の北端で手つかずだった。ロンメルは危険を冒してもエル・アデムに一撃を与えようと決意し、第九〇軽師団を前進させ、その後に弱体化した装甲師団を送り、飛行場南方の地帯を確保した。

この間ナイツブリッジで激しい戦車対戦車の混戦が行なわれた。戦いにドイツ軍が勝利をかち得たのは、その戦車と対戦車砲の射撃力が敵よりも優秀だったという、簡単な理由からであった。イギリス軍戦車は敗北を喫し、そして戦車戦に敗れた時、トブルクはすでに陥落していたのである。

リッチーの戦車隊がさんざんにたたかれたさい、彼はガザラ戦線の海岸寄りの端にある南アフリカ部隊と第五〇師団とが、危険に瀕《ひん》したのをさとり、それらの部隊を後退させた。第五〇師団は砂漠を通って脱出し、ドイツ軍を突破してトブルクへ達しようと努め、甚大な損害を受けたが、士気は依然としておとろえていなかった。

南アフリカ部隊はほとんど無傷のまま、六月十四日の夜から十五日の午後へかけて、急斜面から沿岸道路へ降りる三つの路から脱出した。わが軍は、部隊と戦車を急斜面からおろして、沿岸道路を遮断した。だが敵軍の多くは海に近い道なき道を辿《たど》って、トブルクへ帰還しようと苦闘した。

オーキンレックは、後にロンメルが総合して判断したように、早くからトブルクの第二次包囲を避けようと計画していた。彼の計画では、防衛位置に応じて駐留部隊および機動部隊で、トブルク周辺の南と南西に多少離れて、戦術的に堅固な拠点をいくつか維持して、この要塞《ようさい》を占拠し、そしてロンメル軍をくいとめようというのであった。

わが軍のガザラ諸拠点の占領後、オーキンレックはドイツ軍をアクロマ＝エル・アデムおよびそれよりも南方の一線で阻止し、いかなる犠牲をはらってもトブルク包囲を避けねばならないと、命令を発していた。オーキンレックはシリアから増援部隊（第一〇軍団司令部およびニュージーランド師団）が到着するや直ちに部隊を再編成し、攻勢に出る計画を放棄していなかったのである――ロンメルはこの増援軍を阻止する手段の何一つないのを残念がっていたが――同時にオーキンレックはエジプト国境にも防禦《ぼうぎょ》線を準備していたのである。

トブルク要塞は歩兵四ないし五個旅団、および戦車隊と砲兵隊を収容して強化された――

だが砲兵隊は十分とはいえなかった。

南アフリカ第二師団長クロッパー将軍が要塞を指揮していた。第二師団の第四・第六旅団および ピーナールの第一師団からの混成旅団が、海岸からエル・アデム路に至るトブルク西部地区を受けもっていた。第六旅団がもっとも西方にあり、第四はもっと南側面にあった。彼らは一九四一年オーストラリア部隊がトブルクを維持していた時、ロンメルが激しく攻撃したその地区の守りについた。

南アフリカ部隊の東にはその時アンダーソン准将の第一一インド旅団がいて、この地区に私はとくに関心をはらっていた。というのはわが軍は今回エル・ドゥダから要塞を攻撃する予定だったからである。エル・ドゥダでは、去る十一月イギリス軍が脱出し、ロンメルが攻撃を計画したことがあった。

クロッパーが指揮するようになった六月の十五日、フォン・ホーマイヤー騎兵大尉の装甲捜索隊はシジ・レゼグに達した。「砂漠の狐」は攻撃計画に最後の仕上げをほどこした。

いまやロンメルはトブルクに憑《つ》かれていた。一年以上もその占領が彼の心を支配する欲望だった。もちろんその間彼は他の作戦に従事していたけれども——。トブルクを背後に残していては、エジプトを占領することができない、と彼は語っていた。注意を重ねて考えた十一月の攻撃計画は「十字軍戦士《クルーセイダー》」のために裏をかかれてしまった。しかしいまや再び彼が先手をとったので、彼の元の計画をできるだけ忠実に踏襲し、利用できる兵力は何から何まで使用しようと考えていた。

もう一度私はエル・アデムの南に当るなじみの土地に立っていた。ロンメルは四六時中私たちのあいだで動きまわり、私が彼の側近にいたころにしていたのと同じように、がっしりと断固たる行動をとっていた。

敵の砲火と航空機のため私たちの毎日はみじめなものだった。気のまぎれたのは第一五装甲師団の突撃工兵が攻撃を行なったことだった。イギリス軍は、戦車の掩護で、頑強に戦った。わが第二一装甲師団がシジ・レゼグのインド部隊を攻撃するため、一個戦隊を送ったが、砲撃と爆撃で後退させられた。だが、第九〇軽師団がエル・アデムへ向かって陽動作戦を実施しているあいだに、第二一装甲師団の大部分は谷をくだってシジ・レゼグの方へ再び移動し、そして翌日そこを占拠した。

その夜エル・アデムの防禦部隊――第二九インド旅団――は後退したが、これは増援部隊を送って持ちこたえようとしていたオーキンレックにとって、大きな失望だったと思う。かくてトブルク要塞そのものの運命がついに定められた。

そして十七日、私はまたシジ・レゼグの回教寺院を眺めた。シジ・レゼグで七か月前、私は戦傷を負い、また南アフリカ部隊が苦戦したのであった。その午後再び壮烈な戦闘がくりひろげられた。ロンメルは百輛《りよう》の戦車を投入して、イギリス第四機甲旅団と戦い、敵の戦車を二十輛を残して、すべて粉砕した。イギリス軍戦車はほとんどがガンブートに退却し、トブルクの守りを棄てた。

あの見おぼえのある堂々として角ばった司令車――マンモス――が、エル・アデムの坂道からくだってくるのを、私はまたもや目にした。ロンメルは相変わらず屋根の端に腰かけていた。彼はいった。

「現在地の西に当る要塞の脆弱《ぜいじやく》部を、守らねばならぬ盾は粉砕された。トブルクの直接防禦帯に対する戦闘を前にして、第一ラウンドに勝ちをしめたのである。われわれは直ちにこの情勢を利用しなければならない。各部隊は全力をつくして要塞を攻撃するのだ」

二十八　トブルク攻略

一九四二年、砂漠での六月の日々は暑かった。が、夜と早朝は寒かった。六月十九日から二十日へかけての寒さは、ことにいままで憶えのないほどきびしかった。それとも、もしかするとたびたび私を身ぶるいさせた興奮を無理に抑えたためだったのか？　夜はしいんと静まり返り、思い出したように爆発の音がするばかり。だが数時間のうちに大混乱になるのだ。

うずくまった兵隊の群れが、エル・ドゥダの小さな谷で、木綿の毛布にくるまっていた。話し声はほとんど聞かれなかったし、話しているものも、まるで数マイルも離れている敵に聞えるのを恐れるかのように、ひそひそとささやいていた。話していることも軽々しく他愛のないことであった。戦闘をひかえて話題はいつもそうだった。

各グループ——戦闘工兵と歩兵突撃部隊——の隣りには、その日用意された火器その他の資材が置いてあった。爆薬、手榴弾《しゅりゅうだん》、地雷探知機、鉄条切断具、火焔《かえん》放射器、発煙筒、機関銃、弾薬など。

出動時間にあと数分だ。

思いに沈む数分間——ことに昨年の四月、五月に、この憎悪の的に近い要塞《ようさい》にむなしく攻撃をかけたさい、参加した私たちにとっては感慨深いものがあった。

私は前年ピラストリーノ＝メダッワ地区にいた時よりも、はるかに気持がらくだった。これはわが軍が成功の波に乗っているように思われたためだろうか？　それとも私たちが、トブルクの守りが一九四一年ほどに堅くないと感じていた——いや確信していたためなのであろうか？　それとも私がトブルク前線について精通するようになったので、エル・ドゥダを攻撃への跳躍台として最適だと見なしているためなのであろうか？

私の思いは一九四一年四月のはじめに戻った。その時ロンメルはこの地区を視察していたが、私に夜間斥候《せっこう》隊の指揮を命じた。第五軽師団以来の歴戦の士官フント中尉と私は、それぞれ地雷探知機を操作する兵隊三名とともに、目下占領しているこの位置と前方地域を、ひそかに探ったのであった。数時間後、間違いなく道を辿《たど》って、最前線の塹壕《ざんごう》陣地まで前進した。驚いたことに壕には敵の姿がなかった。

未明前、私たちはバルディア路と並行して、もっと北よりの方へ、ゆっくりと戻って行った。ロンメルは私の報告に大変興味を示したが、当時この周辺部になんらかの作戦行動をとる準備を行なわなかった。だがその偵察のおかげで、私はこのあたりの地勢にくわしかった。

「準備！」と号令が戦線をわたっていった。真夜中がちょうど過ぎたばかりであった。巻煙草の火がもみ消され、火器と装備がふれあって、かたかたと鳴り、暗い人影があちらこちらで立ち上がった。私たちは車に乗りこみ、目標近くまでしばらく静かに走った。私たちは車を降り、目を見張り、耳をすまして、残る数マイルを徒歩でひそやかに前進した。大空の半天右に北極星が輝いて、私の道しるべになった。

私たちは地雷探知機を操作しはじめたが、前進を妨害する地雷はなかった。貝がら――大昔、地中海《ちちゅうかい》の波がこの砂漠の高地を洗っていたころの遺物――が、靴の下でぎしぎしと砕けて、その音にひやりとした。

やがて鉄条網が闇のなかにぼうっと浮かび上がった。地雷探知機の針が動きはじめ、機械は含み声で警告を歌いだした。敵の全線は静まり返っていた。時折り砲弾が頭上高くをひゅうっとうなって通り過ぎた。

歩兵が静かに這《は》って位置についた。掩護《えんご》をかためてから、数人の突撃工兵が鉄条網へ、近づいて行った。音一つ立てずに、彼らはからみにからんだ鉄線を切り、かなりの数の地雷を掘りだした。私たちは腹這いになって、切迫した暁の瞬間を待った。

一方でヴィッカース製の砲が断続的に鳴るのが聞え、つづいてドイツ軍の機関銃がもっと矢つぎ早に射ちだした。側面のわが攻撃部隊が敵と接触したか、それともおそらく敵の偵察隊と衝突したのにちがいない。だがしばらくすると、またも静けさだけとなった。私たちはじっと攻撃の合図を待った。

空がしらみはじめた。やがてすっかり夜が明けきった。わがほうの砲が火蓋《ひぶた》をきった。はじめ個々に、そしてしだいに激しさを増して、敵の周辺に砲弾がふりそそいだ。最初の砲撃の一弾が、私たちの前方、わずか数ヤードのところで炸裂《さくれつ》した。信号弾をあげて注意しなければならないかと心配した。信号弾を射てば私たちの位置が敵にわかってしまう。だが弾幕は徐々に前へ進んだ。

やがてごうごうと、爆音がひびいてきた。わが急降下爆撃機の編隊が近づいたのである。

用心しながら私たちは持参の標識をひろげた。前に味方の爆撃をくった経験があった（エル・アラメインでも同じようなことが起こった）。

戦闘ははじまった。

昨夜騒ぎたてた側面の方で、重機関銃と迫撃砲を射ちだした。爆撃機は機首をさげ、頭上を越えて、突っ込んでいった。編隊は周辺地区を襲った。爆弾がかん高い音をたてて落下し、地雷原で爆発した。ロンメルは砂漠戦での新しいトリックを編みだしたのであった。彼は防《ぼう》禦《ぎょ》部隊を爆撃しないで、地雷原の通路を爆破させた。爆撃を受けて一つが爆発すると、次から次へ、一連の地雷が爆発する。一つの爆弾が一連の地雷の起爆薬となる、ちょうど原子爆発の連鎖反応のようなものだ。急降下爆撃機は爆弾倉を空にし、発動機をうならせながら、頭上低く飛んで、帰って行った。爆撃機は邪魔物に妨害されずに飛行していた。イギリス空軍がガンブートの飛行場から追い出されたため、ドイツ空軍は「フーレン・ケーネ」（ハリケーン機）に悩まされる心配がなかった。

最初の爆弾が落ちた時、前方で数人の兵隊が壕へかけこむのが眺められた。敵の前哨《ぜんしょう》地点だ。だが私たちは狭い谷に腹這いになったままでいた。まだ私たちの所在に、気がついてはいないようであった。いまや攻撃の時がきた。わがほうは敵の姿が見えなくなった地点めがけて、つづけざまに機関銃弾を射ちこみ、弾帯を次から次へ空にし、そしてわずかに陣地があるとおぼしい構築物を射ちまくった。

わが突撃工兵が、おどり出て、前進した。さらに鉄条網を破壊するために、爆薬を搬《はこ》んでいた。かくて地獄図が展開されることになった。

防禦部隊第一一インド旅団の熾烈《しれつ》な砲火が、わがほうを迎えた。側面から一挺の機関銃が絶え間なく掃射したが、工兵は落ち着いて前進をつづけた。彼らは砲兵隊のために信号弾を射ちあげた。弾幕が先にのびた。すると、工兵は発煙筒に火を点じた。

これは私たちへの合図だった。煙幕に隠れて私たちは進撃した。幾人かが倒れた。が、私たちは急いで先へ進み、間もなく最初の塹壕に着いた。からであった。いまや遮蔽《しゃへい》物があり、視界もよい。トブルクからの砲火――いままでは私たちの背後に落ちていたが――を冒して、わが自動車化歩兵部隊は、対戦車砲と戦車の掩護の下に、通路の方へ進んで行った。

工兵隊は対戦車壕と取り組んでいた。この壕はところどころが上向きに反らしてあった。工兵は壕に橋を渡したり、それを埋めたりしていた。増援を受けた歩兵は壕から壕へと突撃した。ちらっと右翼の方をうかがうと、そこはかなり進出していた。わが部隊は先頭を切って突進し、すでに前方陣地に側面砲火を浴びせつつあった。

いいぞ――すばらしい！

私たちはトブルクからの砲撃に、激しく悩まされることがなかった。というのは敵の砲撃の重点が、第一五装甲師団の戦車と歩兵に集中されていたからであった。そして私たちは要害線をほぼ越していた。

　しばらく思いがけない地雷原のために、私たちの進撃が遅れた。すると戦車部隊が、歩兵と対戦車砲兵の先に立って、突破した。インド兵、ことにマーラタ兵は必死になって反撃したが、不意の攻撃と急降下爆撃の衝撃から立ちなおっていないようだった。グルカ兵が軽無限軌道車で急ぎかけつけて反撃した。しかし彼らは機関銃、対戦車砲、迫撃砲の集中砲火を浴びて、なぎ倒され、追いはらわれ、そして押し返された。

　七時半かそれより後になって、トブルクの砲兵隊はようやく砲火を、私たちに集中しはじめた。――が、すでに手遅れであった。敵の砲手は私たちのあいだにある戦車を追いつづけた。だがいまとなっては私たちは堅固な遮蔽物の下にいるので、安心していた。

　攻撃は計画通り行なわれていった。ただ予期したよりも早く進んでいた。少数の戦死傷者をだしたが、損害は比較的に軽微だった。私たちは最初の捕虜たちを後送して、前進して行った。私の部下たちは第一一五狙撃兵連隊の輸送車の数輛《りょう》と連絡がとれた。

　その午前中にロンメルの戦車部隊は、第一自動車化歩兵大隊の機動対戦車砲兵隊に掩護されて、その第一目標――トブルク＝エル・アデム路とバルディア路との分岐点、トブルクの守備隊がキングス・クロスと呼んだ個所を目指して、着々と進んで行った。

一九四一年のはじめに遡《さかのぼ》って、敵がこの地区にもっとも強力な砲兵隊を配置したのを、わが軍は探知していた。わがほうは多くの砲兵隊によってくいとめられた。はじめは王立砲兵隊、後には、私が思うのに、南アフリカ砲兵隊だったが、敵の砲は次から次へと、わが戦車部隊と歩兵部隊のために破砕され、じゅうりんされた。

他のドイツ軍戦車部隊はキングス・クロス付近で、第四王立戦車連隊と出会い、それらを粉砕した。イギリス軍の戦車は小部隊で、反撃兵力として急遽《きゅうきょ》、前進して来たのであった。それらは個々ばらばらで、歩兵部隊と連繫《れんけい》して掩護を受けることをしなかった。とうていわがⅢ号戦車やⅣ号戦車に敵《かな》うべくもなく、朝の半ばまでにはわずか六輛が、ようやく活動しているのみであった。それらの戦車は戦場から苦闘しつつ退いて行った。

数輛のほかの戦車——一中隊ほどがインド旅団のカメロン・ハイランダーズ部隊がいまなお全力をあげて戦っている地区から、わがほうを攻撃しようとした。だがそれらもまた、キングス・クロスのバルディア側に位置を占めていた第九〇軽師団の対戦車砲によって撃破された。四輛の戦車だけが、わがほうの兵隊が後に語ったところでは、やっと逃れ去った。

しかしわが戦車部隊は生き残ったわずかな戦車に関心はなかった。計画によればわがほうの戦車は港の方へ北に圧迫を加えて、要塞を二分することになっていた。

わが軍は南アフリカ部隊がまだ戦闘に参加していないのを心得ていた。彼らはわが軍が正面から攻撃して来るものと、手をつかねて待ちつづけていた。いまやわがほうは要塞の内部、彼らの背後にあった。わが戦車部隊の一グループは第九〇軽師団の一部とともに、西へ転じ、敵の歩兵予備部隊と相対峙《たいじ》している西翼の強化を完成し、また敵の第二〇一近衛旅団と戦おうとしていた。

他の戦車十四輛は、第一五師団の自動車化歩兵部隊とともに、防禦砲火とトラック上の歩兵部隊の銃撃にもかかわらず、港へ向かって路を走りくだって行った。戦車部隊は、わが第一一五自動車化歩兵連隊の掩護を受けて、さらにイギリス軍砲兵部隊を踏みにじった。やがてわがほうは港をはっきりと眺めることができた。小さな船が二隻、激しく煙りを吐きながら、逃亡しようとしていた。八十八ミリ高射砲でその二隻を狙ったが、船は外海に達していた。

それからわが部隊は多くのトラックが止まったままでいるそばを通過した——敵が撃破された要塞から守備兵を脱出させる場合、ぜひとも必要とする車輛である。わがほうは計画にしたがって、暗くなる前に港に着いた。トブルクはたちまち混乱した。ドイツ軍は要塞守備隊——クロッパーの南アフリカ部隊の大部分と砲火をまじえる必要すらなかった。

ロンメル自身も昼ごろからトブルク要塞のなかに入っていた。キングス・クロス分岐点で捕虜たちが彼のマンモスのそばを通って行進して行った。だが車の屋根の上に両足をひろげて立ち、双眼鏡で戦車の前進を眺めている小柄のがっしりとした人物が、「砂漠の狐」そのひとであるのを、推測したものは数えるほどしかいなかった。ロンメルは彼の野心が、十四か月間胸にいだきつづけてきた目的が、ついに達せられたのを感じていた。

クロッパー将軍は、私たちの知り得た限りでは、その時ほど遠からぬところにいた。午後四時、ドイツ軍戦車は彼と半マイルほども離れていなかった。彼はそのころ司令部を――いわば不可抗力によって――移さねばならなくなったようである。彼にはもはや打つ手がなかったのに等しい。

濃い煙りの雲が垂直に空へ昇っていた。弾薬が、港近くの集積所で燃えていて、爆発をつづけていた。陽が沈んだころ、港は完全にロンメルの手中に落ちた。近衛旅団――クロッパーの要塞予備隊――は撃破され、その本部は壊滅した。しかし南アフリカ部隊はいまなお事実上もとのままだった。

夜の間にロンメルは南アフリカ部隊を背後から攻撃する計画をたて、港とピラストリーノ間を通って迂回する特別攻撃計画を立案した。

その間、クロッパーは部下の将校たちと深夜の会議をひらき、脱出を企てるべきか否かを――これは輸送力皆無のため不可能だった――それとも最後の一兵まで戦うべきか否かを、検討していた。彼は無電で第八軍と連絡をとったが、リッチーは不在だったので、受けた唯一つの命令は下位将校らの発したものだった。第八軍は二十四時間持ちこたえるのを望んでいた。がその時、第八軍は戦車部隊をガンブート地区から、クロッパーを援助するためトブルク周辺へ引き戻すのに失敗していた。

南アフリカ部隊が最後の抵抗のため、夜を徹して考慮した急場の計画は、むなしくなった。トブルク周辺の岩だらけの地域で、旧戦線の背後に向かって、新防禦線を急いで構築するのは、明け方までにはとうてい無理だった。ロンメルの攻撃をくいとめるのに、ことに戦車部隊の牽制行動なり干渉なりがまったく行なわれないのだから、何一つ手段の考えようがなかった。

朝の八時十五分前クロッパーは降服した。

二万五千名の将兵とおびただしい補給物資が、ロンメルの手中に帰した。その日が終る前に、ヒトラーは彼を元帥に進級させた。私たちは、戦利品の罐詰《かんづめ》果物、アイルランドのジャガイモ、巻煙草、罐詰の牛肉で、お祝いをした。

一日二日私たちはイギリス軍給与《ナフィ》に恵まれて、大喜びであった。野戦調理場のあたりを鼻をくんくんさせて歩くのは楽しみだった。そこでは豚肉のソーセージとジャガイモをフライにしていた。こんなのには久しくお目にかかったことがない。イギリスのビールが飲めるし、デザートは南アフリカ製の罐詰のパイナップルである。私たちは軍の糧食を鼻であしらい、とくに例の「おいぼれ」にいたっては、てんから見向きもしなかった。その代わりにオーストラリア産の罐詰牛肉を賞味したのだが、この肉にオーストラリア人は、私たちが「おいぼれ」にうんざりしたのと同じように、うんざりしていたのだ。

しばらく経つと、私たちはぶん取った敵の手紙で見た感傷的な気持に、しんみりと共感をおぼえるようになって、牛罐のうまさをほめるどころではなくなった。事情が許せば、いつも私たちは牛罐の小包みを故郷へ送るようになった。ドイツ本国では牛罐はぜいたく品だった。

二十九　検屍。なぜトブルクは陥落したか

当時はトブルクについて検屍《けんし》つまり死後判断を行なう余裕がなかった。しかし提示された軍事的問題ははっきりわかっていた。トブルクは七か月の包囲を持ちこたえたが、今回は同じような攻撃を一日受けただけで、抗戦に失敗した、この事実を公平に論じたことがあったであろうか？

私はなかったと考える。一九四一年の初頭、ロンメルがトブルク周辺のオーストラリア部

隊にはじめて攻撃を行なった時、彼の手もとのドイツ軍は完全な一個師団にすら充当していなかった。彼は用いられる兵力の大部分を、実際上誰にでもできる拠点の補強にあてていた。ロンメルは引きつづき七か月のあいだ、本当にこの要塞《ようさい》を攻撃していなかったのである。彼が連続的に行なった攻撃は一九四一年の四月と五月はじめのみであった。その後彼は国境にもっぱら注意をはらい、十一月の総攻撃の計画を練りあげていた。この総攻撃は成功したかもしれない。が、一九四二年六月のトブルクよりもはるかに堅固な要塞を相手に、攻撃を開始することになったであろう。

オーストラリア部隊がトブルクの守備についていた間に、彼らは着々と巧妙に防禦《ぼうぎょ》陣を強化し、トブルクはウェーヴェルが占領した時とは比較にならぬものとなっていた。ロンメルの初期の攻撃は、要塞の南西部にあるとくに強固な二地区に向かって行なわれた。そして彼が攻撃をくり返すにつれて、守備部隊はその予備隊ごとに戦車を、脅威を受ける個所に集中するのに成功した。攻勢が一段落をつげると、彼らは周辺全域に強力な陣地を、構築することができた。

ロンメルが六月に攻撃したさい、守備部隊は肉体的にも心理的にも、まだ十分に準備がととのえられていなかった。南アフリカ部隊の士気はけっして低いものではなかったし、師団の大部分が比較的未経験なところからすればむしろ立派なものであった。ただ彼らはその戦友のオーストラリア部隊やアフリカ軍団のように、絶えず戦闘にもまれて、鍛えあげられていなかった。守備部隊そのものは敗北などおそらく、心のなかで思ってもいなかったが、それにしても第八軍は強力なガザラ戦線から退却する羽目になり、ナイツブリッジの戦車戦に勝利をのがした。要塞内の部隊は、残余の第八軍の大半が、遠く国境へ敗退したのを知った。

意気銷沈《しょうちん》とはいかないまでも、守備部隊は勝利の望みを薄くしていた。ロンメルは成功に意気あがり、アフリカ軍団の将兵も同様だった。

物理的に、トブルク要塞は質の低下を来たすような状態にあった。というのは再包囲が具体的にはっきりと、把握されていなかったためである。十一月の場合には第八軍はほぼ一撃で、トブルクを救い得ると確信していた。変動する戦闘の結果、トブルクは十二月はじめに解放された。ロンメルはエル・アゲイラまで、よしそれ以上におよばなかったにせよ、退却せざるを得なかった。またイギリス軍はトブルクをたんに、手近な前進補給基地としか、見ていないような節もあった。

第八軍がガザラへ退却した時でさえ、トブルクには敵の攻撃に抵抗する十分な準備が行なわれていなかった。遠い個所で敵を抑える強力な前哨《ぜんしよう》拠点や機動部隊を布置しなかったのは、なぜなのだろうか？　地雷原は、事実、弱体となっており、無数の地雷がガザラ戦線を強化するため前方へ移されていた。対戦車壕《ごう》さえ泥に埋められたままにされていた。

そして最後に、何かの理由で、トブルクが本当に危険を感じて来た時、ロンメルが再びメダッワ地区で攻撃を行なうものと、予期されていたようであった。わがほうの秘密書類――ビル・ハケイム＝ガザラ戦線の側面を包囲し、エル・アデムとシジ・レゼグ地区で攻撃をかけるという、ロンメルの初期作戦計画を示したものを、いくつか手に入れていたにもかかわらず、これはどうしたことだ!!　その初期計画は、もしわが軍が遠くエル・ドゥダに到達したならば、そこから要塞に攻撃を行なうのを予定していた。そしていまやロンメルは初期の計画を綿密に実行して、結果の示すように、奇襲戦以上の戦果を、なおかつ勝ちとったのである。

ロンメルはその時、十四か月前に欠いていた利点を、手にしていたのを認めるにちがいない。前回には防禦拠点に関して彼の知識は皆無にひとしかったし、その後でも取るに足らぬものだった。正確・詳細な報告を記載した地図が、はじめて彼の手もとに入ったのは、第一回攻撃の行なわれた後であったし、敵のトーチカの数といい堅固さといい、まったく驚異であった。しかし防禦陣地はその後くわしく研究され、各地区の兵力や弱点は十一月の攻撃計画がたてられるまで、精密に算定されていた。

ところで、六月には、防禦陣地の各部分は十一月の場合よりも、弱化していた。トブルクは海に面する幅が二十五マイル、陸の側が三十三マイルあった。この相当広い戦線を守るのに、第八軍はわずか対戦車砲六十一門を準備し、うち十八門が六ポンド砲にすぎなかった。これでは要塞司令官は、戦車部隊の有力な突撃をしりぞける対戦車砲陣をしくため、十分な予備兵力を集中できないし、また自軍の戦車部隊が効果ある反撃を開始するようになるまで、持ちこたえていることもできなかった。

トブルクが陥《お》ちた理由は、遮二無二攻撃するかもしれないという偶然性に対処して、適当な計画をたてていなかったこと、それからロンメルを阻止して要塞攻撃の距離内に入れないものと予想していた戦車部隊が、野戦で撃破されてしまったところにあった。

三十　休暇

ロンメルはトブルクをわがものとしたが、満足していなかった。勝利のうま酒にひたって、いたずらに時を過ごすひとではなかった。入城してから二日とたたないのに、軍はさらに進撃するため再編成を行なった。

六月二十二日小部隊が沿岸道路を急進撃して、バルディアに入った。そこはフォン・ヴェヒマールが前年占領した時、ロンメルが大殊勲と見なしたところであった。その夜第一南アフリカ師団は――ハルファヤ峠の沿岸末端地で後衛陣地を守っていたが――退却した。そしてその夜ロンメルはシジ・オマールの南でエジプトへ進入する準備にかかっていた。

二十四日未明、彼は機動部隊をハルファヤから砂漠を通り、また道路沿いに前進させた。夜になるころ、わが軍はシジ・バラニの線に達し、メルサ・マトルーまでは四十マイルそこそこになり、装甲車部隊のあるものはそこからさらに二十マイルも先に進出していた。

ロンメルは軍の先鋒がバルディアに達したさい、名目上の上官になるイタリア軍のバスティコ将軍と相談した。バスティコは軍を停止し、再びサルーム戦線を確保、そしてエジプト進撃を企図してはならないと主張した。だがロンメルは、ケッセルリング将軍が補給問題の解決をすべて保証しており、それゆえエジプトへ進入しても兵站《へいたん》面で安全であると、バスティコを説き伏せた。そこでバスティコは最終的な決定をロンメルに委ねた。ロンメルは断をくだして進撃に踏み切った。

私の部隊は遠く南のマッダレーナで国境を越え、東へ急進撃した。私たちは二十五日の夕方、シジ・バラニの東で鉄道路線に到達した。オーキンレックが第八軍司令官リッチーの職をとき、自身で指揮をとることになったその日であった。ロンメルは二人の第八軍司令官（カニンガムとリッチー）をノック・アウトして、二人の総司令官（ウェーヴェルとオーキンレック）と対抗したのだ。彼はやがてオーキンレックもまた、戦場から去るのを目にし、その後でアリグザンダーとモントゴメリーにぶつかることになるのである。

これら二人の将軍は、私が再び戦闘に参加する前に、砂漠に姿を現わしていた。それは八月のことで、エル・アラメインにおいてであった。私は思いがけない賜暇を、そのころ故郷で楽しんでいたのである。

私は当時戦術的情勢を評価するのに一つの誤りを犯していた。私はロンメルがエジプト深く侵入することはあるまいと考えていた。たとえ彼がそうしようと計画したとしても、第八軍はサルーム戦線で彼を阻止する、十分な兵力をまだ維持しているものと思っていた。ロンメルの大胆不敵な気質を知ってさえいたら、もっとよく事態をつかんでいたはずである。彼は一見不可能なことをなしとげ、たちまちトブルクを陥落させてしまったばかりであった。彼は一躍世界的な人物となり、祖国の英雄となった。ヒトラーは直ちに彼を元帥に進級させた。ロンメルはわずか三年間に、大佐から元帥へとはなばなしく出世街道をばく進したのであった。

私はこの時代の英雄とわずかながらもつながりのあるのを、誇りにしていたけれども、自分自身は野戦向きの軍人と考えていた。そこでトブルク陥落の二日後、この要塞の東を少し離れた個所で、私の連隊が野営した時、第一五装甲師団の人事部へ赴き、新しく野戦の任務につかせていただきたいと、強硬にかつ丁重に願い出た。私の大隊は壊滅してしまったかもしれないが、強壮な若い士官を必要とする余地はほかにいくらもあった。「なるほど、もう一度兵隊を指揮したいんだね、シュミット君」幕僚はうなずいた。「ところがだめなんだな、それが。いま足りないのは兵隊なんだよ」それから彼は冗談めかしていった。「指揮をとらせることができないのだから、どうだ賜暇でもとったら？」

これから数週間、エジプト戦線でははなばなしい戦闘が行なわれまいと考えたので、即座に心をきめた。「はい、大変ありがたいと思います。私はまだ二十五歳ですけど、アフリカにおるドイツ軍のなかでは、もっとも古顔のほうですから……」といったものだから、少佐は目をぱちくりさせていた。

何がどうしたのかわけのわからぬうちに、私はデルナへ急いでいた。折りよく人事部には、私を故郷へ帰す絶好の機会があったのである。緊急を要する極秘書類を、士官に持参させてローマへ送らねばならなかったのだ。私がそれを航空機ではこぶ役目をおおせつかった。

そんなわけで、本来ならば血なまぐさい歴史的戦闘に参加しているころ、私は永遠の都ローマの平和な街をそぞろ歩いて、美しい女たちや快活な男たちといっしょに料理店に入り、心地よいぜいたくな生活を楽しんでいた。

それに理髪店で愛想をふりまかれながら、髪を刈り、洗い、ひげをそり、顔のマッサージをやり、そしてきれいなブロンド娘に爪を磨いてもらう楽しさ、その感覚と官能の喜び！

私はカフェでアイスクリームをなめながら、通り過ぎる美しい女たちを眺めた。

間もなく恋人のヘルタに会えるかと思うと、この不意に恵まれた幸運に、私の胸はおどっていた。数日前まで、私の最大の喜びは戦車戦が有利に進行して、最高潮に達した時だったと考えると、なおさらである。もはや戦いは取るにたらぬものとなった。ここ数か月間はそれが至高のものだったのに。いまでは個人的な関係が、再び生活のなかでその正当な立場を占めるようになった。

一風呂《ぷろ》浴びて私はぱりっとした新しいシャツを着た。二、三、つまらぬものを買ったドイツ語を話す骨董《こっとう》屋の細君が、割当ての切符なしで衣料品を買う案内をし、こつを教えてくれることになった。そこで私は絹の靴下、衣服、スポーツ着、ボルサリーノの帽子、ハンドバッグ、手袋、外套《がいとう》などと、買い集めた。……私は比較的ふところが温かった。エリトリアでドイツ軍の給料のほかに、イタリア軍から特別手当を支給されていたのと、北アフリカにいる間金を使うものが何一つなかったからである。そこでは野辺の送りでさえただだった。

買物が終って、世話になったガイドさんに靴を買ってやった。彼女にとってはトブルクの勝利よりも、この靴のほうが大問題であった。

私はヴェネツィア宮のあたりをぶらついていた。すると、黒の服を着、同じ色の帽子をかぶった身じまいのよい青年が、私に挨拶《あいさつ》した。連れは流行の服に、夏だというのに、狐の毛皮をまとった娘だった。彼女がなんとなくショー・ウィンドーをのぞいていると、その青年が話しかけた。青年は砂漠の仲間で、ロンメルがエジプト国境の鉄条網の東側で立往生したさい、マンモスのタイヤを修理している私を手助けしてくれた若い伯爵であった。「やあ、めずらしい、紹介しましょう……」と彼は私を連れに紹介した。それから愛想よくいった。「暇を見て、遊びに来て下さい」

私は月並みに快く招待を受けたが、彼と同様、通り一遍の挨拶なのがわかっていた。ローマでの私の役目はとにかく終っていた。書類は大使館付武官に手渡してあった。列車はヴェロナを通って、国境のブレンナー峠にかかった。ここでマルサラ・ブドウ酒を買ったが、あけてみると、おしろいの匂いがするのには閉口した。

アルプスを越えてミュンヘンに着いた。ここでの市民生活は、イタリアよりも、ずっときびしかった。ローマの遊歩道のような優美さがない。男も女もみんな働いており、みんなせわしなく、着ているものといえば制服か仕事着であった。ローマでは赤帽が争って手荷物を運んだが、ここミュンヘンでは自分のものは自分で運んだ。事実、ある大尉と私は手荷物を手押し車にのせて、ケルン行き列車の出るプラットフォームまで押して行った。

ハーゲンで汽車を降り、わが家まで歩いた（タクシーなんてものはない）。父が私の到着を許婚者《いいなずけ》の家へ知らせに行き、アフリカから無事に帰って来たことを話した。軍服を学生時代の私服に着替えた。アフリカでの戦闘中着通して来た服を、床に落とした時、責任感を洗い流したような気持であった。

ヘルタと私は静かな森に散歩に出かけ、いつ結婚するかいろいろと相談した。これはけっして簡単なことではなかった。結婚したい将校はまず国防軍最高司令部の高級副官の特別許可をあおがねばならない。この許可は花嫁が純アーリア人の家系の生まれで、十分な医学上の証明書、信頼すべき地位にあるもの三名の証言書が揃って、はじめておりることになる。最後に当人の所属する師団長の許可がいる。

ヘルタは女らしい才覚と、イヴの後裔《こうえい》である本能的な知恵で、私がアフリカにいたあいだの行状に、さぐりをかけてきた。むろん、彼女にかかってはかくしているわけにはいかなかった。

「アスマラではどうしていたの？」と彼女は尋ねた。「義勇兵隊が解散になってから、あのきれいなホテルにずっといらしたの？　本当にポール曹長さんとごいっしょだったんですか？」

私は当時の有様を、こまごまと話したが、多少削ったのはいうまでもない。が、それでも彼女は私の考えていた以上に察してしまった。罪のないちょっとした行動が、桃色の情事に見えてくるのだから、実際、恐ろしい。彼女の油断のならない質問を受けて、これなら砂漠のほうが、故郷よりずっと危くないなと思うようになった。

微笑を浮かべながら、巧みに尋問してくると、つい本音を吐いてしまうよりしかたがなかった。ああ、ホテルには美しいご婦人方がいたよ。ご主人たちは軍人で出動していた。誰が一番きれいか？　そうね、イタリア軍少佐の奥さんが……。

こうなっては、この美しい夫人が三人の子持ちだと、説明してもはじまらない？　もっとも一番上の子が十七歳の花もはじらう娘だったのは口にしなかった。この娘のまわりにはいつもイタリア軍の若い兵隊が群がっていた。ホテルの休憩室で彼女がドイツ語を勉強していて、その発音の悪いのに、私は気がついた。お手つだいをしてあげましょうか――というのが人情というものであろう。

イタリア軍は戦況不利で前線から後退して来るようだった。ドイツ語の勉強は調子よく進んでいた。ある晩、お嬢さん《シニョリーナ》の母親からお礼の手紙といっしょに、イタリア・ブドウ酒が一瓶、私の食卓に届けられた。ポールが同席していて、「ホホウ、義理のお母さんからですな」と苦々しげにいった。

礼儀にはずれないように、翌日私は奥さん《シニョーラ》に輸出用のドイツ・ビールを一瓶おくった。これは数か月前極東向けに、コーブルク号に積み込まれたものである。

次の日、イタリア娘のテーブルと私たちのとはずっと近くなっていた。ポールは五年前に結婚し、奥《シニョーラ》さんに関心のないのを見せようとしたのか、これは「あなたの義理のお母さん」の陰謀のせいだといった。

数日後、私は奥《シニョーラ》さんに一日お嬢《シニョリーナ》さんと猟に行きたいがいかがかと、尋ねてみた。その後でイタリア人の友人が教えてくれたが、私の招待はイタリア人のあいだでは、結婚の申込みと同じ意味に受け取られるとのことであった。そして許しが出れば結婚を承諾したものとなるのである。奥《シニョーラ》さんは許してくれた。

予定した猟の日、日曜日の朝にお嬢《シニョリーナ》さんから手紙が届き、加減が悪いので残念ながらおうかがいできないと、断ってきた。そこであまりありがたくないが、ポールといっしょに出かけざるを得なかった。

町の郊外に近づいた時、解散した私の中隊の主計官だった男が大声で私に呼びかけた。「少尉殿、イタリア軍司令部から通知があって、あなたの乗る飛行機が三十分以内に出発するそうです……」そんなわけで私はご婦人方にさようならもいわず、身支度もしないで、ロンメルのもとへ出頭するため、アスマラを離れたのであった。

ヘルタが巧みに私から引きだしたのは、まあ、こんな話である。やましいところはどこにもなかった。これで悶着《もんちゃく》の種になるとは、誰も考えないであろう？

当時私は休暇で本国に帰っているアフリカ軍団の軍人で、結婚の許可のあるのをぼんやりと待っていた。楽しい四週間の休暇、ただそれだけのことだった。思い出すのは、ヘルタとライン河のほとりをそぞろ歩いたこと、モーターボートに乗って楽しんだ日々、竜が岩や七峰山に登ったこと、ゴーデスベルクでカフェ・ドレスデンにぶらりと入った夕暮れ時——このカフェにはヒトラーの特別室がいつも用意してある……アイスクリームやケーキ。だがケーキやアイスクリームはイタリアのほうが、ずっと上等でおいしかった。ヘルタといっしょだったことが、味もそっけもない菓子を、おいしいと思わせただけのことである。

ヘルタはまた働きに行かねばならなかったが、交通機関の不足のため私の休暇は延長されることになった。何もせずに本国でうろうろしている気持は全然なかった。軍隊のことを知っているものなら、交通事情がよくわかっていると思う。私は取るに足らぬ下級士官だった。私がロンメルの副官だ、いや副官だったといってみてもむだだった——そのころロンメルは国民的英雄だったけれども。要するに私は戻って行く自分の部隊を持たない下級戦闘指揮官にすぎなかった。そしてアフリカに帰っても、やっぱり小物であった。それに東部戦線がいまや恐るべき状態に陥りつつあった。

私は覚悟をきめ余暇をあててボン大学の講義に出席し、軍務に服しているあいだに失った、農学の勉強を取り戻そうと努めた。がこの考えは虫がよすぎた。一方の耳は講義を聞いているが、片方はアフリカからの通知を緊張して待っていた。週末だけは家へ帰って、ヘルタと会った。そしてアフリカからの帰還命令を待ちながら、ボンで日々を送った。

大学は、どこもそうだが、女子学生が男子よりも数が多かった。女子学生たちは大部分、工場労働に動員されるのを避けるためだった。男子はほとんど兵役に不適格の連中で、少数は賜暇期間中講義を聞こうとする軍人であった。女子学生は戦争や軍人に関心をはらっていなかった。誰も彼もが妙に冷淡なように見受けられた。最後の勝利を疑うものはまずいなかったが、一致して戦争と窮乏とが急速に終るのを希望していた。ボンでは軍服姿はほとんど見かけなかった。軍服を着ているものはだいたい、東部戦線の兵隊で灰色の服であった。何人かはシチリア島から来ていて高射砲兵隊の淡青色の服を着ていた。アフリカ軍団のカーキ色はまず見当らなかった。平服を着ていたので、時々、私は白い目で見られた。

私の父親は、世情に通じていたので、悲観論だった。彼はアフリカでの戦況を話す私に耳を傾けて、うなずくのであった。父は禁制を破って、ひそかに連合軍のラジオを聞いていた。

「ロンメルか？　どうなることかな。だがわしたちは現実を見るんだね……」

ルールにはまだ激しい攻撃が行なわれていなかった。しかしケルンは攻撃された。私はある週末にケルンを訪ね、寺院のそばのホテルに泊った。次の週末にまた行ってみると、尖塔《せんとう》と残骸《ざんがい》が立ちつくしているだけだった。

　私は想いにふけった。

「私がいなくなってから、アフリカではどんなようすだろうか？　前進すべきでないという私の考えは間違っていたかな。わが軍はエル・アラメインに進撃し、ロンメル軍はアリグザンドリアとナイル三角州《デルタ》の門戸に迫っている。思ったより早く、わがほうはマトルー南方の地雷原を突破した。ドイツ軍は敵の第一機甲師団と戦闘らしい戦闘をしなかったが、やがてイギリス軍要塞《ようさい》の東、二十マイルの海岸に達した。多くの捕虜を得た。第二のトブルクとなる可能性はなくなったのだ。砂漠での時間経過でいえば短い期間——わずか二週間に二度までも、第五〇師団とニュージーランド部隊は、ロンメルの前進部隊を突破し、ナイル三角州《デルタ》に戻った。それからわが軍はエル・アラメインに到達した。多数の補給車輛《しゃりょう》があるのに、護衛の戦車部隊は数えるほどだった。聞くところでは、エル・アラメインに着いた時、満足に動くのは一二輛そこそこだったという。わが軍はアリグザンドリアを目前にして、南アフリカ部隊に阻止されたのである……」

　可哀想なヘルタ。黙って列車を待つあいだ、彼女の顔色はまっさおだった。抑えきれぬ涙がその頰をぬらしていた。辛《つら》いのは私とて同じであったが、軍服と勲章の手前そうはなれなかった。それにしても、列車が動きだし、ヘルタがプラットフォームを駆けて名残りを惜しんだ時には、さすがに目のうるむのを感じた。もし、ただ……いや、私は再びアフリカへ行くのだ。

私の乗った列車はドイツを通ってイタリアをブリンディシまでくだり、そこからは空路アテネ、クレタ島を経て、エル・アデムのトブルク飛行場に着いた。エル・アデムは記憶になまなましいところである。私は旧沿岸道路をとり、砂漠を横切って、エル・アラメインへ車を走らせた。

休暇はとうとう終った。前進して行く途中、急降下爆撃を浴びせられた。おだやかでのどかなローマ、緊張した故国は、遥《はる》か遠くに離れてしまったのだ！　ここは再び前線なのだ。

三十一　エル・アラメインの新参者

私はエル・アラメインで新しい地位についた。第二八八特別隊の一大隊を指揮することになり、この部隊は元来ペルシアでの作戦行動のために訓練されたものだが、これまでずっと第九〇軽師団と協同して戦ってきた。

私がアフリカ軍団を離れてから、事態がどう変化したか、私はさっそく頭に入れるようになった。

第八軍を追って、ロンメルの偵察部隊は東へ進撃し、エル・アラメインの小鉄道駅にほとんど到達したが、そこで砲火を浴びた。わが砲兵隊はテル・エル・エイサと呼ぶ崖《がけ》の上に監視哨《しょう》を発見した。一台の装甲偵察車がものすごい速さで走って来た。乗っていたのはロンメルそのひとだった。彼は敵の新戦線とおぼしきものの北部地区を攻撃せよと、部隊に命令を発し、日没を利用した。第九〇軽の歩兵部隊は数門の砲に掩護《えんご》されて前進した。彼らは機関銃火を浴びて、車を降り、自身の車輛《しゃりょう》の下に身を潜めた。

エル・アラメインの戦闘が、彼らはそれを知らなかったが、開始されたのだ。

前進行動を突然阻止されたことは、工兵部隊や隊の再編成を希望していた指揮官たちには、むしろ喜ばれた。しかし歩兵部隊は嬉《うれ》しくなかった。彼らは六月の終りエル・アラメインに達したその時から、今までの流動戦が終結して、今度は単調で恐ろしい陣地戦——塹壕《ざんごう》戦に近いものを宣告されたと、感じはじめていたのだ。

新戦線の北部地区に対する攻撃は失敗に帰した。ピーナールの南アフリカ部隊がわが軍を阻止したのであった。同時に行なわれたデイル・エル・シェイン低地への攻撃は七月一日、第一八インド旅団のほぼすべてを粉砕するか、もしくは捕虜にするかの戦果となった。

ロンメルは南アフリカ部隊への攻撃をつづけ、七月二日の午後、ピーナールの陣地の側面にいちじるしく脅威を与え、ことにピーナール自身の第一旅団――東アフリカでの最強の敵に数えられる――の自動車化されていない部隊に熾烈《しれつ》な砲火を浴びせた（第一旅団はアビシニアの北部を席巻し、一九四一年五月、第五インド師団とともにアンバ・アラギ攻略に参加した）。

後にわかったことだが、ピーナールは軍団長のノリー将軍に、戦車の増援か、それでなくば脅威にさらされた左翼の後退許可を要請した。軍団長は拒否した。そこでピーナールは直接オーキンレックに願い出たが、イギリス軍総司令官は軍団長を支持したようである。ノリーはそれから考慮の結果、後退を許可するが、ただしこの場合第一旅団は予備隊として後衛に送ると、ピーナールに告げた。ピーナールはこれをその部隊に対する侮辱と考えて、辞任するとひらきなおった。妥協案ができて、危険にさらされた側面はわずかの距離後退した。

この続編が――ロンメルの耳に入ったのはかなり後のことで、捕虜の口からそれとなく確認したのだが――ピーナールのいったという有名な警句になるのだ。伝えられるところでは、ドイツ軍の砲弾のみでなく、ニュージーランド部隊の砲撃も誤って南アフリカ部隊の上に降りそそいだ。それればかりか彼らは友軍戦車部隊の攻撃を受け、友軍の爆撃にさらされた。ピーナールは軍団長に電話して、こういったそうである。「いいかね、ノリー、あんたは誰を相手に戦っているんだ――わたしかそれともロンメルか？　もしわたしだったら約束してもいい、わが南アフリカ部隊は四十八時間以内にアリグザンドリアを占領するね」

わが軍は、もちろん、南アフリカ部隊を相手にしているだけではなかった。だが疑いもなく重点は彼らにあって、ことにその有効な二十五ポンド砲を、ロンメルは破砕したかったのである。ニュージーランド部隊――防禦《ぼうぎょ》に強く、攻撃に敏速、しかも賢明で、優秀な部隊――もまた、長いあいだ砂漠で戦闘をくり返し犠牲をはらったにもかかわらず、戦線に加わっていた。

第九オーストラリア師団、「砂漠の鼠」と呼ばれた、もっとも頑強な部隊の一つがオーストラリアから戦場にきていた。オーストラリア部隊は銃剣をつけての白兵攻撃で、私たちに恐れられていて、シリアかパレスティナから砂漠に戻ってきたのであった。

それからまた敵側にはインド部隊とイギリス戦車部隊があった。さらに数か月とたたないうちにフランス部隊、ポーランド部隊、ギリシア部隊とも、相対することになった。エジプトを防禦したのは一種の国際連盟軍で、エジプト軍ではなかった。

七月を通じて両軍とも、強力な防禦線を構築するのに力を入れた。両軍はたびたび機会をとらえて、主導権をとって勇敢に攻勢に出たり反撃したり、また戦術的に重要な地点を目指して局部的戦闘を行なったりした。オーストラリア部隊はテル・エル・エイサを奪取するのに成功して、第八軍のために前進指揮拠点を準備した。一方、ロンメルは南翼のミテイリイェ高地で有利な態勢をとり、そこに選《え》り抜きの部隊を置いた。

ラムケ将軍麾下《きか》の落下傘《パラシュート》旅団は、新しくクレタ島から到着、第二八八特別隊および勇敢なイタリア軍フォルゴレ落下傘《パラシュート》師団の選抜隊に助けられて、カッタラ低地で第八軍の南翼を、相当距離押し戻すことができた。

その月の後半になってオーキンレックは、オーストラリア部隊の増強があり海外から戦車が到着したため、活発に歩兵部隊の活動を展開したので、ロンメルはサルーム陣地に退却する羽目になるのではないかと心を痛めた。イギリス軍がこのことを一度でも勘づいたとは考えられない。ロンメルは弾薬の不足に——砲はほとんど砲弾がなかった——それと敵の空軍活動が激しくなって、いままでは長く延びた兵站《へいたん》線を送られて来る補給品をいちじるしく消耗させたのに、すっかり苦しんでいた。

だが月末になると、オーキンレックは十分な予備部隊がないため、攻勢をゆるめざるを得なかった。ロンメルは退却する必要がなくなった。もしも彼がそうしていたとしても、第八軍は効果的にドイツ軍を追撃する立場にあり得たかどうか疑わしい。おそらく戦線にはしばらく漠然とした停頓《ていとん》状態がつづき、そして両軍とも実際には一年前の場所に戻っていたことであろう。

八月のはじめ第八軍の指揮系統に重大な変更のあったことが知らされた。チャーチルがエル・アラメインを訪ね、オーキンレックは現下の情勢と将来の計画を彼に説明した。チャーチルはまたゴットと会見した。ゴットはオーキンレックがリッチー解任後、自身の兼任してきた第八軍司令官の地位につくものと、目されているひとであった。しかし運命はほかの道を選んだ。というのはゴット将軍は前線からカイロ近くの着陸場へ帰還飛行中、搭乗している輸送機もろとも、わが空軍機の銃撃を受けて、戦死したのだ。こうしたいきさつがあったので、私たちはあるいはモントゴメリーの名を聞かずに終ったかもしれないのである。

アリグザンダー将軍もその時到着し、チャーチルは内閣の決定で、アリグザンダーを後任とする旨を、オーキンレックに告げた。新任の敵総司令官はチャーチルから簡単な指令を与えられた。

「貴下がまっさきに行なうべき任務は、でき得る限り速やかに、エジプトにあるロンメル元帥指揮のドイツ＝イタリア軍を、補給品および装備もろとも、粉砕するか捕えるかである」

アリグザンダーは八月十五日にオーキンレックと交替したことがわかった。その三日後モントゴメリーが英本国から到着、当時チャーチルが「勇敢だが人困らせ」と評した第八軍の司令官となった。モントゴメリーは直ちに命令を発して、今後一歩たりとも退却しないことを声明した。

八月六日以後重大な戦闘はエル・アラメインになかったが、モントゴメリーは実際に司令官となるよりも前に、影響するところの多い大勝利をロンメルから奪い取っていたのであった。イギリス首相の訪問は、連合軍がこの戦域に大きな努力を傾注する断固たる意志を持つ事実を、明らかにしていた。だが、わがほうにはうの毛のほどもその気配がなかった。ベルリンでは北アフリカを補助的な重要さしかない戦域と見ていた。ロシアこそ重大な力量を示す機会だった。しかも、兵員・装備の増強がまったく不十分だというのに、超人的な成果をロンメルに期待していた。

私の新しい上司、第二八八特別隊長は、メントン大佐であった。彼とロンメルが第一次世界大戦以来の親友だったのを、私は前から知っていた。二人は同じシュヴァーベンの出身で、たがいに名前を呼びあう仲であった。

はじめて彼のもとに出頭した時、さっそく話は共通の知人である元帥のことになった。

「司令部はエル・ダバ近くの海岸にある」と大佐はいった。

私はトブルク以来「砂漠の狐」に会っていない、これは賜暇前のことなので、時のはずみで、大隊を引きつぐのを一日延ばしていただけないか、元帥を訪ねたいのだと、大佐にもとめた。

「ぜひ行って来なさい」とメントンはシュヴァーベン訛《なま》りをむきだしにしていった。「君の大隊が位置につくまでまだ八日もある。交替を予定してるんだが、大隊はまだクレタ島にいるのだ」

翌日沿岸道路を車で、黒・白・赤の軍集団旗の見えるところまで走り、それからロンメルの司令部のある砂丘の方へ曲がった。装甲司令車が敵空軍の目をごまかすため一部砂で埋めてあり、そして何もかもラクダ茨《キャメルソーン》を織り込んだ網で擬装してあった。

私が少し離れたところに、違う方角に向けて車を止め、車の跡が誤って司令部の所在を示さないようにしたのを、護衛兵は見ていた。

会う将校たちはどれもなじみのない顔だった。司令部は私のいた時とすっかり変わっていた。はじめて参謀長バイエルラインをちらっと見た。「どんな方です？」と、彼を教えてくれた若い士官にきくと、「とても立派な人です」と彼は答えた。――ドイツ軍人の口にする言葉で、最高の賛辞である。

するとベルントの姿が見えた。たったひとりの顔見知りだった。挨拶《あいさつ》したが、返事が変によそよそしい。どうも私がまたロンメルの幕僚になりたがっており、彼の競争相手となるのを心配している感じがしてならなかった。そうとしたら大間違いである。私は部隊とともにいるのが楽しいのだ。だがとにかくロンメルに会いたかったので、その旨を告げた。

「運が悪かったな、シュミット」とベルントは呟《つぶや》いて、「総司令官は今日、明日のうちに会えそうもないよ」

「なぜだね？」と私がきくと、ベルントはそれが秘密でねといった態度を見せた。私はそれ以上問いつめなかった。

「いつから司令部に戻ったのかね？」会話のつぎほをさがすため私は尋ねた。

「もう数か月になるかな」ベルントはやや態度を変えていた。「ゲッベルスのところへの出向は三月で切れたのだ。向こうで重要な仕事をしてたんだが、期間通りに戻って来た。ちょうど反攻がはじまる時でね。ずっとそれに参画してきたんだ」

「いまはどんな仕事をやってるのかね？　また伝令将校をしているのか？」

「いや、いや。いまは司令部護衛中隊の指揮をとってる。近いうちに大隊並の兵力に増員する予定だ。それをべつにして、いつも宣伝省と連絡をとっているので、毎日元帥とは会っている」

ベルントは自分から買って出て、故国でのロンメルの名声に責任をもつ役をしているのではないか、と私は思った。

ベルントはくり返してロンメルに会うのはできない相談だといった。そして囁《ささや》くようにして、元帥は黄疸を悪くしてトラックのなかで寝ていると告げた。

私はさびしく元気をなくして別れた。司令部の連中はどれも顔見知りがないので、もはやくつろいだ気分にはなれなかった。数か月間も側近にいた人に別れの挨拶をするのさえはばまれたのである。ただひとりの旧友にしてからが、私が彼の地位を脅かしはしまいかと、私を追いたてるのに気をつかっているようだった。

だが思いがけなく、私は昔なじみのほかの連中に会った。——運転手や伝令兵や従兵である。彼らは心から温かく私を迎えてくれたので、昔のなつかしさがよみがえってきた思いがした。

運転手のひとりがいった。「中尉殿、自分たちはあなたのことを忘れませんよ。いざ車に乗る段になってから、私たちを呼ぶ思いやりのあったのは、あなただけですよ。場合によっては、閣下が車の途中までおいでになってからですからね。それがどうです。あなたの後を継いだひとたちは、自分たちを整列させてから、出かけるまでに一時間も待たせるんです。まったく驚きですよ」

私は思ったよりも早く再びロンメルと顔を合わせた。実際の戦線の後方、離れたところに、ロンメルの構想にしたがってトーチカの模型を、工兵隊がいくつか築いたのであった。司令官たちや将校たちが毎日、それらの利点、構築方法、射撃視界、火器の設置、通信装置などを視察に来た。彼らはまた種々のトーチカを攻撃・陥落させるのに、ロンメルが示唆した最適な方法を、歩兵部隊が実演するのを見学した。

私が一団の将校にまじってこの実演を見ていると、不意にロンメルが姿を現わした。その顔はいくらかやつれていたが、ベルントの病気だという言葉を聞いていなかったならば、気がつかずにすませたろう。同席した先任将校、ある大佐が上申している時、ロンメルの視線が私に向けられた。ロンメルは簡単に大佐をねぎらい、大股《おおまた》に私へ近づき、握手して声をかけた。「元気かね、シュミット」

無口なロンメルから握手されて挨拶されたのだから、ほかのひとの百万言よりも意味が深かった。彼はほかには誰にも挨拶しなかった。彼の車が走り去った時、いならぶ人々はいぶかしげに私を眺めていた。先任の将校たちは若輩ものだけが選ばれたので、すっかりとまどったようすであった。

三十二　ロンメル、最後の試み

私たちはそのころエル・アラメイン地区で四六時中、はっきり目を覚ましていなければならなかった。敵の空軍は夜となく昼となく襲ってきた。イギリス軍と南アフリカ軍の航空機は、ことに夜になると、絶えず私たちの安らぎをかき乱した。補給路は必ずといっていいほど、落下傘《パラシュート》付の照明弾であかあかと照らされていた。絶え間ない爆音が私たちの眠りを妨害した。

命令違反になるけれども、私たちはカイロから放送しているニュースと音楽に、毎晩耳をすました。イギリス軍はそこに立派な対敵宣伝放送局を設けていた。第八軍の捕虜の話では、彼らも敵の、とくにベオグラードやアテネから放送される「リリー・マルレーン」の歌を聞いていた。その感傷的な調べが、私たち両方の側に爆弾や砂漠の戦い以外に、人の世にはさまざまなものがあるのを、今さらのように思い起こさせた。

ロンメルは希望したほど強力ではないが、増援を受けていた。ラムケの落下傘《パラシュート》部隊に加えて、第一六四歩兵師団がクレタ島から到着した。この師団は自動車化されていなかったが、イタリア軍部隊のあいだに「コルセットの支え」として投入されることになった。イタリア軍増援部隊のなかには前に記したように、フォルゴレ師団の落下傘《パラシュート》部隊があった。わが軍がエル・アラメインで停止するに至った時、落下傘《パラシュート》部隊が直接クレタ島から飛来しエル・アラメイン地区に降下しなかったのは、なぜかといぶかしんだが、イギリス軍が制空権を握っていては、その計画は実行不可能だったのである。

時間の経過は、どうもわが軍にとって、不利になるように働いていた。情報機関のもたらしたありがたくないニュースによると、新型のアメリカ製シャーマン戦車が海路輸送中で、九月にはエジプトの港に着くということであった。カイロで発行しているある南アフリカ軍出版物のなかに、クリスマス・カードの注文を求める印刷屋の広告が載っていた。それはまさしく新シャーマン戦車とおぼしきものをはっきりと示していた。わが情報部の技術者たちは、この新型戦車が装備している砲の細部に、とりわけ関心を示した。

十分な補給燃料がすでに輸送途上にあるとの確約を受けて、ロンメルはいちかばちかモントゴメリーに決定的な打撃を与えようと決心した。

私の二十六回目の誕生日、イギリス空軍はべつに悪気があったどころか、全然何も知らずに、私たちの三日分の糧食を運んでいる大隊編制の補給トラックを爆撃した。たとえ粗末なものにしても、多くの糧食を失ったのを残念に思っていると、そこへ八月三十、三十一日の夜に攻撃を行なうとの報知が入った。

ガザラの時と同じように、わが軍は南部の地雷原と第八軍陣地を突破し、そこから北へ沿岸道路の方へ進撃することになった。

第九〇軽師団の地区で、いまやほぼ連隊兵力となったわが第二八八特別隊は、全戦線の中央戦区の中心点の西に当る予備陣地に入った。

ロンメルの攻撃命令は、この攻撃がアリグザンドリア攻略の最終ラウンドになることを、明瞭《めいりよう》に述べていた。

　攻撃は予定した夜にはじまった。地雷を掘りだし、月の出を待って、ドイツ軍は掩護《えんご》砲火の下を、地雷原を通って進撃した。八月三十一日の午前、わが軍は地雷原の東部の一地点に到達した。

　予備陣地にいる私たちはおだやかなものだった。ただひっきりなしに空襲があるので、やむを得ず兵隊や車輛《しやりよう》を入れる壕《ごう》を、石だらけの土地に深く掘るのが一苦労だった。定期的に攻撃部隊から報告が入った。二、三の先鋒部隊は沿岸道路および鉄道に数マイルのところまで突破したらしい。ロンメルはとんとん拍子に事が運んでいた。「調子がいいぞ」と彼はいった。

　しかしまだ確定的な情勢報告、あるいは命令は出ていなかった。私たちは空襲に堪えて待つ以外に方法がなかった。

　実際はどうだったのか？　ロンメルの戦車部隊は攻撃第一日の午後、アラム・エル・ハルファ山地へ進撃した。――全エル・アラメイン戦線の重要地点である（この事実はアリグザンダー将軍も後に認めている）。

　だが、突然、砲兵隊および堅固な掩蔽《えんぺい》壕に潜む対戦車砲隊の猛反撃が、戦車部隊を迎えた。軽爆撃機が異常なほどの猛爆を行ない、戦闘機が低空から燃料および弾薬トラックを襲った。

わが攻撃部隊は行動の自由を封じられ制限されてしまった。

明らかにモントゴメリーは優勢な空軍――テッダー空軍司令官の助けを借り、その砲兵隊と有利に設置した防禦《ぼうぎょ》線とを最大限に活用して、戦車をくりださずに、攻撃軍を撃破しようとしていた。

ロンメルはその第一日に、奇襲攻撃の不成功をさとった。敵はこのことを予期していたのだ。彼は予定通りアラム・エル・ハルファ山地を速やかに占領することができなかった。彼は攻撃中止を考えたが、参謀長は彼を説き伏せて戦闘を続行した。

アリグザンダーとモントゴメリーは、事態が示したように、八月五日以後つねに攻撃を予想していた。アフリカ軍団がアラム・エル・ハルファ山地を北東よりの方向から迂回《うかい》――すなわちアリグザンドリアへ向かおうとしなかった時、戦闘はモントゴメリーの望んだ通りに展開した。彼はわが戦車部隊が、第四四師団と戦車二個旅団の守る山地の堅塁に迫るのを待ち望んでいたのである。

戦闘の三日目、わが特別隊はいまだに予備地区で待機していた。前線からの報告は着々とあいまいなものになった。私たちはアリグザンドリアへの「最後の一発」が不発に終ったのを感じはじめた。ナイル三角州《デルタ》に行くとなると、エリトリアから航空機で脱出するさい、アスマラのホテルに白服三着を残してきたのが、惜しまれてならなかったが、その想いもだんだんだん色あせていった。この調子では、軍人としてピラミッドを眺めようという願いも、果たしてかなえられるかどうか、怪しくなったと思った。

わが戦車部隊は前進を中止した。敵はこれがロンメルの作戦上熟慮した行動かどうか、判断に迷い、第八軍の戦車をして反撃にだそうかとさえ計画した。事実は、文字通りわが軍戦車の燃料が底をついてしまったのだ。ロンメルがケッセルリングとカヴァッレーロに保証してもらった補給燃料は到着しなかった。イギリス空軍は地中海《ちちゆうかい》で油槽船三隻を沈め、ユンカースJu五二型輸送機を多数撃墜して、直接戦場の戦闘推移のみでなく、多方面に影響をおよぼす戦術的結果をも左右しつつあった。アフリカ軍団長ネーリングは戦傷を負い、フォン・トーマ将軍がその後を継いだ。

九月三日の夜、ロンメルは敵前線突破の計画を放棄した。つづく数日間に彼は元の位置まで後退した。わが特別隊は結局出動しないで終った。そのころ五百輛のシャーマン戦車がスエズに着いた。ロンメルのエジプト征服はついにむなしくなりそうだった。

エル・アラメイン＝エル・ダバ間の沿岸道路の北で、十四日間にわたって、私は自分の大隊を再編成し、次の戦闘にそなえて訓練をほどこした。

ドイツ本国から増援部隊が着いた。一部はかつて北アフリカのフランス外人部隊に勤務した猛者《もさ》連で、一部はその時乗船を失っていた商船隊の海員上がりであった。両方とも訓練不足だったが、使い方しだいでもっとも実戦向きの連中であった。他の大隊長や中隊長は彼らを編入するのを嫌ったが、私は進んで訓練ずみのわが隊の兵隊をだして彼らを引き取った。

私たちのところへ最近新しい対戦車砲が配置されたのである。そのなかには鹵《ろ》獲《かく》したロシアの七十六・二ミリ砲が入っていたので、私は元外人部隊兵と船員とに、この砲の操作を訓練した。

情報部員の報告によると、イギリス軍はエル・ダバ＝メルサ・マトルー間で、海上からの上陸作戦を計画していた。この報告を受けて、私の大隊は士気大いにあがった。命令がくだって、直接海岸沿いに防禦監視哨《しょう》を設けることになった。事実上遊び同様の仕事である。二日間で最重要地点に監視哨をつくり占拠した。各監視哨は完全に擬装した無電局を連続して設置し、相互に連絡をとるようにしてある。

兵隊の一部が勤務についていると、ほかの連中は自由に海に入って楽しんでいた。給与もよくなったし、私の運転手は土地のベドウィン人からナツメ椰子《やし》の実、卵、ニワトリなどを買い入れた。だが私はアラビア人たちがロバに乗ってのんきそうに通りすがり、その後から重い荷を背負った女たちがたどたどしく歩いて行くと、横目で睨《にら》んだ。あの鋭い砂漠で鍛えた眼は何一つ見逃しはしなかった。ここでもよそと同じように、奴らの多くはスパイなのを、私は確信していた。二大強国がほとんど無人の住むに適しない荒野で死闘をつづけているというのに、この遊牧民はこの戦いをどこ吹く風か、どうせ頭のおかしな異教徒の愚行だと見て、戦闘のさなかを平気で移動して歩いた。彼らはみんな同じような顔つきであった。彼らの衣服には、ユニオン・ジャックの旗も鉤十字《ハーケンクロイツ》もついていないのだから、わがほうから金を貰《もら》っているのか、それとも敵からか、見きわめようがなかった。おそらく奴らは両方のスパイをしているのだ。

わが情報部員が、その間に、ニュースをもたらしたが、それによるとモントゴメリーはアフリカ最大の戦闘を準備していた。ロンメルと同様、彼も狡知《こうち》にたけて、恫喝《どうかつ》を用いていた。だがモントゴメリーが詐術を利用する場合には、違ったところが一つあった。ロンメルが弱点をごまかすため普通の車輛を戦車と見せかけたのに対して、モントゴメリーは板とズックと布とで、恐るべき新アメリカ製戦車を無力そうな輸送車に変装させて、戦力を隠そうとした。砂漠に新しい狐が生まれたのである。

彼は南方遠くに送油管敷設工事をはじめ、給油所までつくって、わがほうを欺いた。その完成を慎重に引きのばして、第八軍が明らかにエル・アラメイン戦線の南部戦区で計画しているらしい攻勢の、開始されるまでには、まだかなりの時間がかかるようだと思わせた。空中偵察もこの送油管が古石油罐《かん》でつくったまやかしであるのを見破れなかった。

心理上からも、モントゴメリーは先手を取っていた。第八軍は人員・資材の増援を着実に引きつづき受けていて、その部隊はその事実を知っていたし、彼もまたそう話していた。彼は前途に明確な任務をもち――ロンメルを打ち破り、エジプトの脅威をとりのぞき、そしてそうすることによって名声をかちとろうとしていたのである。

ロンメルに属する二か国の軍隊は効果的な増援を受けていなかったし、部隊もそれを知っていた。彼は袋小路に入っていた。彼はトブルクで待望の勝利をかち得たが、アリグザンドリアまで一気に追撃するだけの勢いはなかったのだ。中東戦域は補助的な戦線と見なされていた。ロンメルはみずからをエジプトの主とすることのできないのを感じていた。

それにロンメルは病人だった。会うたびごとに痩《や》せていくのがよそ目にもわかった。戦争初期の労苦はさておいて、彼は砂漠で絶え間なく心と肉体を緊張させて、二十か月も過ごしてきたのであった。一年以上も彼は定期的にくり返す黄疸の発作に苦しんでいた。当時のロンメルは消耗しつくしていたのである。

故国で治療するのが唯一の道だった。彼は空路ドイツへ帰った。ウィーンの南西、下オーストリアのゼンメリングの病院に入る前に、彼はヒトラーと会見した。ロンメルはアフリカでドイツ軍の前に生じるにちがいない危険を、少しもためらわずに語った。そしてその危険はエル・アラメイン戦線に、戦車の増強を得られないので、そのころすでに生じつつあった。アフリカ軍に対する補給を確実に保証する問題もまた、しっかりと取り組まれるべきだと、彼は主張した。ヒトラーはロンメルにいっさいを果たすと約束した。しかしロンメルがアフリカの私たちのところへ帰って来ることは、考えられていなかった。快方に向かったら、彼はウクライナの軍集団の指揮をまかせられるはずであった。

アフリカ装甲集団の指揮はシュトゥンメ将軍に引き継がれた。

三十三　エル・アラメインの敗退

「たいまつ《トーチ》作戦」〔原著者の誤認で、この第八軍攻勢の秘匿名称は「ライトフット」〕――エル・アラメインでのモントゴメリーの攻勢――は一九四二年十月二十三日の夜にはじまった。

この大規模な計画的攻撃の機密は、じつによく異常なくらいに保たれていた。それは完全な奇襲攻撃であった。だがそれでもドイツ軍参謀部は最初の弾幕がひらかれる前、二十四時間内に、この唐突な攻勢のきざしをいくつか集め検討していた。

第八軍は八月一日以降「全滅」作戦を行なうため編成されていた。増強した兵力は四万一千名、戦車は一千輛《りょう》を超え、そして多種多様の車輛は九千輛に達していたのである。

その夜ほとんど一千に近い各種の砲が、わがほうへ向かっていっせいに砲門をひらき、そのひびきがとどろき渡った時、空では星々が静かなたたずまいを破られて、うちふるえた。

太古以来この国ははじめて恐るべき連続集中砲撃を受けた。カッタラ低地から地中海《ちちゅうかい》へかけての大地は震動し、前線から遥《はる》か後方でも、兵隊は歯を鳴らして恐怖におののいた。

砲撃は十五分間つづき、それから五分間休止した。それはただ新しい嵐の前の静けさにすぎなかった。正確に午後十時、同じように無数の砲と、加えて数限りない戦車と歩兵の火器とが、わが前線に攻撃を集中してきた。主軸はオーストラリア部隊だが、イギリス本国部隊、スコットランド部隊、ニュージーランド部隊、南アフリカ部隊などが攻撃に参加した。その主目標はミテイリリイェ山地であった。そこは攻撃第一夜に占領されたが、モントゴメリーがそこを確保したのは、二日間の死闘を終ってからであった。

第一五装甲師団は北部で、そして第二一装甲師団は南部で、混乱した前線から少し離れた背後で待機していた。これらの師団は、ロンメルが本国で医療を受けるためアフリカを去る前にたてた防禦《ぼうぎょ》計画にしたがって、複数の小戦隊に分けてあった。これは重大な失策だった。ロンメルの意図したのは、敵の攻撃が予想される場合、それに先き立つ期間中のみ、戦隊を個々に置くというのであった。ひとたび攻撃が事実となりその指向するところが明瞭《めいりょう》になったならば、直ちに戦車部隊を集結すべきであった。合体した戦車部隊のみが、いまやモントゴメリーの編成した大戦車兵力に勝つことができるからである。ロンメルはその戦車が分散して敵と戦い各個撃破されるようになるとは、夢にも考えていなかった。——敵はかつて彼によって各個に撃破されていたのだから。

参謀長バイエルラインは賜暇で不在だった。ロンメルは救援のため、無益だったが、帰還しなければならなかった。モントゴメリー攻撃の第一日、シュトゥンメ将軍はその時いっしょにいた部隊と敵の空襲を受けて、心臓の発作を起こした。シュトゥンメの運転手は将軍が車から砂の上に落ちたのさえ気がつかなかった。彼の遺体が発見されたのは後になってからであった。

ベルリンの中央情報部の話では、イギリス軍は月末まで攻撃しないということだったが……。

ヒトラーは攻撃第二日の正午、療養中のロンメルに電話をかけ、直ちに空路アフリカへ帰還するのを求めた。情勢は絶望的であった。ロンメルはやっと三週間の治療を受けたばかりであったし、回復してもいなかったが、拒む考えはもっていなかった。翌朝夜明け前、彼は機上のひととなり、途中とまったのはイタリアでただ事態の推移を見きわめ、そしてとくにアフリカへの燃料補給、戦車の輸送状況、ヒトラーの約束した多連装ロケット砲――新兵器の補給をケッセルリングが送りだしたかどうか、調査するためであった。彼は同じ夜日没後一、二時間して、再び装甲集団司令部に姿を現わした。

ロンメルはエル・アラメインの失陥をさとっていたと、私は考えている。彼はどれほどアフリカ軍団が燃料不足に悩まされているかを気づいていた。彼は勝ち目がないとバイエルラインに語ったが、情勢を回復すべくいちかばちかの手段をとった。彼はほとんど夜を徹して北部のキドニイ山地（ミテイリイエ）への反攻を計画した。ロンメルは必死になって戦車を集合し、かつてあったような強力な集団にしようと努力した。第一五装甲師団は事実上壊滅していたので、彼は第二一装甲師団と北部のイタリア軍アリエテ師団を召集し、第九〇軽師団とイタリア軍トリエステ師団を後方地区から海近くの戦線を守るために移動した。

ロンメルがみずから指揮した反攻は、宿敵の軽爆撃機と二十五ポンド砲によって粉砕されてしまった。彼はその翌日再び試みたが、これもまた敗れ去った。ただでさえ数少ない戦車を失い——しかもその戦車は二度と補充がきかないのである。第九オーストラリア師団はドイツ軍を惨敗に追いこみ、遥かに後退させた。

三日にわたる戦闘の後、モントゴメリーはいったん攻撃を中止して、再編成にかかった(南アフリカ部隊は、出没自在の装甲車部隊をべつにして、エル・アラメインでの戦闘における主要任務をすでに果たしていた。わが軍がまた彼らと相会したのは戦線がイタリアに移ってからである)。テル・エル・アカキールでは激しい戦車の遭遇戦が展開された。両軍ともに甚大な損害を受けたが、わが軍のほうがより深い打撃をこうむった。わが戦車部隊はほとんど撃滅され、生き残ったグループは五指で数えるほど少なかった。

モントゴメリーの「過給《スーパーチャージ》」作戦――「たいまつ《トーチ》」につづく急襲――が、エル・アラメインにとどめを刺した。第二一装甲師団は最後の戦いをいどみ、一時は宿敵イギリス第一機甲師団を圧倒したけれども、ついに敗れ去ったのである。ロンメルは十一月二日から三日へかけての夜、退却を決意した。

その夜彼はその決定と理由とをヒトラーの国防軍最高司令部に打電した。その報告は翌日になってからやっとヒトラーの手許に届けられた。当直将校が報告の着いた時ヒトラーを起こさなかったためである（この将校は降等処分になった）。ヒトラーは怒りたけって、ロンメルをののしった。

ロンメルの退却が行なわれているさなか、最高司令部《OKW》から指令が着いた。

「情勢の求めるところにしたがい、最後の一兵までエル・アラメインの陣地を死守せよ。退却などは論外である。勝利か、しからずんば死あるのみ。ハイル・ヒトラー」

指令にはヒトラー個人の署名があった。その理由はとにかく、わが軍はすでに退却中だったけれども、この指令はアフリカ軍団の部隊に広く知れ渡った。

このばかげた指令は当時、わが軍の士気をふるいたたせるわけにはいかなかった。しかしながら、いったんそれを受けたからには認めざるを得ない立場にあるので、ロンメルは頭から無視することができなかった。

　それゆえ、アフリカ軍団長フォン・トーマが、エル・ダバの南にあるアフリカ装甲集団司令部を、フカに後退させる許可を求めた時、ロンメルはその計画を承認しないで、たんに自主行動をとる権限をフォン・トーマに与えたのである。

　翌朝、フォン・トーマのもとに集まった情報によると、イギリス野郎《トミーズ》はすでにアフリカ軍団の南翼を包囲していた。彼はその情報をロンメルのところへ届けた。ロンメルは信をおかず、南部にいると報告された部隊は退却中のイタリア軍に相違ないといった。フォン・トーマは戦車に乗って、自身でたしかめに行った。イギリス軍戦車部隊がその戦車に襲いかかり、戦車は燃え上がって、彼は捕虜となった。

　参謀長バイエルラインはフォン・トーマを捜しに行き、数百ヤードのところまで近づいて危うく彼も捕えられるところだったが、双眼鏡でフォン・トーマの捕まるのを眺めた。あわてて逃げ帰り、残ったアフリカ軍団の指揮をとることになった。

三十四　退却

　私が直接戦闘に加わったのはエル・アラメインが陥落した後だった。退却がはじまるまで第二八八特別隊は戦闘からはずされていた。事実、戦いに参加しなかった唯一の部隊であった。私たちが武器を置いて、なすことなく泳いだり、こうらを乾したりしてのんびりかまえているあいだに、東へ十二マイルのところで激しい戦闘のくりひろげられているのが聞えてくるので、毎日毎日申しわけない気持でいっぱいだった。

最後の戦車が西の方へ走り去った時、いよいよ私たちの任務がはじまった。私たちはロンメルの後衛となることになった。わが部隊はどんじりに撤退し、沿岸道路を数マイル退却すると、道路の真南から装甲車が襲ってきた。わが砲が攻撃をはじめ、敵を撃退した。

特別隊は蛙跳び行動をとって後退して行った。一個大隊はつねに防禦《ぼうぎょ》陣地にとどまって退却を掩護《えんご》し、それから砲をまとめて出発する。私たちは十一月六日、メルサ・マトルーに到着した。

私は命令を受けて、マトルーの南部防禦線で、シワ路の両側に、仮の陣地をかまえた。対戦車砲を――各中隊に五、六門配属してあるが――戦術的にもっとも重要な地点に設置した。私たちの陣地は障害物のあいだにあり、そこには鉄条網や地雷原が手つかずに残されていて、オーキンレックの部隊がこの線を維持しようと考えた六月のころそのままであった。

その午後も遅く、マトルー南方の丘の上に、イギリス軍戦車を認めた。暗くなるとともに、敵はオアシス路沿いのわが陣地を砲撃してきた。攻撃は執拗《しつよう》だった。暗闇を利して、わが装甲集団の残存部隊は砦《とりで》を出て、再び西方へ退却をはじめた。

数時間後、伝令が情勢報告文書を、私のところに届けてきた。それによってモントゴメリーの先鋒部隊が、すでにマトルーの西方にいるのがわかった。真夜中ごろには現後衛陣地を放棄せよとの命令がくるにちがいない。私はあらかじめ与えられた羅針儀を頼りに車を走らせることになり、それのみが地雷原を通過する唯一の残された道になるだろう。

昼のうちに地雷原の通路への入口を調べてしるしをつけておくのだったのにと、私はくやんだが、とにかくほっとしたのは、夜のことなので敵の目をごまかす機会をつかめるに相違ないことだった。これ以上マトルーの近くにとどまっていれば必ず包囲されるのは目に見えている。

私の運転手と伝令が毛布で、トラックを遮蔽《しゃへい》した。バッテリーにつないだ小さな電球のかぼそい光のもとで、私たちは罐詰《かんづめ》を食べ、大急ぎで故郷への便りを書いた。書くのに夢中で、私は真夜中となり、それもとうに過ぎてしまっているのを、気がつかずにいた。するとオートバイのダッダッという音がした。オートバイが止まり、声がかかった。「第二八八特別隊でありますか？」圧《お》し殺したしわがれ声がささやく。「静かにしろ!! イギリス野郎に聞えるぞ！」

伝令が私のもとへ案内されてきた。手が暗幕の毛布のあいだから差しだされた。声が私の読んだ命令の内容をくり返した。「マトルーを撤退、後衛部隊は直ちに後続せよ、とのことであります」

そのころはもう私も訓練が身についていた。大隊の各分遣隊は伝令を私のトラックの近くに待機させてあった。指令はたちまち伝達され、伝令の車が暗闇のなかを各陣地へ走って行った。砲は前車につながれ、弾薬は積載されそして各方面から車輛《しゃりょう》が、小さな谷にある私の車近くに整列するため集結しはじめた。だが、十分の注意をはらったにもかかわらず、エンジンのひびきは完全におさえきれなかった。そして数人の運転手がたがいに連絡をとるため叫んでいるので、私ははらはらして怒りもし心配もした。

私の隊が整列し終ったちょうどその時――「あれは何だ？」炸裂《さくれつ》音、がらがらと砕ける音、ひゅうと唸《うな》る音が、私たちのまわりに湧き上がった。戦車の砲弾が私たちの足もと近くの大地に落ち、トラックのあいだを激しい音とともにかすめていった。幾台かの車が直撃弾をくらって、たちまち燃えだした。見る見るうちに私たちはものすごい光に照らしだされ――イギリス軍戦車部隊の好目標となった。敵はわが南部戦線に攻撃を加えているにちがいない。

戦車の数は多くないと、私は見てとったが、いまとなっては壕《ごう》を掘るには、あまりに手遅れだし――事実、むだなことになるだろう。命令通り出発する以外に道はない。しかし場合によっては停止して、壕を掘らねばならなくなる。私は短いシャベルを胸のバンドに差して、肩と斜めになるようにした。壕を掘るようなことになれば、私たちはまず破滅の道を辿《たど》るに相違ない。

「間隔をあけて、出発！」私は命令を叫び、トラックの上に立って、暗闇のなかを地雷原の通路へ進むため、羅針儀の針をじっと見つめた。

敵の砲火をくぐって、私たちは車を進めた。運転手たちはひたすら追い迫る戦車の射程から逃れようとして、平素の訓練もにぶってきた。命令に違反して、トラックはたがいに接近し、なかには並んで相手をだしぬこうとあせっていた。猛訓練の影などみじんもない。

だんだん砲撃がおとろえていった。私がほっとしようとした時、爆発音があがり、車は急停止した。ラジエーターとエンジンを破壊されたのだ。

「畜生！　前に戦車がいるぞ‼」その思いが私の心に閃《ひらめ》いた。「敵はおれたちを分断したな」

軽い手傷を負った運転手に、私は叫んだ。

「急げ！」

ここから脱出することだ。スピードだけが私たちをこの苦境から救ってくれる。私たちは後続した車に跳び乗った。

「前進！　まっすぐ行け！」私は怒鳴った。だがその車も突進できなかった。

またも閃光《せんこう》、轟音《ごうおん》、急停車。トラックの運転手と二人の兵隊が負傷した。私も同じ車のなかにいたが、かすり傷一つなかった。

車から飛び降りると、右手の方で目のくらむような輝きが二つ閃くと、つづけて炸裂する音が聞えてきた。

「むだだ」と私は思った。それから叫んだ。「降りろ！　壕を掘れ！」

命令するまでもなかった。各車はすでに止まっていた。兵隊の多くは地面にうつ伏していた。だが、これはどうしたことだろう——たちまちあたりは静まり返って、それを破るのはいくつかのエンジンのばたばたいう音ばかり。

時々、思い出したように砲弾が後方から頭上を飛んで行く——追撃して来た敵戦車の砲撃であった。だが前方から射ってくるのはいったいどうしたわけなのか？　その時になってはっと思い当った。砲撃を受けているのか、それとも地雷原に踏み込んでしまったのではないのか？

わざわざ足をはこんで、手近にある壊れたトラックのすぐ後ろの地面を、調べてみるまでもなかった。穴がすべてを雄弁に教えている。地雷だ。

私は困惑した。ものすごいスピードで走ってはいたけれども、羅針儀の読み方に絶対誤りはない——と確信があった。……だが、全身に刺すようなうずきが走った。あのシャベルだ。もちろん、あの鋼鉄の鋤《すき》が羅針儀の針を狂わせたにちがいない。

その夜は真っ暗であった。羅針儀を目に近づけて、かすかに光る針の方角を読んだ。それからシャベルを投げ棄ててから、また方角を見た。思った通り、針は遥《はる》かに左を指している。

私が至らなかったのだ。隊は地雷原のまっただ中におり、背後からは敵の戦車が迫って来る。この情勢を切り抜けるのは私の責任だった。私は心を落ち着かせ、計画を練り、兵隊を伏せたままにして、地雷原の端を調べに出た。戦友のものを盗み、数日前大隊教練のさい、ろくでなしと罵《ののし》られたばかりのひとりの兵隊が、進んで私と同行した。彼は危険をものともせず、走り回って、車の跡を調べ、地雷に目をくばっていた。

普通、軽くて爆発しやすい対人員用地雷は、戦車やトラックに使用する重い平板な地雷のまわりに、数多くばらまいてある。だがここにある平板地雷は普通の型より小さいので、対人員用地雷はなさそうであった。

とうとう私は地雷原の端を示す錆《さ》びた有刺鉄線の一筋を見つけだした。私たちは五十ヤードほどはずれていた。先頭の数台の車輛と砲だけが、地雷原に入っているのだった。大部分の兵隊は防護路に展開しているので、私は後部車輛の運転手らを通路の方へ進行させた。他の隊の兵隊たちは、危険に瀕《ひん》した車輛と砲を、もと来た道から地雷原の端まで、人力で押し戻すという微妙でありがたくない仕事に、汗を流した。地雷が一つ爆発したが、幸いにも、死者はなかった。私たちをとりまく砂漠は静寂そのものだった。一発の銃声すら聞えなかった。

全隊が安全に隊列をととのえ、通路を走り出すまでに、二時間かかった。大切な車輛を四台失ったが、戦死者は皆無であった。西方の周辺に工兵の一隊が心配しながら、わが隊を待っていてくれた。私たちが通過すると、彼らは直ちに地雷を埋めて、間隙路《かんげきろ》をふさいだ。半時間後工兵隊はわが隊に追いつき、スピードをあげて走っていった。

私たちも西を目指して路を疾走した。夜が明けそめてきた。モントゴメリーの戦車部隊が近くにいるに相違ない――どこかわが側面に、もしかすれば前面に。

日の出の光が私たちの背後から射して、異様なほど長い影が前方に落ちるころ、爆撃機の編隊が爆音高く頭上を低く飛んで来た。私はすぐさま隊を散開させたが、敵は私たちに目もくれなかった。イギリス軍の前衛と見誤ったのであろうか？　遥か西の地平線で敵機は急降下して爆弾を落とした。これでわがアフリカ軍団主力の所在がわかった。

私たちは夜になってからシジ・バラニ地帯を移動した。道は砂が多く、ところによってはほとんど通過不可能だった。何度か砲やトラックを危うくてんぷくさせるところであった。あと一、二時間で真夜中になるころ、最初のパラシュート照明弾が、いくつか頭上でひらいた。私は見もしなかったが、それらは暗闇からこおどりして出て来たように、ぱっと明るく私を照らし出した。数分のうちに、空は「クリスマス・ツリー」でいっぱいになり、あたりは昼間のようになって、低空を飛ぶ敵機から爆弾が轟音をたててつぎつぎに落とされた。

私たちは狂ったように轟音と閃光のなかを走った。もし止まって地上に降り立ちでもしようものなら、敵機はたったひとりの兵隊であろうと、容赦なく攻撃してくる。照明弾が燃えながら低くなると、影が奇妙な形で地上に踊って、人のいるのがわかってしまう。もし伏せていなかったら、はっきりと目にうつる。

私たちはその夜一晩じゅうさんざんの目にあった。無我夢中で車を走らせては止まりするので、遅々として行進ははかどらなかった。だが、やめようものなら、急傾斜地を登る途中で、敵戦車に遮断されてしまうに相違ない。比較的安全なところに着く前に――。

アフリカ軍団にとっては憂鬱《ゆううつ》な一夜であった。後の調査によると、人員・戦車ともに数度の戦車戦闘以上の犠牲をはらっていた。

私はおだやかな気持で夜明けを迎えた。空襲がこれからもつづき、おそらく減ることはないとわかっていたが、少なくとも生き長らえて、武器をとって立ち上がり、抵抗できるのが嬉《うれ》しかった。

太陽が昇った時、私の隊列を、スピードをあげて追い越して行く、一隊の車輛があった。激しい空襲を受けるおそれがあるさいには、移動中の追い越しはイギリス軍同様、わが軍でも厳禁されていた。混雑する道路は絶好の目標となるのだ。車が少しとだえた時、追い越して行く乱暴な運転手どもに注意をしてやろうと思った。私は運転手に命じて速度を落とし、車をまわして、断固たる態度に出るつもりで待ちかまえた。

近づいて来る車が目に入った。なつかしいマンモスだった。私たちを追い越した。その上には、胸をそらして、さらになつかしい姿があった。私は直立して挙手の礼をとった。

ロンメルは手を振って、何か叫んだが、その声は路を吹く風に流されてしまった。だがその顔は厳しくけわしかった。

三十五　高い砲塔のシャーマン……

ロンメルがしぶい表情をしていたのは、当然だったかもしれない。わが軍がメルサ・マトルーを放棄したその朝、連合軍の第一波は西へ二千マイル離れているフランス領北アフリカの浜に、上陸しつつあったのである。ロンメルの前面にはリビアの国境がひかえていて、そこへ彼はこれを最後に接近して行くところで――逆の道を辿《たど》っていた。敵を押し返すためには長い道程が必要だった。それにしてもアフリカに対する新しい脅威と戦うことが、彼の任務となるであろうことを、ロンメルは予想していた。

敵の追撃は息もつかせなかった。ニュージーランド部隊はシジ・バラニの砂漠で、大した抵抗も受けずに、ブク・ブクの旧イギリス軍地雷原の線に達していた。十一月十日には、わが軍は予期したよりも平穏に、ハルファヤ峠の下の臨海平坦地《へいたん》を横切っていた。右側には、ロンメルと私がたびたび裸でしぶきをあげた浜がつづいている。私たちはつづら折りの路を、サルームへ登って行った。

ニュージーランド部隊は私たちにきびすを接して、サルーム、バルディア、カプッツォを相ついで占領し、第七機甲師団の戦車部隊は、急傾斜地の裾《すそ》に沿う砂漠を急進撃して、ニュージーランド部隊と合流した。

私たちはトリグ・カプッツォのシジ・アゼズ付近で、はじめて小休止をとった。そのころはもう心得たもので、地上攻撃と空襲に備えて、直ちに対戦車砲を展開した。壕《ごう》を掘ってそのなかに潜り、トブルクでの戦利品の名残りであるビスケットと罐詰《かんづめ》肉を流しこむため、茶をいれようとしていた。そのトブルクへ向かって、私たちは急いでいたのである。

やっと湯が沸きはじめた時、見覚えのある小さな旗が地平線にひらめいているのを認めた。南アフリカ部隊の装甲車が追いかけて来たのだ。後から後から装甲車が地平線に現われた。二十輛《りょう》ばかりが勇敢にも進んで来た。せっかくのお茶をじゃまされるのかと、わが砲手たちは直ちに戦闘配置についた。射程距離ぎりぎりで砲撃を開始した。車の群れは向きを変え、丘陵の陰にかくれた。

私たちはまぎれもなくドイツ＝イタリア装甲軍の最後尾であった。しかしそれから数週間いやになるほど後衛を務めることになったのだ。わが隊はエル・アラメインで戦闘に参加しなかった唯一の部隊なので、それだけに一働きしようという気持があった。

私はこのあたりをくわしく知っていた。ロンメルといっしょに巡視して歩いたという理由だけでなく、一年前後衛として戦った経験があるからだ。私の部隊は度重なる後衛戦を経て、いまやその技術にかけては優秀なものがあった。数分のうちに防禦《ぼうぎょ》態勢をかため、またすみやかにそれをとくこともできた。

アフリカ軍団がこれまで旺盛《おうせい》な士気を保持してきたのは、わが戦車と対戦車砲が敵の装備を凌駕《りょうが》していると、兵隊が信念をもっていたことにもとづいている。ことに対戦車砲は敵の戦車攻撃を破砕して歩兵を十分に掩護《えんご》した。だがいまでは優越性のバランスが変わっていた。砲塔の高いアメリカのシャーマン型戦車は、私たちの恐怖の的となりつつあった。

わが部隊はバルボ海岸道を、蛙跳び戦闘をつづけながら退却して行く時、手ひどく打ちのめされていた。私は恰好《かっこう》の陣地を見つけ、敵の追撃を東の方に迎えるようにし、新しい増援部隊——エル・アラメインの包囲を勇敢に突破してきたラムケ将軍のたくましいパラシュート兵の手並を見せてやろうと、手ぐすねひいてほくそえんだ。八十八ミリ砲を準備してなんでも来いという気持であった。

アメリカ製の戦車が地平線に姿を見せた。地形に起伏があるので、それらは現われたり、消えたり、それからまた現われたりした。さあ、やって来い！　私の計画では擬装の行きとどいたこの陣地でじっと辛抱強く待ち、敵が五十ミリ対戦車砲の有効射程に入るまで砲撃をひかえていることにした。私はこの点をいっしょにいる先任の砲兵士官に、くどいほど念を押したが、新参の対戦車砲兵は訓練不足だったし、それに古参のアフリカ軍団の砲手たちの度胸もなかった。

イギリス軍戦車が二輛、まだ五十ミリ砲には遠すぎる地点にいるのに、八十八ミリ砲は火《ひ》蓋《ぶた》を切った。二輛の戦車はすぐ死角に隠れてしまった。私はそのあたりを双眼鏡で眺めつづけた。敵戦車部隊はたちまちわがほうに砲火を浴せてきたが、まるで正規の砲兵隊のように照準が正確だった。敵の攻撃は早まって射ちはじめた八十八ミリ砲に集中した。こうなっては砲手たちが敵を見ることすらできなかった。敵戦車が姿を消した地点からほど遠くないところの動きを私は注目した。そこに敵の監視哨《しょう》のあるのがわかった。しかしわがほうの監視哨と連絡する前に、敵の戦車部隊は八十八ミリ砲を破壊してしまった。

わが自動車化歩兵部隊にはこれが苦手だった。経験から頼りになるのは結局五十ミリ対戦車砲だということを、彼らはよく知っていた。そしてこの砲がモントゴメリーの新戦車の有効射程距離に、達し得ないのも明瞭《めいりょう》だった。

わが軍が奇襲の利を確保し、いまや避けがたくなった戦っては退く戦闘を、引きつづき成功させようとするならば、完全に擬装した陣地と砲撃訓練こそ緊要だと、私はいままでになく痛感した。兵隊をこの考えで猛訓練し、そしてアジェダビア近郊で反撃に転じたさいその成果をためす機会があった。

イギリス軍は十一月十三日抵抗を受けずにトブルクへ入ることができた。その主力は六日間に二百二十マイルを前進し、さらに進撃をつづけるにはほとんど補給が尽きていた。しかしメルサ・マトルーとバルディアの二つの港を手に入れ、占領後二日で使用するようになったので、少なくとも軽部隊でわが軍を追撃することができた。敵は十六日にデルナに入り、そこの飛行場を利用するようになった。加えて遠く離れているがガンブート飛行場があるので、地上部隊を密接に掩護する戦闘機にこと欠かなかった。これらの戦闘機はその直後アリグザンドリアを出た輸送船団を守って、飢餓に瀕《ひん》したマルタ島を救うことができた。

十八日敵装甲車部隊は断崖《だんがい》地を通る主要通路にあるスケレイディマとアンテラートで、わが後衛によって撃破された。わが軍は夜になって再び後退した。その後、ベンガジを敵に明け渡した。二日ばかり豪雨がつづき、私たちはまた敵と戦う前に、アジェダビアでわずかに休息した。

わが部隊はいまだにほぼ一連隊の兵力で、砂の多い丘陵地に防禦線をつくった。兵隊たちは元気いっぱいだった。それというのは近くのドイツ軍補給集積所が放棄され、見たこともないような多量の貯蔵品が、私たちの手に入ったからであった。野戦炊事場から来る食事は一時ものすごくよくなり、それにチョコレートもあれば巻煙草もたくさんあった。私は兵隊たちに携帯食糧を渡さなかった。明日はどうなるか、神のみぞしろしめす——ではなかろうか？

わが砲と機関銃は壕のなかに巧みにおさめた。砲座から砂がばらばらとこぼれた。迫撃砲は野戦炊事場近くの谷に据えた。各陣地はラクダ茨《キャメルソーン》で擬装した。

ロンメルの例にならって、私は前方から陣地を調べてみた。砲の所在を突きとめるのはむつかしかったが、たった一門ロシアの七十六・二ミリ砲だけはまるっきり満足すべき状態になかった。だがその擬装をなおす前に、三脚に載せた強力な望遠鏡で偵察をしている監視兵が、その壕から大声で叫んだ。「敵戦車部隊——北東から来襲！」

私は彼のそばに飛び込んで、望遠鏡をのぞきながらも、命令をくだした。「戦闘準備——戦車北東！」

わが戦線では目に映る行動が、ぴたっと、とまった。それからの通信は野戦電話によるだけになった。

いままではもう他の戦区にも、同じように敵戦車が見られた。イギリス軍の偵察機二機が飛んで来た。偵察機は私たちに気づかなかった。私たちのすぐ西で、軽高射砲が二機を砲撃し、二機とも射ち落とされた。メントン大佐の本部から電話がかかり、イギリス軍操縦士の一人はパラシュートで飛び出して助かったが、捕虜となり、そして驚いたことに操縦士はわが陣地の上を飛んでいると夢にも思っていなかったのを、確認したのである。

かくてめざましい光景が、私たちの前にくりひろげられることになった。約三十台の戦車が、わが前線につながる細長く狭い谷に、しだいに集結してきた。ドイツ軍重砲兵隊が遥《はる》か後方のアジェダビアから、私たちの頭上を越えて、思い出したように砲撃を加えたが、たいして効果はなかった。谷間の戦車部隊に、二個中隊の砲兵と、歩兵が加わった。弾薬車が各砲につないであった。アジェダビアに向かって、報復砲撃を行なうさい、砲を操作する砲手の手の動きを、私は望遠鏡ではっきりと眺めることができた。その砲弾は私たちの頭上高くを、うなりをあげて遠ざかって行った。

やがて私は指揮装甲車を見つけだした。一見して高級将校とおぼしいイギリス士官が数人、装甲車から降り立った。だがわがほうの砲手には一定の線を越えるまで、いかなるものにも発砲してはならぬと、厳重に命令してあった。砲手たちはすべて、見事なほど沈着冷静に行動していた。

望遠鏡で見ていると、乗馬鞭《むち》を携えたひとりのイギリス士官が、手で合図をした。シャーマン戦車が数輛こちらへ動きはじめた。そのうちの三輛が、私の砲の一つが狙っている下り道を近づいて来た。砲手たちは元外人部隊の連中だった。

　徐々に三台の戦車は火線に接近した。ほかの戦車も前進をはじめた。先頭の戦車が線に達し、それを越えた。わが砲から、ダダダと、つづけざまに弾丸が射ちだされた。先頭の戦車に命中した――ドーム型の砲塔に直撃弾だった。が弾丸はなんということもなく空中にはね返された。信じられないほど固い装甲なのだ。

　戦車の群れは止まり、先頭のシャーマンを含めて、数台が向きを変えようとした。その時、次の一斉射撃がその側面に当った。戦車はたちまち炎につつまれた。この無敵の怪物にも弱点はあったのである。

　戦車対砲の決闘はいまやたけなわとなった。二時間にわたる死闘がつづいた。私の砲陣地の二か所は粉砕されたが、それ以上数多くの戦車を破壊し、敵の進撃をくいとめた。イギリス軍の工兵は激戦のさなか、見事な腕前と勇気で、損傷した戦車を、戦場から安全な場所へ移した。

　私たちの抵抗は無益なものとなった。第二二機甲旅団の先鋒部隊が、長駆砂漠を二百六十マイルも越えて、わが右翼に達し、わが軍の側面に脅威を与えた。またもや私たちは後退して、エル・アゲイラに舞い戻った。

　ロンメルは全キレナイカを失ったのであった。

三十六　トリポリタニアを失う

エル・アゲイラで私はアフリカ軍団司令部に召喚された。

マラダ・オアシスで防衛を行なう可能性があるか、簡単な報告書の提出を、司令官から求められた。参謀部のものが一九四一年初頭の私の任務を記憶していたのにちがいない。

「もし十分な兵力を置き、しかも補給を完全にすれば、マラダを守ることは容易だと存じます。空中補給が必要となるかもしれません。オアシスまでの陸上補給線は、容易に敵に遮断されるかと思います」と私はいった。子どもだましの戦法と聞えるかもしれないが、これ以上に少しは討議が行なわれた。将軍は好意的で、しばらく私の見解を細かに調べてから、コーヒーをすすめてくれた――ここ数週間味わったことのない、おいしいコーヒーだった。

マラダ計画は私が報告書を提出するまでもなく、中止となった印象であった。敵がまたもや猛攻撃を加えるまでの、わずかに残された時間内に、エル・アゲイラ＝マラダ防衛組織を、十分に準備することはむつかしかった。

前に二度、エル・アゲイラはイギリス軍がリビアに侵入したさい、最高水位となったことがある。そこはこの地方でもっとも堅固な防禦《ぼうぎょ》地点である。侵入者はまず塩沼――潮のさす沼の散在する地区にぶつかり、それからこの地区とべつの塩沼とのあいだに介在する間隙《かんげき》地に入って、その南の方はやわらかい砂と砂丘の荒地となる。——砂漠の風に吹きさらされて新月型に浸蝕《しんしょく》された砂丘である。そのまた南には、急傾斜地ともっとたくさんの砂丘と、それからさらに数多くの塩沼とがある。エル・アゲイラはベンガジから百五十マイル、トブルクからは三百マイルになる。休養をとって元気を回復し、兵站《へいたん》線を確保した軍隊でなければ、ここを突破するのはまず望めない。だが司令部の明らかにしたところでは、わが軍は今回エル・アゲイラを、持ちこたえることができそうもなかった。もっともロンメルは布告をだして、「エル・アゲイラは最後の戦線である。ここでイギリス軍の進出をくいとめねばならない」といったが、その防衛線を効果的に遂行するための、増援は十分に得られなかったのである。

もちろん噂は乱れ飛んでいた。兵隊の話では強力な増援部隊がすでにチュニジアに到着しているそうだ。チュニスから来た補給トラックの運転手は、「虎《ティーガー》」戦車のことを話していた——エル・アラメインの戦いの前に、ヒトラーがロンメルに約束した重戦車である。それから伝え聞くかのネーベルヴェルファー——ロシア戦線から来たもので多連装ロケット砲だということである。軽戦車や兵員二百五十名を輸送できるグライダー——ギガントの名も兵隊の口の端にのぼった。

話はさらにひろがって、ようやっとベルリンの国防軍最高司令部もみこしをあげて、アフリカで継子《ままこ》扱いにされている部隊のために、少しはましなことをやるつもりになったというのである。

しかし第八軍と対峙《たいじ》している前線では、増援部隊など見たくとも見られなかった。それどころか特別隊のなかには、アフリカ軍団から引きぬかれて、チュニジアへ急ぎ向かったものもあった。

西方では、事実、イギリス＝アメリカ進攻軍がモロッコとアルジェリアを確保し、そのころチュニスの二十五マイル以内に肉迫していた。アフリカに割き得る増援力はいっさい、リビヤのロンメルではなく、チュニジアに向けられた。長い退却中収容した兵隊を数に入れて、わが軍の現兵力は、イタリア軍二万五千名と（そのすべてが戦闘能力をもつ部隊ではない）、ドイツ軍一万名とである。戦車にいたっては百輛《りょう》に満たない。

ロンメルの作戦では、エル・アゲイラを守って、モントゴメリー軍をして余儀なく展開させ攻撃準備をさせたら、すぐさまブエラトに移動して、トリポリ港そのものを掩護《えんご》するのだ。

十二月のはじめ、敵はわが軍の退却計画を察知したようである。敵がこのことに気づいたのはおそらく、エル・アラメインの時のように輸送力の不足から多くのイタリア軍部隊を失うのをおそれて、ロンメルがまずイタリア軍を移動させたからであった。ロンメルは機動力に富むドイツ軍を残し、モントゴメリー軍がまともに攻撃して来るまで、陣地を維持させた。

わがほうは十二月十二日の夜に撤退を開始した。敵が正面攻撃を策しているのが明らかになったためである。第二八八特別隊はマラダ路の南から沿岸道路を横断して地中海《ちちゅうかい》まで、アフリカ軍団の後衛を掩護しなければならなかった。イギリス軍の前進は、擬装敷設地雷や地雷、壕《ごう》などに妨げられて、遅れがちだったが、十五日にわが部隊と接触した。わがほうはマラダ路で第八機甲旅団の戦車部隊の攻撃を受けて、大損害をこうむり、ほぼ一個中隊を失う羽目になった。

私たちは主要道路いっぱいに掘った深い壕で、イギリス軍戦車部隊をくいとめたが、その時ニュージーランド部隊はその名を高らしめた「レフト・フック」を用いようとしていた。彼らは主陣地を大きく迂回《うかい》し、エル・アゲイラ西方ほぼ六十マイルのマトラティン谷で、私たちを遮断するような態勢をとって、私たちを脅かした。私たち後衛の大部分は、道路で蛙跳び戦闘をしていて、いまだに谷の東側に残っており、谷を通る唯一つ安全な道は主要道路だけであった。ニュージーランド部隊は配置についたが、はじめてその得意の手を発揮できなかった。その夜は月が出ていたけれども、道に迷ったらしく、中隊兵力並の小部隊に分散し、その部隊間の隙に、私たちは突進するようにした。だがわが部隊は戦車・砲・人員に多少の損害を受けた。

私たちは谷ごとに地下水路と橋梁《きょうりょう》を爆破し、道路に地雷をまき散らした。敵軍は用心しながら前進せざるを得なかった。それでも十六日の夜、ノフィリアで私たちに追いついた。わが部隊は一両日、モントゴメリーの部隊と小ぜりあいをやり、それからシルテの方へ退いた。

二十二日にはわずか一個師団、第一五装甲師団のみが前方に残った。第二一装甲および第九〇軽の二個師団は主力とともに、ブエラトに入り、新しい戦線の備えにかかった。敵はノフィリア以西に前進するのを逡巡《しゅんじゅん》した。ベンガジの基地から二百五十マイル余も離れていたためである。ブエラトで戦闘しようとするなら、明らかに前進飛行場を確保する必要があるので、さらに八十マイル先のシルテへ、敵は装甲車部隊を進撃させた。

先鋒部隊は小部隊だったが、私たちを包囲する危険があったので、またしても第二八八特別隊は蛙跳び戦闘を行なった。シルテは敵の手にゆだねられた。

クリスマスの前夜、シルテの目と鼻の先のバルボ海岸道で、私は後衛部隊の前線大隊を指揮していた。その日の午後モントゴメリーの部隊が村に入り、着陸場を整備するのさえ、私はこの目で見ることができた。

なんという奇妙なお祝いの夜だったろう！　ラクダ茨《キャメルソーン》の枝を運ぶため穴をあけた木柱を、私たちはクリスマス・ツリーに仕立てた。その木を銀紙で飾り、ろうそくらしいものも即席につくった。贈物には兵隊たちに巻煙草を三本ずつ配給した——大切にしまっておいたものである。故国から着いた郵便をくばった。手紙こそ最上のクリスマスの贈物であった。

　戸外でクリスマス・ツリーのろうそくにせっせと火をともしていると、暗いところをこっそりと三人の男が歩いて来るのに気がついた。声をかけると彼らはおずおずと前に出て来た。士官ひとりと兵隊ふたりのドイツ軍の斥候《せっこう》とわかった。士官の説明では、彼の部隊はずっと西の方にいて、前方を偵察して来いと命令されたのであった。

「これ以上先へ行く必要はないね、この先はイギリス野郎《トミーズ》だけさ」と私はいった。「君たちもこの貧弱なお祝いを、いっしょにやったらどうだい」

　しかし士官は大変任務に誠実で辞退した。彼は偵察をつづけるため、暗闇のなかを東の方へ去って行った。それからずっと後で、偶然、イタリアで彼と会った時に、その後の話を私は彼から聞いたのである。

　彼の一行は道に迷い、数時間歩きに歩いたあげく、私たちがクリスマス・ツリーを立てたところにまた舞い戻っていた。撤退にさいして私たちが道路に地雷を埋めたものと彼は判断した。彼は西の方へ、徒歩で偵察に出る時残したトラックを、捜索に行った。そして車に乗って西へ私たちの後を追ったが、道は危険だと考えて、避けて通った。それでも地雷にぶつかり、彼はふき飛ばされて、重傷を負った。他のふたりは軽傷だったので、彼を運んで行く途中、運よく地雷を埋めている工兵の一隊と出会い、ようやく原隊へ帰ることができた。

この話に特別な意味があるとは考えていない。ただこうはいえるかもしれない。クリスマスの前夜ともなれば、人は誠実なうえにも誠実になるものだと。


ブエラトの真西になるゼム・ゼム谷で、ロンメルはまたも防衛する気配を見せた。敵はこの時その理由に疑問をもったが、わが軍の将校にも同じように考えるものがあった。長さが約二十五マイルもあり、明らかに側面を包囲されやすいこの陣地を守らずに、ホムス＝タルフーナ間の自然の要害に拠《よ》ったほうが、理の当然と思われたのである。

真相は総司令部が年の明ける前に、全トリポリタニアを犠牲にしても、チュニス周辺のアフリカにもっぱら橋頭堡《きょうとうほ》を維持することを決定したためであった。もしわが軍がそこでイギリス＝アメリカ軍を阻止するならば、シチリア島を維持しているので、わがほうは地中海中央部を依然として把握することができよう。この海を敵の自由にまかせないですむし、そのうえ、敵をヨーロッパの南側面に近づけないことにもなろう。敵はしきりとそこを攻撃したがっているのだ。チャーチルはその事実をあからさまにしているのであった。

一九四三年一月のはじめ全イタリア軍はブエラトから送りだされた。私たちといっしょだった第二一装甲師団は、ロンメルのドイツ＝イタリア装甲軍から離れて、フォン・アルニム軍と合流した。私たちは第一五装甲師団および第九〇軽師団とともにゼム・ゼムに残った。

モントゴメリーはわが軍が維持する意図のないのを知っていたならば、やすやすとブエラト戦線からわが軍を駆逐することができた。彼の問題は、もしこの戦闘に勝ったとして、直ちにトリポリ港へ進撃する用意をしなければならぬところにあった。そこへ達する前に、彼はもっとも近い確実な補給港ベンガジから、六百マイルも離れ、きわめてもろく弱い立場にたつことになる。

歩兵二個師団をもって主要道路からわがほうを攻撃し、戦車部隊とニュージーランド部隊を左翼へ回して例のごとく側面包囲させる計画を、モントゴメリーは立てた。事実、ベンガジ港が暴風雨のため大きな害をこうむったので、正面攻撃に使う考えだった一個師団の移動が不可能となり、しかもあらゆる輸送機関を動員して、遠くトブルクから補給品を急送せねばならなかったのである。さぞかし彼は頭を痛めていたに相違ない。

だが彼はそう心痛するまでもなかったのである。わがほうは激しく抗戦するほど強力ではなかった。ニュージーランド部隊はたちまちわが側面に迂回し、前線では第一日にゼム・ゼム谷に彼の部隊は浸透した。私たちはまたもや地雷を埋め、破壊工作をつづけながら、蛙跳び戦闘の後退を、くり返すことになった。一月十七日の夜、わが軍はホムスを放棄した。この地方は険阻で、数において圧倒的に優勢な敵を迎えるのに、わがほうの助けとなった。わが軍はタルフーナ近傍でモントゴメリー軍を頑強に阻止し、ことにラムケのパラシュート部隊兵と、いまや惨めなほど数少なくなった戦車部隊とが奮戦した。

後衛部隊はホムスの西で激烈な戦闘をまじえたが、たとえ防禦陣地は堅固であっても、兵力があまりにも劣っていた。ロンメルはすでにその目を、後方のチュニジアにしっかりと据えていた。わが軍はコラディーニおよびカステルヴェルデで小戦闘を行ない、それから第八軽師団はトリポリを十二マイル離れたところで、夜陰に乗じて、最後の戦いを行なった。カステル・ベニート、アジジアおよびガリアンなどで、後衛戦闘があった。こうしてわが軍の抗戦は終って、後はまた蛙跳びの撃っては退く戦法であった。

エル・アラメインの戦闘開始以来ちょうど三か月、一九四三年一月二十三日に、モントゴメリーはトリポリに入城した。

三十七　初めてアメリカ軍と戦う

イギリス軍と連合軍はともに、北アフリカにおける全配備を、いまや再編成した。チャーチル、ローズベルトそしてアイゼンハワーは、一月の半ば、カサブランカで会談し、策を練った。この結果、第八軍はチュニジアに入った場合、アイゼンハワーの指揮下に置かれることになった。アイゼンハワーが総司令官になるのだが、アリグザンダーが実戦面での中心となり、第八軍およびアンダーソン将軍の下で最初からチュニジアで戦ってきた第一軍の諸部隊を合併して、第一八軍集団と呼ぶものの指揮をとることになった。

このイギリス第一軍ははじめその支配下に、完全に未訓練のアメリカ第二軍団や、ジロー将軍がイギリス人将官の下にあるのを拒絶したため、フランス第一九軍団を、包含していなかった。いろいろと紛糾悶着《もんちゃく》があったあげくやっと、アイゼンハワーはどちらかといえば曖《あい》昧《まい》な自己の管理から、両軍団をはずし、アンダースン将軍の手にはっきりと委ねたのであった。

アリグザンダーは正式に任命されるよりも数日前、二月十七日、急いで重要な指揮権をとった。その理由はロンメルがカセリーヌ地区に、思いがけない機敏な攻撃を加えたからだった。——この地区に後になってから私は運よく行くことになった。

一方、ロンメルはガベスでフォン・アルニムと会見し、枢軸側の作戦を検討した。フォン・アルニムの信じていたところでは、いま枢軸二か国の軍は手を結ぶのに成功しており、ビゼルタからマレト線へかけて、強力な橋頭堡《きょうとうほ》を保持すべきだとしていた。このマレト線というのは数年前フランスが、チュニジア＝トリポリタニア国境に構築したもので、「アフリカのマジノ線」と呼ばれている。だがロンメルは不賛成だった。このように広い戦線を長い期間維持できるとは、彼は信じていなかった。

枢軸軍最高司令部はチュニジアでの全戦闘に対応して、軍集団司令部を設けた。二月二十三日、ロンメルはアフリカ軍集団と称するものの総司令官として公表された（五月十三日、枢軸側のアフリカでの抗戦がすべて終結する時まで、彼は公式にはこの軍集団の総司令官であった）。

フォン・アルニムはわが第五装甲軍を引きつづき統率した。この軍はイギリス＝アメリカ軍と戦うため、急ぎ派遣された諸部隊からなり、その後にかなり増強されていた。ロンメルとその大部分がドイツ将校からなる幕僚が、新司令部を組織した時、ドイツ＝イタリア装甲軍はその存在に終止符をうったのである（装甲軍をロンメルは一九四二年十月二十五日から指揮していた）。

その代わり、第八軍がエジプトから追い返した兵力はいま再編成を終って、メッセ将軍麾《き》下《か》のイタリア第一軍となっていた。将軍はかつてロシア戦線でイタリア軍団を指揮したひとである。そしてドイツ・アフリカ軍団は彼の指揮下に入り、イタリア第二〇および第二一軍団も第一軍のなかに包含された。

チュニジアの兵力は数個師団の増援を得たが、もしこの増強が一年前ロンメルに行なわれ、糧食・移動の補給が確保できたとしたら、彼はその時スエズ運河まで進撃したことであったろう。フォン・アルニムの受けた増援部隊は次のようなものである。フランス戦線の古強者第一〇装甲師団、第三三四歩兵師団、ヘルマン・ゲーリング装甲師団、バレンティン連隊とコッホ突撃連隊――この二つはパラシュート兵で編成されている。新型VI号「虎《ティーガー》」戦車を装備した第五〇一重戦車大隊、マントイフェル師団――これは最近到着した。それから第四七連隊の歩兵数個大隊――一部はクレタ島から移動し一部は新しく到着した交替である。

枢軸側はドイツ装甲師団三個を有し、他の部隊はイタリア軍戦車で装備した。全部でざっと十四個師団で、その半数はドイツ軍であった。アリグザンダーが就任したさい、彼に属したものは約九個師団にすぎなかったが、五月にはほぼ二十個師団になるように準備が行なわれていた。

その間わが軍のほうが、敵よりも速やかに増強されていたようであった。アリグザンダーは日に一千名の増援が到着していると計算していた。新編成の部隊はわが病める元帥にとって、何ものにも優る良薬だった。

ロンメルはエル・アラメインからアフリカ軍団の残存部隊を、大きな損害もなくマレト線まで後退させた――ロンメルがエル・アラメインに着く前に、戦いはすでに敗れていたのだ――これは疑いもなく戦術家として、正当に評価されなかったようであるが、彼の最大の功績の一つであった。

ロンメルを超人とする説に、私は賛成しない。彼の身辺にいたので、その友と敵との両方が描いているロマンティックな色合いをおびた肖像よりも、彼がはるかに想像力に乏しく頑固であるのを、私はよく知っている。しかしエル・アラメインからマレトまでの長い退却中、ほとんど絶えず敵と戦ってきたもののひとりとして、彼が巧みに私たちをあやつりつづけ、必要以上の損害をけっしてはらわないで、チュニジアの守りが固められるあいだ時を稼いで戦ったその方法こそは、まさしくロンメルの功績である。

彼の特徴をよく表わしているが、ロンメルはほとんどフォン・アルニムと連絡をとらなかったし、再び攻勢に出る作戦計画をたてる前に、その敗れたアフリカ軍団を、マレト線の陰に撤退させた。

ところで、イギリス＝アメリカ軍はロンメルの背後で、広大な戦線に攻撃に出るおそれがあった。そこで彼は麾下の自動車化部隊の全力を結集し、できる限り敵軍を痛めつけるため、先手をとって奇襲に出ようとした。それから急転して再びモントゴメリーと相対し、敵を東方へ押し返して、第八軍がさもなければ開始するであろう攻勢を遅延させようと考えた。

私はここにチュニジアの複雑混迷した戦いの様相を、よしそれが、興味深いものであっても、くわしく述べるつもりはない。戦史に関心がなければ、私の部隊がガベスからガフサ・オアシスへ行く立派な道路を進撃した理由など、少しも気にかけないであろう。もし戦史に興味があれば、オアシスから出ている道が、カセリーヌとフェリアーナでチュニジアの西部区域を横切っているのを了解し、ロンメルの作戦の狙いが、明瞭《めいりょう》になるだろう。

ロンメルはファイドの背後に軍集団予備隊を置き、その主軸は第二一装甲師団であった。アメリカ第二軍団は未訓練のまだ血にまみれていない部隊だったが、ガフサとフォンドウクのあいだで、ファイド平原を横切った。カセリーヌ峠はその後にある。アメリカ第一機甲師団は分散して、シジ・ブジドの北の孤立した高地ジェベル・レッソーダ、スベイトラおよびスベイトラ＝ピションン路に向かって、シジ・ブウ・ジド村を包囲した。

二月十四日、ロンメルは約百台の戦車と掩護《えんご》部隊をアメリカ部隊《ヤンクス》に向け、急降下爆撃機《シュトゥーカ》でさらに「新参兵」の肝を冷やした。アメリカ砲兵隊は粉砕され、砲三十門を失った。ドイツ軍戦車は敵戦車を圧倒的に撃破した。

翌日反撃に失敗して、アメリカ部隊《ヤンクス》はスベイトラへ退却し、歩兵部隊はジェベル・レッソーダに切り離されて残った。多くの捕虜が出た。敵戦車の損害は甚大で——八十六台撃破された——もはや平原を保持することができず、敵軍はさらに西部区域へ敗走して行った。

わが第二八八特別隊が戦闘に加わったのは、攻勢の二日目であった。ガフサ・オアシスを攻撃・占領せよとの命令を受けた。アメリカ軍降下部隊と自由フランス軍が、オアシスを占領しているものと、わがほうでは予想していたのである。実際に占拠していたのはアメリカ軍レンジャー部隊と、西部砂漠での宿敵第一一軽騎兵とともに間もなくチュニス占領の栄誉をになうようになったイギリス軍ダービイシャー・ヨーマンリー部隊とであった。

だが彼らはアメリカ軍主力の退却にしたがって、西部へ後退し、そして東部地域にあった自由フランス軍も他地区へ撤退した。

ガフサの外側で、私たちははじめて戦場でアメリカ人とまみえるので、気負い立っていた。当時のアメリカ部隊が戦闘のやり方を知らず、過去二か年間戦ってきた相手、恐るべきイギリス部隊とは比較にならないのを、私たちは知らなかった。

私たちはオアシスの東、ガベス路の通っている峡谷に、陣地を構えた。その午後戦闘に備えて武器の点検を行なっている間に、偵察隊がオアシスの放棄してあるのを発見した。日没とともにわが部隊は地雷原を偵察しつつ進撃した。戦闘らしいものは、オアシスのずっと端で、小部隊と小ぜりあいをやっただけである。

私たちはさっそく巻煙草さがしをはじめた。アメリカ軍のトラック数輛《りよう》、その一台に巻煙草が積んであるのを見つけた時の、兵隊の喜びようといったら、大変なものだった。それに大後退をして食糧不足だった後で、手に入ったアメリカ軍の糧食を、惜し気もなく使うなんて、まことに変わり方もはなはだしい!!

朝まだき私の運転手がぜいたくなアメリカ製の朝食をつくっている時、私は新任の上官マイヤー大尉によばれた。これまで私は第二八八特別隊の第二大隊を指揮していたが、最近本国からマイヤーが来て、上官となり、大隊長となったのである。大隊は三個中隊から強力な二個中隊に縮小されていて、その一個中隊を私は指揮していた。マイヤーと私はとくに親しい仲ではなかった。大隊を引き継ぐさい、私がいろいろと隊のことを説明したが、彼はまるっきり興味を見せなかった。

ところでマイヤーは戦略的・戦術的状況を、私といっしょに討議した。私が地図を調べていると、彼が指令を読んだ。「大隊への命令。第二八八特別隊はフェリアーナへ向かって道路を直ちに進撃せよ。連隊の行進隊列は第二大隊が先導し、以下第一大隊、連隊付属分遣隊」

マイヤーはつけ加えた。「君の中隊が先導する。重装備の戦車猟兵《パンツァーイエーガー》をつけるからね」

私は中隊を直ちに出発させ、私のトラックの後に戦車猟兵《パンツァーイエーガー》、それから地雷探知器を用意した工兵分遣隊がつづいた。ガフサから北へ向かう道は、簡易舗装がしてあり、予想したよりもはるかによかった。

この移動は妨害されないではいなかった。ガフサからほど遠からぬところで、私たちは砲撃を受け、その監視兵は左側の高地の上にいるにちがいない。私たちは応戦した。急降下爆撃機が私たちを襲ってきた。私は最上の車輌を二台失った。私たちは再び隊列を整えた。

「前へ――進め！」

先頭に立って一、二マイル、わが中隊は北へ向かって走った。またもや急降下爆撃機が来襲したが、低空から来た飛行機は私たちに構わず去った。

通りすがった道にアメリカ黒人の屍体《したい》が一つころがっていた。真っ裸であった——おそらくアラビア人がはぎ取ってしまったのだ。

遠くを眺めると、戦車が北へ走っているのが、目に入った。アメリカ軍の戦車に相違ない。地図によると、フェリアーナの近くである。事実、さらに一、二マイル前進すると、道は谷へ下って、その盆地に家が散在していた。私はスロープを走りくだり、まだ隊列の後尾が背後の急坂で息をあえがせているところ、村のはずれに着いた。村から後尾への砲撃がはじまった。それと同時に私たちはトラックから跳び降りたが、近くの家から銃火を浴びせかけられた。敵の所在がはっきりしないので、私たちは村へ機関銃を掃射して応《こた》えた。

大隊の残りもたちまちトラックから降り、私たちは散開して進んだ。狙撃はやんだ。家々から大勢のアラビア人が飛び出して来た——男や女や子どもが、嬉《うれ》しそうに手を振り、口々に叫んでいるが、この連中はその時その時、勝ったほうに愛想を振りまくのだ。村長が私を指揮官と見て、腕を拡げて駆けよった。彼は挨拶《あいさつ》を早口にしゃべりまくった。だが私の右手は万一の場合に備えて、拳銃《けんじゅう》にかけてあった。村長は私にすがりつき、手に接吻《せっぷん》しようとした。私が邪慳《じゃけん》に押し返すと、ひざまずいて靴に接吻した。

アラビア人たちはほんの数分前まで、アメリカ軍といっしょだったので、なんとかして味方なのだと見せたいのである。彼らは地雷原を教え、アメリカ軍砲兵隊がたったいま退却して行ったと注意をし、村の向こうのはずれにまだ大きな戦車がたくさんいるといった。

地雷原は設置されたばかりで、掘り起こされた土が各地雷の位置をはっきり示していた。私たちは用心しながら進み、すぐ後から工兵隊が、後続の砲兵隊のために道に目印しをつけた。

地雷原を過ぎると、道はまた登りになった。急カーブを曲がる時、シャーマン戦車が道の前方、攻撃射程内にいるのを、私は見てとった。私は運転手の握っているハンドルに手をかけた。車は左側の土手の方へ鋭くそれた。私のすぐ後ろにいる砲兵分遣隊はすばやくこの合図を読みとった。彼らはまたたく間に、車を離れ、砲を前車からはずし、位置を定め、第一弾を発射した。その間敵の戦車はじっと動かずに、戦車砲の砲口を、私たちから右寄りの小高いところへ向けていた。第一弾が見事に戦車の側面に命中し、戦車はたちまち炎につつまれた。

私たちは前進をつづけ、燃える戦車に近づき、道の両側に機関銃を展開させた。伝令をマイヤーに送って状況を報告し、対戦車砲の掩護の下に、右手の高地を攻撃すべく、わが中隊を、私は展開させた。私たちはわずかな死傷者をだしただけで頂きに達した。一方、他の中隊はブーフホルツ中尉指揮の下に、左側の高地に進み、前進をつづけていた。

激しい戦闘が一時間つづいた。やがて濃い黒煙が前方に上がり、つづいて何回か爆発が起こった。明らかに弾薬集積所である。敵戦車部隊の砲撃はおさまった。私たちは速度をあげて、前進して行き、敵後衛部隊の最後尾とおぼしい戦車数輌が退却して行くのを見た。フェリアーナで戦利品をあさったり、のんびりしている暇はなかった。分遣隊を残して、燃えつづけている集積所から、できるだけ燃料、弾薬、糧食等を救いだすように命じた。私たちは付近のテレプト飛行場へ急進し、今回の攻勢の成果を目のあたりに見ることになった。敵は使用不能の航空機六十機を残していた。その多くと貯蔵品を敵は退却するさい、みずから破壊したのである。

私たちはその夜を、飛行場の北の防禦《ぼうぎょ》陣地で明かした。未明前、私たちに北進せよとの命令があった。私たちは全然抵抗を受けずに前進し、右手から私たちの頭上に突き出ている山脈の西にあたる平原で、はじめて敵戦車部隊と遭遇した。アメリカ第一機甲師団に所属するものだった。司令部からの報告がその理由を説明している。「アメリカ第一機甲師団は甚大な損害をこうむり、テベサへ退却中、第二八八特別隊はジェベル・レッソーダ地区に到達せり」

その夜の真夜中（二月十六―十七日）、戦車部隊はスベイトラを再度攻撃し、激戦の後、朝のうちに町へ突入した。アメリカ機甲師団は西方へ後退し、テベサの南東で予備部隊として再編成を行なうことになった。イギリスのアンダーソン将軍はアメリカ軍の敗北にきわめて心痛し、古い戦車を新鋭のシャーマン型と交換するため後方へ向かっていたイギリス機甲旅団を、途中で中止させた。そして旧戦車と、にわか仕込みのイギリス兵に操縦させたシャーマン型戦車とをつけて、その旅団をアメリカ部隊強化のために送った。

十八日ロンメルはその時集結を完了した機動部隊に停止を命じ、再編成をして燃料を補給することになった。彼はイギリス＝アメリカ戦線に深い突出部を攻めとり、三方から前進して、さらに遠く敵の側面を包囲することができた。カゼリンを通り、スベイトラとスビバを通り、そしてフェリアーナを通って、テベサへ向かうのである。

後でわかったことだが、敵は大混乱に陥っていた。十五日アリグザンダー将軍は五日後の司令官就任をひかえて、トリポリから空路アルジェに入った。しかし彼は急遽《きゅうきょ》、前線へ赴き、みずから指揮をとった。彼が後に自身述べているように、状況はその予想以上に危機に瀕《ひん》していた。退却の混乱にまぎれて、イギリス、アメリカ、フランスの各部隊がめったやたらと入りまじっていた。整合した防衛対策もなければ、指揮命令系統も統一がなかった。その最初に視察した峠――テベサ路のフェリアーナの上になるデルナイア峠で、彼は現場で先任アメリカ将校を地区に責任を持つ指揮官に任じ、陣地を死守せよと命令しなければならなかった。

ロンメルは彼得意の戦法で敵を粉砕したのである。

私は車を走らせて行くと、至るところで山の斜面の洞窟《どうくつ》や茂みに分散して潜んでいるアメリカ兵のグループと出会った。彼らの輸送車は谷間に突き落としてあった。おびただしいジープやトラックがわがほうの手に入った。——すべて新品で、しかも驚くほど装備がよかった。

私は捕虜となったアメリカ人の何人かと話し合ってみた。彼らはなんとポーランド人だった——ヨーロッパからアメリカへ移住した連中の息子たちであった。

私は年輩のオーストリア兵を斥候《せっこう》にだして、深い谷間に取り残されたアメリカ兵がいるか、調べさせたことがあった。彼は大急ぎで戻って来て、「中尉殿、谷に敵戦車がいます」と叫んだ。私たちは対戦車砲を持って、ひそかに谷間へ入った。本当だった。茂みがはじまる高みで、戦車のような車輛が幾つか、小さな窪《くぼ》地《ち》の下生えのなかへ隠れようとしていた。だがそれらは戦車ではなく、装甲無限軌道車で、小口径の砲を装備していた。私たちは砲撃を開始した。たちまち運転手たちは車を棄てて茂みのなかへ逃げこんだ。私たちは追跡し六台の車全部を捕獲し、運転手ひとりを捕えた。この六輛の部隊輸送車は、わが中隊にとって喜ばしい増援資材であった。なにしろ戦闘中六輛を敵のために失っていたのだから。これで五分五分というものである。

三十八　カセリーヌ峠

道はしだいにくだりとなって、急に左へ曲がっていた。その先に立っているのが、有名なカセリーヌ峠であった。

曲がり角に着いたその時、私のもとに連隊命令が届いた。「カセリーヌ峠を攻撃せよ――第一大隊は道路の左側、第二大隊は右側。機動力を十二分に発揮のこと。連隊本部――曲がり角北方最初の家屋」それだけだった。

ブーフホルツはすでに命令を受けていた。彼の中隊は散開して、右方の高地の方へ向かっていた。私の中隊も数分間に隊形を整え、ものすごいスピードで草地を、小さな窪地《くぼち》を横切り、岩を越えて、右方の峠を見おろす丘陵へばく進した。

敵砲兵隊は照準も確かに砲弾の雨を私たちにそそいだ。だが私たちは炸裂《さくれつ》する砲弾を巧みにかわして前進した。トラックを幅広く展開していたためであった。わずか一台のトラックが撃破されたのみだった。残りは傾斜地の麓《ふもと》へ突進した。深い谷が前方を横切っているので、トラックからやむなく降りることになった。兵隊は武器を持って車から跳び降り、トラックは掩護《えんご》するため轟音《ごうおん》を立てて後方へ戻って行った。

私たちは険しい崖《がけ》を、岩陰や窪みを盾にして、敵の砲撃・銃撃を避けつつ、よじ登った。間もなくブーフホルツの隊と同じ高さまで辿《たど》りついた。彼の隊は道路を越えて私たちの左側になる山にいるのが見えた。私の隊の右翼がかなり高くまで登っていたのを、ぼんやりと思い出す。汗にまみれて、私たちは一歩一歩山頂目指して登りつづけた。

山頂には岩が切り立っていた。露頭に手をかけて私は身体を引きあげた。私の頭が頂きに出るや否や、機銃弾が耳をかすめてつづけざまに飛んできた。私は下に落ちた。

アメリカ野郎《ヤンクス》は私たちのすぐ前――およそ三十ヤードのところに機関銃座を置いているのだ。頭上におおいかぶさった岩の下で、私は数人の部下といっしょに一息入れ、あたりを調べて、水筒の水をがぶ飲みにした。無電班がすぐ後から登って来たので、直ちに連隊本部に報告した。

左手で小隊長のベッカー少尉も山頂に着いた。彼は目が覚めるほど巧みに側面攻撃を行ない、私の前方の敵に機関銃陣地を放棄させた。散開した右翼の茂みから時折り銃声が聞えた。だが私たちは最初の目標――高地を占拠したも同様である。

ベッカーの位置からは、カセリーヌ峠背後の谷が、くまなく観察できた。主要道路は谷を抜けて、左方の峠へと登っている。アメリカ軍の車輛《しゃりょう》が引きもきらず、よたよたと登ったり、くだったりしていた。登って来るのはおそらく、弾薬や増援部隊を搬んでいるのだろう。彼らよりも高い所に腰を据えて、私たちはアメリカ軍戦線の背後地を、一望のもとに見おろしているのだ。まるで小びとの軍隊の演習を眺めているようであった。兵隊も、砲も、トラックも、下の方にとても小さく見えたし、とても無害に見えた！

「わが戦車部隊、峠を攻撃中」との報告が無電班に入った。続報を私たちは待ちかねた。

はじめ遠雷のように、やがて轟《とどろ》きわたるひびきが、山を登って聞えてきた。アメリカ軍がわが攻撃部隊に猛反撃を加えているのだ。「攻撃失敗」くそッ!! 詳報が入った。どうしたわけかこの重大な報告よりも、マイヤーが戦車部隊を援《たす》けて、あの捕獲したアメリカ製の半無限軌道車六輛とともに、攻撃に参加したが、一輛を除くすべてを失ったという補足的な報告のほうに、私は気をひかれてならなかった。

時をおいて、この報告が一つまた一つと届くあいだ、ベッカーは双眼鏡で、遥《はる》か下の道を調べていた。不意に彼は私の注意をうながした。ベッカーはあの長い砂漠の戦闘と退却の終りごろになって、アフリカへ来たのだが、有能で進取の気性に富む若い士官であった。

「中尉殿、道路をずっとくだったところに、小さな橋がありましょう。あすこまで行って占拠できれば、後方との交通路を切断できます」

私はその場所を調べた。「大胆な計画だ、ベッカー。大胆不敵だが、見込みはある。やろう」

三十九　橋とブルックリンから来た男

私はすぐさま将校三名、兵隊二十一名の攻撃隊を編成し、自動火器で武装した。持てるだけ弾薬を身につけ、下生えの陰を、もっとも近い窪地《くぼち》へ匍匐《ほふく》前進した。

下生えがなくなった。他のものをすぐ後にして、傾斜を下っている乾いた窪地に、私は身をおどらせた。ここに隠れて数百ヤードを進んだ。やがて窪地は高くなった。むきだしの地面に出るのではないかと心配だったが、幸いにも二十ヤード先に、べつの窪地があった。だがこの二十ヤードの間隙《かんげき》が危険である。茂み一つすらない裸の土地だ。一目見れば私たちのいることがわかる。

「ひとりずつ渡れ」と私は命令した。まっさきにエーベンビクラー少尉が短機関銃を持って、走り抜けた。ひとり、またひとり、私たちは駆け渡った。どうやら気づかれずに、試練を乗り越えたらしい。一発も敵弾を受けなかった。それともあまりに接近しているので、連合軍と間違えられたのだろうか？　山という障壁のこちら側に、ドイツ軍がいるとは、敵も予想していなかったのかもしれない。

太陽はその時沈みかけていた。計画を成功させるためには、直ちに行動を起こす必要があると、私は思った。あの橋を占拠せねばならないのだ。

私たちは運がついていた。私たちのいる窪地は橋のかかっている谷間へつづいていた。橋はたいしたものでなく、普通の地下水路で、せりもちが二つあり、高さ六フィート強、長さ十二フィートほどである。

私たちはそこに着き、ほっと一息入れた。

谷間と橋のたもとの両側に、機関銃を敵軍の背部へ向けて据えた。

暗闇が不意に谷におりた。それから数分すると、一台の車が敵地区の背後地から近づいて来た。橋へ進んで来た時、その車を止めようとした。が、車の上の兵隊たちは、私たちがドイツ軍なのに気がつき、ひとりが立ったまま銃を発射した。トラックは速度を速め、私たちに立ちなおる隙を与えず、橋を渡って走り去った。

これにこりて、次の車の音が遠くに聞え、闇のなかにおぼろげな形を浮きだした時には、もっと巧くやった。トラックは急速に近づいた。接近したところで、道の両側から機関銃がいっせいに火を吐いた。トラックは道をはずれ、ひっくりかえった。部下のひとりが飛びだして乗員を捕虜にした。――四人のうちふたりは負傷し、そのうちのひとりは重傷だった。

私たちは彼を毛布にくるみ、他の三人といっしょに、暗闇の中へ連れて来て、安全な橋下の谷に移した。

機関銃の音は、私たちの所在を暴露した。アメリカ軍歩兵部隊がどこか谷間のしもの方から、道路めがけて、散発的に銃射してきた。私は下士官ひとりと兵三名を偵察に出した。斥候《せっこう》のひとりが息せききって帰って来たが、なかなか声が出ない。

「アメリカ兵が接近しています――すぐ近くです」

しばらくすると六人のアメリカ兵が橋を渡って来た。彼らは橋の半ばにさしかかると、はっとたじろいだ。両側から私の部下が襲いかかり、あっという間に、彼らを釘《くぎ》づけにしてしまった。

間もなくまたトラックの近づく音が聞えて来た。私たちは身を潜め、トラックが橋にかかったところで、機関銃弾を浴びせた。今度は捕虜のなかに士官が三名いた。

捕虜の将校三名は予備隊が、橋梁《きょうりょう》アーチの一方の下で留置し、兵隊のほうは他のアーチの下に置いて監視兵をつけた。

射ちとめた二台のトラックで、部下に急造の障害物を橋の上につくらせた。またも数輛《りょう》のアメリカ軍トラックが障害物に近づき、速力をおとして、止まった――一発も射たずにトラックに乗っていた連中を捕えた。

前方にだしておいた斥候のひとりが、危うくのがれて戻ってきた。とぎれとぎれに報告した。「中尉殿、他のものは戦死しました。……谷間をくだって角を曲がると、いきなりアメリカ兵と顔を合わせたのです……自分らの行くのを見たにちがいありません……すかさずステンガン（短機関銃の一種）で射ちまくってきました……自分は他のものの少し後ろにいたので……逃げられたのです……」

私は側面を守るため、他の機関銃隊を谷間のしもの曲がり角へ送った。

捕虜のアメリカ軍士官のひとりが、私に話しかけてきた。私の英語は怪しいので、意味をくみとるのが、なかなかむつかしかった。どうやら判断してみると、私が指揮官かどうか尋ねているのであった。そして彼は橋の下の重傷者二名のところへ私を連れて行った。手当ての必要があると考えているのだ。だが私の隊の衛生兵はできるだけの手当てをしていて、これ以上重傷者のひとりひとりにしてやれることがなかった。そのアメリカ兵は頭部を射たれて、うめき声をあげていた。

チュニジアの闇のなかで、橋の下に横たわる瀕死《ひんし》の男のうめき声、聞くだに悲惨な思いだった。愚にもつかぬコンクリートの地下水路——ただそれまでのものである。だがしかしこアフリカの夜につつまれて、人々は勇気を極度に酷使し、そのために小さな金属片に頭蓋《ずがい》骨《こっ》を砕かれて、死んでいこうとしているのだ。

私は静かに闇のなかに戻った。べつのアメリカ将校の捕虜が私に声をかけた。スミス大尉と自己紹介したが、鍛冶屋《スミス》とはこの場合ぴったりの名前ではないか。

「障害物にした壊れたトラックのすぐ後に――道路脇の溝に私のトラックがある」と彼はためすようにいった。「剃刀《かみそり》と歯ブラシがないんでね。取りに行かしてもらえないだろうか」

彼のトラックは二十歩と離れていなかったが、なにぶんにも暗い夜のことだったし、敵歩兵部隊が手近にいるので、スミスは逃亡の機会を狙っているものと私は考えた。成功すれば、増援隊をひきいて、私たちを襲撃して来るだろう。「スミス大尉、心配はいらんです」と私はやさしく答えた。「手もとに新品の剃刀があるから、それを差し上げよう。歯ブラシもむろんあげます」

彼がどんな顔をしたか、闇のなかなのでわからなかったが、本当なのである。この二日間使っている鹵獲《ろかく》したジープのなかに新品の洗面道具があったのだ――いずれアメリカで心を痛めている女性の贈物なのであろう。彼女は夫か恋人かに送ったものを、こともあろうに敵の私が使おうとは、想像だにしなかったのではないか？

もうひとりは中尉だった。スミスよりも快活な男だった。私たちは橋の下で、たがいに身の上のことなどを、その場にふさわしくないくらい、楽しそうに話し合った。ブルックリンの出身だと打ちあけた。妻君と子どもがふたりいるそうだ。

「すばらしい都会だってね」私はまずい英語をあやつった。「いつか行ってみたいな」

「それなら」と彼は半ばふざけるように、「たぶんもうすぐそうなるさ」彼のいった意味がぴんときたので、私もとぼけた。「戦争に勝つまでには、時間がかかるけど……」

私たち二人は声をだして笑った。

どこの出身か、結婚しているのか――などと彼は尋ね、私も答えた。戦争のむなしさを議論し合ったのを憶えている。私たちのうち誰かが、戦争なんて恐ろしいだけで不必要な代物だといった。

私がナタール生まれで、妹がアメリカのニュー・ジャージー生まれなのを彼に話した。ニュー・ジャージーならよく知っていると彼はいった。

私たちの話は無電機のブザーの音で断ち切られた。連隊本部が私の正確な位置を知りたがっているのだ。地図を見てできるだけ正確に伝えた。それから間もなく本部はまた同じ報告を求めてきて、前の説明が不正確だと強調した。私は前の報告をくり返した。

私からの通信にもかかわらず、私の隊がカセリーヌ背後の道路を遮断したのを、本部は明《めい》瞭《りょう》に把握していないのであった。

最後のトラックが障害物に妨げられてから三十分が過ぎていた。遠く北の方で鈍い地ひびきの音がする。大地がかすかに揺れはじめた。もしやと思って、谷間から堤の上に登った。

大気のなかに機関の音がはっきりと、アメリカ軍のいる方向から聞えてきた。たしかに敵の戦車部隊である。

「もし戦車が来たら、射つな——橋を渡らせろ」と私は手近の機関銃手に命じた。

「ハイ、中尉殿！」

機関のひびき、キャタピラの軋《きし》りがだんだん高くなった。一台の戦車が道に浮かび出て、星のちらつく空を後に、巨人のようにそそり立つのを、谷間の縁から私は見つめた。

天蓋《てんがい》を開け、戦車長は身を乗り出して、あたりをうかがった。戦車は接近した。「このバリケードはどうしたんだ！」と声がひびいた。戦車長は答えを得られなかった。部下が橋の下で捕虜の脇腹に拳銃《けんじゅう》をつきつけていた。戦車長は口早やになにか操縦士にしゃべった。戦車は壊れたトラックを一方に押しのけて、進んで行った。

と、間もなく機関銃班の一つが、戦車の砲塔めがけて射ちだした。しまった！　命令を谷間の向こう側にいる機関銃班に、伝えるように念入りに確認するのを忘れていたのだ。銃手も銃手だ、シャーマンを機関銃でいとも簡単にぶちぬけると思っているのか！　戦車長はすばやく砲塔のなかに身を隠した。戦車は激しく砲撃をはじめた。第一弾で、私たちは坂をおり、橋の下にどうやら潜りこんだ。ここならまずあの戦車にはつかまるまい。轟々《ごうごう》と重戦車が頭上の橋を進んで行く。渡り切った。だが、鈍いひびきが近づくと、やがてまた轟々たる音と、無限軌道の軋りとひびき、地を震わせて、砲と機関銃の砲撃。もう一台の戦車が頭上を通過した。また一台そしてまた一台、それからもう一台、それが五番目で最後だった。戦車は峠の方へ進んで行ったが、やがてアメリカ軍歩兵部隊がいるとおぼしい方向へ、進路を転じた。戦車は橋の下の私たちに、縦射を浴せることができるようになるかもしれないと、私はおそれた。私たちも捕虜たちも、どうにも手のだしようがなくなるだろう。しかし私たちは無事に残されて、鈍いひびきは消えてなくなった。戦車は戦闘中の前線へ向かったのか？　それとも歩兵部隊から敵と捕虜が、橋の下に隠れていると教えられたので、近くに止まっているのではないのか？　実際、戦争なんておかしなばからしい仕事だと、私は再び考えた。

遠く暗闇のなかに個々の戦車の姿が見えるような気がした。いま橋を離れたら、戦車のものすごい火力で、私たちが皆殺しになるのは、火を見るよりも明らかだ。戦車が遠くへ行くまで、橋の下でじっとしている以外に手はない。……だが戦車は橋に戻って来るにちがいない。私たちと戦うために、歩兵といっしょに帰って来るのではなかろうか？　それとも橋の西側で砲塔から、私たちのいる窪地へ、手榴弾《しゅりゅうだん》をつづけざまに投げ込むかもしれない……だが私にはいつもの対戦車砲はないし、戦車のキャタピラを破壊する爆弾もないし、橋を爆破する手段もない。もちろん、私たちの身の安全を考えれば、橋は絶対に必要なのだが……。

緊張した時間がつづいた。ブルックリン出身のアメリカ軍中尉が、チューインガムと巻煙草を、私にすすめた。ふだんあまり煙草をのまない私だが、煙草でものめば気がまぎれるかと思った。ブルックリンいや少なくともアメリカのどこかを、戦争状態の終る前でさえ、見物できるかもしれないという可能性は、もはや遠くなってしまったようである。私は思った。私の本当にしたいことは、資格をとったら、東アフリカへ行って農業に従事することなのである。たしかにいつの日かアメリカを見たいと思っている。だが、こんなふうにではない、こんなふうにではない。なんていうことだ！　なぜ世間は、私が学業をすませ、アフリカで農業をやれるように、そっとしておいてくれないのか？

アメリカ軍の大尉と中尉とが、じっと私を見つめているのを、私は感じとった。平然とした顔つきで、煙草を深く吸い込み、いかにも煙草のみらしいようすをしてみせた。……偵察隊を出してみよう、もし戦車が本当に立ち去っていたら、捕虜たちを連れて、来た道を引き返すのだ。

「どうかしたかね、兄弟」と、中尉が私に近寄った。なんでもないというふうに肩をすくめて、私は簡単に答えた。「待つんだ」漫然と私たちはまた無意味な内輪話をはじめだすようになった。おかしな状況だった。アメリカ人にしろドイツ人にしろ、明日、捕虜にならないとは限らないのである。それだけに両方とも人好きがよく、自信をもとうとしていた。

するとまた戦車の低く鈍い音がしてきた。今度はカゼリンの方からであった。私たちは黙ってたがいに見つめ合った。トミーガンを手にした。機関銃手らは谷間の遮蔽物《しゃへい》の陰に身を隠した。かなり離れたところで、戻って来る戦車は橋に砲撃を加えた。砲弾が唸《うな》りをあげて、堤に落ち、炸裂《さくれつ》した。またも足もとの大地が震動し、キャタピラのがたがたというひびきととどろき、雷鳴のような音が頭上に聞えた。

一台、二台、三台、四台、五台。

戦車は通過し、前進して行った。わが機関銃手らはその銃座ににじり寄った。戦車のエンジンの鈍い唸りは、調べのないバグパイプのように、遠くで消えていった。

アメリカ人たちと私はまた顔を見合わせた。ブルックリン出身の中尉がにやっと笑って、「ガムはどう、兄弟」といった。

戦車が上司に報告するや、直ちに私たちに対する行動が開始されるものと、私は考えた。私たちはすみやかに橋の下から撤退しなければならない。

私はつづけざまに命令を発した。「エーベンビクラー少尉は数名のものとともに先導にあたる。ベッカー少尉は後衛を編成する」

兵隊は用意にかかった。が、まず負傷者をできるだけらくな姿勢にしてやった。私は捕虜の士官たちに向かい、まずい英語でしゃべった。「皆さん、諸君らのひとりは、看護に当るものひとりとともに、負傷者のところに残ってよろしい。ただし誓って、直ちに敵対行動に出たり、出発後一時間はわれわれの跡をつけたりしないように。いいですな」

彼らはじっと聞いていたが、黙ってうなずいて同意を示した。

誰が残るかは彼らの決定にまかせた。アメリカ将校たちはすぐさま、硬貨をなげてその裏表で、ひとを減らしていった。最後はスミス大尉とブルックリン出身の中尉とのあいだで、硬貨をなげることになった。私も心を惹《ひ》かれた。硬貨は闇のなかで回って、地上に落ちた。かすかな光の下で、表をだしていた。

表をとったのは中尉だった。彼が残ることになった。彼は私の捕虜にならずにすんだのである。私は嬉《うれ》しかった。

大尉はいささか気落ちした表情を見せて、「わたしが行くのだが、トラックの剃刀と歯ブラシはどうなるね？」

「心配なく。前線に戻ったら、必ずあげますよ」と私はいった。

エーベンビクラーとその部下は黙って、出発して行った。つづいて私と兵隊たちだった。せりもちの下を出ようとすると、ブルックリン生まれの中尉が笑いながら囁《ささや》いた。「さいなら、兄弟！　――ベルリンで逢おうぜ」

彼の陽気であけすけな嘲笑《ちょうしょう》は、不愉快なものではなかった。私は静かに言葉を返した。

「さようなら《アウフ・ヴィーダーゼン》、――ブルックリンで、戦争が終ったら」

手を振って、私は兵隊や捕虜たちと、堤をよじ登って行った。

カセリーヌを見おろす山の崖《がけ》を、私たちは注意しながら登り、それから長いくだりを辿《たど》った。連隊本部に戻り、捕虜を引き渡した。そして大地に兵隊といっしょにころがって、深い眠りに入った。

目をさますと、空が白みはじめていた。捕虜はもう尋問のため後方の臨時捕虜収容所へ送られたあとであった。スミス大尉に剃刀と歯ブラシをやることはできなかった。

明るくなってきた。夜明けとともに、新しい攻撃命令がくだった。

四十　霧の中のアメリカ部隊

戦略的展開についての説明は長くなるので省略し、アリグザンダー将軍の簡明な報告によって、その間の消息を伝えることにしよう。

二月十九日「敵は探索的攻撃を行なった」と彼はいっている。

「攻撃は三道路すべてに対して行なわれ、もっとも攻撃しやすい個所を発見しようと企図していた。その主力は右翼にあって、スビバに向けられており、カセリーヌ峠への攻撃は歩兵約一個大隊をもって遂行され、またフェリアーナに近きデルナイア峠に向かった兵力は少数の偵察隊にすぎない。スビバ南方にて、第一近衛旅団は頑強に抗戦し敵を撃退した。しかしカセリーヌ峠の攻撃は成功、敵はアメリカ軍陣地に浸透しはじめた。したがって翌日、すなわち二十日、この攻撃はいちじるしく増強され、他の二か所の攻撃は中止されるに至った。峠は掃蕩《そうとう》され、第二一装甲師団は、歩兵部隊およびドイツ・アフリカ軍団分遣隊の若干の戦車とともに、峠を越えて盆地を圧迫した。これによってロンメルは二つの取るべき道に直面したことになる。すなわち道は峠を越えて後、西および北へ分岐しているためである。西方へ向かえば、わがほうの南部基地および中心飛行場、テベサに至るであろう」

ロンメルはカセリーヌ峠近くの高地に立って、みずから攻撃の行なわれるのを、注視していた。峠を通じる道路を奪取されたけれども、アメリカ軍歩兵部隊と戦車とは、峠の向こうの平原に進出しようとするドイツ軍に、執拗《しつよう》な抗戦をつづけていた。第二八八特別隊は命令を受けて、道路上の主要攻撃のために、通路の敵を掃蕩することになった。私たちは道の両側に展開した。私自身の大隊の二個中隊は、峠に臨む高地を占領したのであったが、道の右側に向かった。私たちが苦闘して奪った高地は、頭上左側にそそり立っている。アメリカ軍歩兵部隊がスロープに引き返し浸透してきて、二、三の機関銃座を設置したのが、苦労の種であった。

私は道を遠くまで双眼鏡で眺め渡し、昨夜危い思いをした橋をアメリカ軍戦線の後に捜したが、遠く窪地《くぼち》に隠れているらしかった。一度、敵の後方地区からシャーマン型戦車が一台、道の方へ前進して来るのが見えた。白旗をかかげているので、わがほうは攻撃しなかった。死傷者を収容して、戦車は戻って行った。きっと橋はあの曲がり角のあたりにあるのにちがいない。

私たちは午後まで前進しなかった。作戦命令は複雑で、各種部隊の協力を必要とする。歩兵部隊――私たち――は前方の抵抗を撃破するのだが、戦車、砲兵、空軍の掩護《えんご》を与えられる約束になっていた。

これまでの経験から攻撃にあたって、掩護に頼りすぎてはいけないのを、私は知っていたが、今回は全作戦が手際よく緊密に行なわれた。シュトッテン大尉の指揮する戦車グループが計画通り、私たちの背後を進んでいた。戦車が私たちと並ぶと、新着の多連装ロケット砲《ネーベルヴェルファー》が怒号し、八つの砲口から火を吐きだして、私たちの前面に激しい弾幕を這《は》わせる。そこへ急降下爆撃機が襲いかかり、さらに爆弾の雨を降らせる。

私たちは潮のように前進した。アメリカ軍歩兵部隊の浅い戦線は、とうてい支えきれない猛攻にぶつかった。彼らは急いで濃い茂みのある険しい凸凹だらけのスロープに退却した。アメリカ軍戦車も同時に谷から出て、遮断される前に、逃れようとした。二台の戦車が、私たちの進撃したばかりの谷間に逃げ込み、乗員たちは戦車を棄てて、逃亡した。

暗闇が前進する私たちをつつんだ。だが前方の道はロンメルの望みどおり開放されていた。小規模の先制攻撃は計画どおりに遂行され、そして最初の攻撃の成功に余勢を駆って、彼はできる限り激しく攻撃をつづけようと決意した。

第二八八特別隊は、比較的小部隊ではあったが、いまや大きな任務を与えられていた。私たちは夜を徹して、テベサのアメリカ軍陣地へ進撃し、できうるならば、そこを突破することになった。資材の不足は、戦闘経験によって補えと、ロンメルはいった。彼が必ずや惹起《じゃっき》されるものと予期している、混乱に乗じて、断固完遂しようというのである。その夜の行進は闇と障害を衝《つ》いて行なわれた。多くの障害に直面し、私たち第二大隊は、第一大隊との連絡がとぎれてしまった。

夜明け近くに私たちはなだらかな丘のふもとに着いた。私たちはトラックを降りて、徒歩で前進した。草におおわれたスロープを登って行くと、夜が明けてきたが、濃い霧が私たちをくるみ隠していた。

並んでいたベッカー少尉が私の腕をつかんだ。霧のうずまく流れのなかに割れ目ができて、山腹を私たちに近く登って行く人影が見えた。

「敵だと思います」とベッカーはいった。

私はまさかと思った。隊のものにちがいない。だが一、二分後、ベッカーはまた私の腕をぐっとつかみ、興奮に口ごもりながら、「たしかだ――アメリカ兵だ！」一瞬、霧のなかに浮かび上がった人影を、彼は指差した。

鉄兜《てつかぶと》の形をはっきり見たのだと彼はいい張ったが、それでも私には信じられなかった。しかし数秒後、私にもわかった。わずか数ヤード先を、二つの人影が丘をよろよろと登って行く。まぎれもなくアメリカ兵であった。

私たちはあえて発砲しなかった。太陽が霧を散らし、私たちが白日の下にさらされる前に、頂きを確保しなければならない。

だがアメリカ兵も気がついた。彼らは発砲をひかえなかった。ベッカーとその部下とは優勢な敵と出会った。数発の銃声がひびき渡ったが、霧は再びあたりをつつんだ。ヴァーグナー伍長《ごちょう》、私の隊でも優秀なひとりが倒れた――瀕死《ひんし》の重傷だった。

私たちが頂上に着いた時、もうすっかり明るくなっていた。しかしそこは本当の頂きではなく、地面が少し平らになっていて、またべつの頂きへ登って行くのだ。いまとなっては、ここに壕《ごう》を掘る以外に、しようがなかった。なにしろ敵とはっきり向かい合っているのだ。右翼を指揮していると、本部に適当な干あがった、岩だらけの小さな川床があった。ここからは私の隊の側面になる平地を、ずっと見渡すことができた。

アメリカ軍の砲撃は明るさを増すにつれて、激しく襲いはじめた。戦いは、実際、気に入らない形ではじまった。川床の陣地から小さな峰の頂きに、私は這って進んだ。そこから見ると、遥《はる》か下に、砲兵陣地とかなりの戦車が見えた。私たちはアメリカ第一機甲師団の中心部近くに、位置しているのであった。戦いはいよいよ激しさを増した。

砲弾はあらゆる方面から、私たちに雨のように降りそそいだ。左方遠くで、モル大尉の指揮する第一大隊が攻撃されていて、敵戦車に包囲されたも同じであった。形勢はきわめて危険で、即刻退却しなければ全滅である。私の隊の兵力は半減し、かつてないほど孤立したのを、私は感じた。

私たちの背後、右方では、タータ争奪の激烈な戦闘が、わが戦車部隊と、イギリス＝アメリカ軍戦車部隊とのあいだに、燃え上がっていた。

アリグザンダーは、ロンメルが北へ向かうものとまさしく判断し、イギリス軍のアンダーソン将軍に命じて、タータ防衛のためその戦車を集結させていた。イギリス軍は急遽《きゅうきょ》タータに殺到したが、その混成部隊は、主として第二六機甲旅団グループで、イギリス軍歩兵二個大隊およびアメリカ軍野砲兵二個大隊が増強されていた。

それにつづく広漠たる地帯での戦いは、後にアリグザンダーが報告した通りであった。

「激烈を極め、戦いの帰趨《きすう》はまったく予断を許さなかった。ある時は数輛《りょう》のドイツ軍戦車が、ターラ南方の低い峠を突破したが、野砲の近接射撃によって粉砕された。情勢はまことに重大で、一時は危殆《きたい》に瀕したが、現地小部隊の勇壮無比かつまた果敢な行動によって、ようやく戦局を安定せしめたのである」

とにかく比較的に新鋭の第一〇装甲師団は、ロンメルがこの攻撃のために第二一装甲師団の先にだしたのだが、阻止された。そしてカセリーヌ＝テベサ路では、アメリカ第一機甲師団がジェベル・ハルマでわが軍をくいとめた……。

私の大隊の陣地は維持できなくなった。後退命令が午後になって届いたが、日中に実行するのは不可能だった。闇がおりてから、それに乗じて、急いでしかも整然と戦線を撤退した。その夜は退却をつづけた。

ロンメルはここ数日間に占拠したすべての陣地を放棄した。彼は攻撃に用いた戦車を、九台を除いてすべて脱出させた。追尾する敵は地雷と破壊工作に悩まされたが、二十五日にはイギリス＝アメリカ軍がカセリーヌ峠に帰って来た。そしてモントゴメリーもマレトでわが軍に脅威を与えはじめていた。

四十一　さらば「砂漠の狐」よ

今はマレト戦線が再び関心の的となった。アフリカにおける情勢はベルリンの最高司令部から楽観視されているようであった。そして引きつづき増援部隊が、中隊兵力に至るまで、着実に到着しつつあった。メントン大佐は第二八八特別隊で、再び第三大隊を編成することになった。

私はその編成をまかせられ、スファックスで指揮を引き継いだ。おかげで戦場から離れて、数日間休息をとれるようになった。

カセリーヌの戦闘が重大局面にあった二月二十一日、アリグザンダーはモントゴメリーに命令を発して、わが南側面にできうる限り、強力な脅威を与えるようにさせた。モントゴメリーはまだ攻撃準備が、整っていなかったので、たいして効果をあげるまでに至らなかったが、かなり有力な部隊をメドニンまで進出させた。もっともわが軍と接触はしなかった。わが軍がカセリーヌを撤退しはじめた後で、アリグザンダーは攻撃を開始して余計な危険を冒し、自軍の将来の作戦をそこなわないようにと、モントゴメリーに注意した。

ロンメルの苦境は昔のに比べればさして重大ではなかった。たしかにアリグザンダーがいっているように、「エル・アラメインに出撃したさいに、ロンメルはいちじるしく初期の成果を収めすぎて、みずから以前よりも悪い立場に入った」のである。しかし大胆にも勝利をもぎ取ろうとしたことで、彼を非難するのは当らない。彼はいずれの場合にも成功の寸前にあったのである。最初にアメリカ軍を寸断した後で抗戦が激しくそして膠着《こうちゃく》していれば、彼はそれ以上危険を冒さなかったはずである。カセリーヌの戦いの結果を「惨敗」だったと評するのは道理に合わない。

引きつづき機会をつかんで、決定的な勝利をかち得られないとしたら、せいぜいモントゴメリーをかろうじてくいとめるのが関の山なのを、ロンメルは十分に承知していた。彼の最大の希望はいまや、モントゴメリーが彼を攻撃する前に、モントゴメリーを攻撃することにあった。おそらくもう少し早くモントゴメリーを攻撃していたほうが、はるかによかったのであろう。しかしロンメルは背後にある第一軍の脅威を、重く見ていたのであった。

私たちがカセリーヌから撤退した時、フォン・アルニムは第五軍の戦線で、アンダーソン軍を攻撃した。激しい山岳戦が悪天候のなかで、数日間にわたって展開し、つづいた。

ロンメルは三月六日の朝に攻撃することを決定した。部隊をマレト線地域に集結し、戦争前フランス軍がトリポリタニアのイタリア軍に対して、万一の場合を考えて計画した攻撃作戦を、踏襲しようとした。——すなわちモントゴメリーの戦線の左翼で、山岳地帯を掃蕩《そうとう》しようというのである。

私たちはその前夜に命令を受けた。第一〇および第二一装甲師団——ロンメル麾下《きか》で最強の部隊——が主要な攻撃を行なうことになった。私たち第一五装甲師団と第九〇軽師団は、攻撃成功の場合それを利用する準備をなし、局面によって援護に出ることになった。

ロンメルはその夜戦闘命令のなかで明らかにしたが、攻撃目標は「トリポリ奪回」——まさに野心的な計画であった。翌朝、彼はクサール・エル・ハルーフの峠でオープン・カーのなかに立ち、戦車部隊が霧を衝《つ》いて攻撃すべく曲がりくねった道をくだって行くのを眺めていた。

彼は黄疸に苦しめられている病人だった。首には包帯を巻いていた。——砂漠性咽喉《いんこう》カタルに罹《かか》っているのだ。この戦闘に勝たなければ、アフリカでの望みは断ち切られると、彼は親しいものに打ちあけていた。それは彼にとってアフリカでの最後の戦いとなり、そして敗北に終ったのである。

敵の偵察機はわが部隊の集結しているのを察知していた。アリグザンダーはロンメルが明らかに攻撃のため移動中であると、モントゴメリーに警告した。モントゴメリーは望むところであり、そう出ないのではないかと心配しているだけだと答えた。

モントゴメリーの麾下には宿敵がいた。——フレイバーグのニュージーランド部隊と第二〇一近衛旅団が、メドニン周辺で、わが軍を待ちかまえていた。もしロンメルがメドニンを占拠すれば、第八軍とトリポリ間の兵站《へいたん》線を遮断し、イギリス軍の大部分を包囲するであろうことを、モントゴメリーはよく承知していた。彼は地雷を敷設する時間がなかったが、多くの対戦車砲を壕《ごう》に設置し、攻撃して来る戦車に縦射を浴びせる目的で砲撃視域を短くしてあった。

敵の陣地がいかに堅固であるかを、実証するようになるとは、ロンメルは考えていなかった。わが軍はその日四回攻撃を敢行して、五十輛《りょう》以上の戦車を失った——かけがえのない数である。アラム・エル・ハルファの場合と同様に、モントゴメリーは戦車をくりださなかった——事実、彼はわずか一個中隊程度を使用したにすぎなく——わが軍は層の厚い対戦車砲陣地に向かって、いたずらに兵力をついやした。夜になってロンメルは望みのない戦いを中止した。

その夜彼はさとった——アフリカにある彼の軍にとって唯一つ残された機会は、再起するため、できれば、軍を無事にイタリアへ引きあげることだった。彼のなしうる唯一の仕事は、いやではあるがその個人的影響力を利用して、ヒトラーと会い、撤退の許可をもらうことである。

一九四三年三月九日、アフリカ着任以来二か年、ロンメルはみずから進んでこの戦域を去った。アリグザンダーの説によれば、彼の出発はたしかに病気が原因だったけれども、同時にドイツ国防軍最高司令部は名声高い司令官を、敵の捕虜とする危険を冒したくなかったからである。

ロンメルのヒトラーに対する任務は無益だった。彼はヨーロッパで司令官となるために留められ、アフリカへ帰るのを禁じられた。フォン・アルニムが軍集団の指揮をとり、フォン・フェールスト――私が第一五装甲師団第一一五連隊にいた時の旧司令官が、第五軍司令官となった。ベルリンはアフリカの総司令部に暗号で指令を送った。「ロンメル元帥の更迭はあらゆる場合に秘匿のこと」

アフリカ軍団は重大な打撃を受けた。

私はもう一度ロンメルと顔を合わせることになった。北部イタリアのガルダ湖畔で、参謀会議が開かれた時であった。この時も彼は群がる人々にまぎれている私に気がつき、予定された重要会議の準備のさなか、足をとめて内輪話をして、並いる上官の将校連をびっくりさせた。

だがこのロンメルはもはやその昔のなつかしい司令官——埃《ほこり》まみれで、スカーフを首に巻き、彼の目じるしである塵《ちり》除けゴーグルを軍帽のひさしの上にのせ、せいぜい一、二人の幕僚をひきつれた「砂漠の狐」ではなかった。いまや階級章をきらめかした幕僚の一団に囲まれ、その帽子も真新しく奇異な感じがしたし、手には元帥杖《づえ》をたずさえていた。「元気かね、シュミット」と彼は尋ねた。「アフリカにいて、第八軍と戦っていたあのころのほうが、ずっと楽しかったと思うよ……」

四十二　地獄のマレト戦線

マレトが次の大戦闘の場となった。ロンメルがアフリカを去った翌日、三月十日、まず短時間だが血みどろの遭遇戦が行なわれた。

ロンメルの指令に基づき、メドニン大敗後の士気を支えるために、わずかなりと勝利をかちとろうと、そして活動をつづけて、敵に決戦準備を完了させないようにと、わがほうは努力した。第二一および第一五装甲師団の偵察部隊は、急降下爆撃機とともに、マトマタ山脈の西にあたる砂漠の前哨《ぜんしよう》拠点、クサール・リレーヌで、自由フランス軍——ルクレール将軍（ド・オートクロック）指揮の下にチャド湖からアフリカのオアシスを縫って、大長征を行なった歴戦の勇士たち——を攻撃した。

この攻撃は失敗した。おもにフランス軍がビル・ハケイムでケーニグ指揮の下に行なったごとく反撃に出たからであり、またイギリス空軍と南アフリカ空軍が強力に援護したためであった。

マレト線そのものは全長ほぼ二十二マイルで、海からマトマタ山脈までつづいている。沿岸の端で線は、天然の対戦車壕《ごう》をフランス軍が人工的に強化した、ワジ・ジグ・ザウの背後に横たわっていた。防禦《ぼうぎょ》線は相互に連絡させたトーチカからできていて、コンクリートと部分的に地下壕で強化してあった。間隙《かんげき》は鉄条網と地雷でふさがれていた。フランス軍は戦前にここを構築したさい、マトマタ山脈の西にある砂漠で、側面包囲されることはないと、考えていた。だがモントゴメリーの奇襲部隊「長距離砂漠挺進《ていしん》隊」は、そうでないことを証明したのであったが、それでもなおアリグザンダーはここのわが防禦線を、ほとんどエル・アラメインに匹敵する強さだと思っていた。

モントゴメリーのマレト戦線に対する攻略作戦は、海岸近くでワジ・ジグ・ザウへの正面攻撃を含んでいた。その部隊は防禦線を突破したあと、右翼からそれを陥《おと》していく。彼はさらに計画して、ニュージーランド部隊を、自由フランス軍および戦車一個旅団とともに、山脈を迂回《うかい》させて、「レフト・フック」を与え、そしてわが軍を籠《かご》の鳥にするため、ガベス＝

マレト路を切断しようとしていた。

アリグザンダーもまた準備を整えていて、パットン将軍麾下《きか》のアメリカ軍をして、わが軍の右翼後方に圧迫を加えようとしていた。彼らはガフサとエル・ゲタール隘路《あいろ》を占拠することになっていた。アメリカ軍は三月十六日に進撃をはじめた。ドイツ軍偵察部隊は彼らと接触を保っていたが、ガフサでは反撃せずに、エル・ゲタール村東方の峠に後退した。

その間、マレト戦線でも動きが活発になり、二万七千のニュージーランド部隊は、わが右翼を掃蕩《そうとう》しようと活動をはじめていた。モントゴメリーの総攻撃は、三月二十日の夜となっていた。宿敵第三〇軍団は、その時に第五〇および第五一師団、第四インド師団、第二〇一近衛旅団で編成されていて、ワジ・ジグ・ザウと防衛線を粉砕しようとしていた。もし彼らが突破した暁には、第一〇軍団と機甲二個師団とが、ガベスとスファックス目指して進撃するのである。

私の部隊、第二八八特別隊はガベス・オアシスのすぐそばで三週間駐屯《ちゅうとん》し、前線の背後で訓練にはげんだ。私の任務は自分の新しい大隊を、激しい戦闘に備えて、鍛えあげることだった。

二十日の朝、ちょうど席に落ち着いて、婚約者に手紙を書こうとしていると、連絡本部から非常呼集がきた。命令で私の大隊は直ちに出動準備にかかることになった。四時間以内に第九〇軽師団参謀部の指揮下に、私たちは置かれることになったのである。

イタリア軍第二〇軍団が、ワジ・ジグ・ザウの沿岸地区を守っていて、その指揮下に第九〇軽師団のほかイタリア二個師団――青年ファシスト師団とトリエステ師団があった。ほかに三個師団が戦線の端マトマタ山脈を守り、第一五装甲師団がその後で緊急の場合に予備隊として待機していた。第二一装甲師団は遥《はる》か後方にひかえ、ジェベル・テバガとジェベル・メラブとの間隙を防禦する必要が生じた場合に、備えていたが、そこへ向かってこの日ニュージーランド部隊は進撃をはじめていたのである。

私は大隊の士官数名と、定められた時間に、第九〇軽師団司令部に出頭した。その数分前、アメリカ軍爆撃機の編隊が、このあたりに爆弾の雨を降らせていた。負傷者がまだ運ばれている有様だった。

私たちはすぐさま簡単に状況説明を受けた。最初の数語で、機動任務につくのでなく、苦しい陣地戦をしばらく戦うことになるのを、私は覚悟した。

参謀将校の言葉にことの重大さがこめられているのは、いかにしても否定できなかった。

「諸君、かくも早急に参集されたことは、欣快《きんかい》に堪えない。一刻たりとも貴重で、その間に貴官らは各自の前線陣地を点検する機会が得られるからである。信頼すべき情報をわが諜報《ちょうほう》機関がもたらしたのであるが、第八軍は今夜この戦区に攻撃開始を企図している」

彼は私たちに大きな戦況地図を見るように指示した。私たちはそれぞれの地図帖の上の薄紙に境界と隣接部隊名とを手早く書き留めた。幕僚は話をつづけた。「知ってのように、青年ファシスト師団がこの戦区を守っているが、その戦闘力はきわめて低い。そのため第八軍は攻撃をこの地点に集中する公算が大である。これらの部隊を直ちに交代することが肝要である。諸官は夕刻までに戦区につき、敵の猛攻撃を撃退するよう諸般の準備を整えねばならない」

会議は十分たらずで終った。終了までに私は戦区を分けて、中隊の担当地区をきめてしまった。

思ったより敏速に、しかもなんの妨害もなく、戦線の交代をすませた。イタリア軍部隊の大部分は、私たちの到着前に、事実上、引きさげられていた。

ワジ・ジグ・ザウの末端にあるフランス軍の構築した防禦陣地は、なかなか堅固なもので、私は心強く感じた。あるものは鋼鉄の装甲がほどこしてあり、砲撃や爆撃にも堪える。だがなかには射撃視界のことより、むしろ待避の目的で築いたものがある。また銃眼のないのもある。それから大部分はフランス軍の二十五ミリと四十七ミリ対戦車砲を据えるために設計したものだったので、わが五十ミリや七十五ミリの砲には狭すぎ、致し方なくこれらの砲は防衛線の後に配置した。塹壕《ざんごう》の中央には多くの機関銃、迫撃砲陣地が用意してあり、壕は砂岩の土のなかに構築してあった。

防衛線の前面、ワジ・ジグ・ザウは、ところどころ氾濫していた。その先数百ヤードに険しい丘が立ち、視界を遮っていたが、敵もわがほうの陣地を観察する場合、同じように距離の制限を受けているのである。孤立した塹壕が前哨拠点としてその丘につくってあった。躊《ちゅう》躇《ちょ》したが、上からの命令なので、私は約一個中隊に近い兵力の分遣隊を、その丘を守るために特派した。こうして日没前数時間のうちに、戦区を調べ、火器を系統的に配置し、掩《えん》護《ご》地点を指揮する責任者を、私は定めた。

間もなく日没という時になって、増援のドイツ軍部隊が到着した。彼らはわずか数時間前に輸送機で、アフリカに着いたばかりなのである。新部隊は詳細な査閲を受ける暇もなく、前線戦区にあわただしく分配された。

最左翼の指揮に当ったアモン曹長は、その日の夕方、猛烈な砲火を浴びた。彼の報告によると、敵部隊の移動が目撃できた。また彼の左隣りにいるイタリア軍部隊との連絡が、まったく途絶えていた。彼の地点とイタリア軍部隊とのあいだに間隙ができていたので、私は連隊に報告して、援助を頼んだ。

夜の十時、私は戦闘本部とした防禦陣地の屋根にのぼった。おだやかな星のきらめく春の夜だった。

あまりにも静かな夜なので、諜報機関の報告が誤りだったのではないかと、私はいぶかしく感じた。こういう間違いは前にもよくあったのである。おそらく第八軍はこの夜は攻撃してこないだろう。飛行機が一機頭上に鈍いひびきを立てていた。エンジンの音から判断して、メッサーシュミットの夜間戦闘機だ。遠く敵の戦線で、落下傘照明弾が、闇のなかをゆっくりと落ちていく。わが爆撃機が激しく活動しているのだ。

突然、地平線全体が、電光に照らされたように、明るくなった。「敵は派手に高射砲を射っているぞ！」と私は伝令にいった。光はきりがなかった。見渡す限り遠くひろがって、閃《せん》光《こう》が後から後へとつづいた。不意に私はさとった。電光どころか、モントゴメリーの弾幕なのだ。

数秒後、うなりを立て、ひゅうっと鳴り、鋭い音をひびかせたと思う間もあらばこそ、あたり一面爆発音に埋められた。私は陣地の屋根から、下の深い壕のなかへ、跳び降りた。その瞬間、イギリス軍の高性能爆薬が、周囲を塗りつぶした。

もの思いなんてその恐ろしい弾幕のなかでふっとんでしまった。「戦え——命を懸《か》けて戦え！」心のうちで呟《つぶや》いていた。間もなく歩兵か戦車、あるいは双方の攻撃があるにちがいない。まず砲撃でわが軍を粉砕しにかかったのだ。ものすごい連続集中砲撃がつづきにつづいた。

私は塹壕のなかをかけめぐり、火蓋《ひぶた》を切る用意ができているか、また各戦区で敵の前進を、あらかじめ警戒できるように、前方へ監視兵一名をだしたか、たしかめてみた。すでに塹壕の形はかなり壊れていた。固い砂岩なのにかかわらず、多くの側面は崩れ落ちていた。絶えず崩れた石や、岩の山を、這《は》い登ったし、不発弾を飛び越えたりすらした。

ある遮蔽《しゃへい》壕の内部では、戦死者や負傷者が武器のそばに、ころがっていた。ほとんど掩護のない前進監視哨を、たとえ三十分でも守り通す兵隊たちは、不抜の勇気がなければならなかった。

谷の縁に当る、戦区中央部の低い陣地の一つに行った。多くの分遣隊員が戦死していた。陣地の入口の前、少し一方に寄って、壕のなかで、軽い傷を受けた二人の兵隊に出会った。「すぐ前面の丘に戦車がいるぞ！」とひとりが私に叫んだ。見たことのない兵隊だった。——交代兵のひとりにちがいない。

「戦車が直撃弾で壕の防備を破壊したんだ。ここにいるのは自殺も同然ですぜ！」と彼はつづけて叫んだ。

「しっかりせい」私は叱りとばして、「敵の歩兵がいつ突撃して来るかわからんぞ。すぐ隣りの機関銃座につけ」

負傷したものも、負傷していないものも、私たちは生か死の瀬戸際にいた。破壊された遮蔽壕のなかへもぐり込んで、私は機関銃を引きずりだした。振り返って見ると、二人の兵隊はさっきの所に横たわったままでいた。動こうともしなかった。わずか数秒の間に、一発の砲弾が炸裂《さくれつ》して、二人を殺してしまったのだ。

　私は自分の陣地へ急いで戻って行った。途中は来る時よりも困難だった。数秒ごとに、爆発を避けて、腹這いになった。塹壕はますます崩れ、陥没していった。

　やっと陣地に辿《たど》りついた。私は三名の兵に命じて先の機関銃座を守らせることにした。そのなかに隊で一番の伝令で、小柄なおもしろい兵隊がいた。彼はしばらくすると、息せき切って、帰って来た。「中尉殿、イギリス野郎《トミーズ》の攻撃です。――奴らはもう目の前にいますぜ！」

　いよいよ戦闘だ。即時警戒を叫んで兵隊たちは壕のなかを走り回った。

「歩兵攻撃だ！　武器を取れ！」

数秒のうちに、敵の砲撃をまぬがれた機関銃が火を吐き、前線から交差した。わが銃火は、谷へ向かって、熾烈《しれつ》を極めた。弾帯が次から次へと銃を通った。

　前哨拠点を守る中隊は破砕されてしまっていた。十五分前、「戦車来襲」の信号を認めたのであったが、それ以後、なんの信号もなかった。激しい戦車からの砲撃が、彼らのいたところから、私たちに注がれた。

私は伝令をアモンのいる左翼陣地へ送った。伝令は露出した地域を横断しなければならなかったが、ついに通り抜けることはできなかった。予期した通りだった。彼は敵の歩兵と遭遇し、手榴弾《しゅりゅうだん》にやられたのであった。イギリス兵の一部そのものが束柴《そくさい》を積んで、谷の堤をよじ登ったのは明らかである。じつに剛胆勇猛の振舞いだった。彼らはまだ自軍の砲火にさらされている地域を越えて突撃して来た。

一団の兵を送って、私たちの陣地の左翼前方塹壕に侵攻して来た敵部隊を、掃蕩させることにした。この塹壕の端の陣地を奪回し、捕虜三人を捕えた。しかし敵兵の幾人かは孤立地点を頑強に死守し、雨霰《あられ》と手榴弾を浴びせて、わが兵を迎え撃った。彼らを撃滅することができないので、やむなく主要塹壕に通ずる道を遮断するのにとどめた。

アモンの掩護地点から私に無電連絡があった。「敵歩兵部隊はわが陣地の左右を突破。掩護地点はいまだに確保す」

夜が明けると、昨夕わが前哨中隊が布陣していた小丘に、イギリス軍のヴァレンタイン型戦車のあるのが見えた。私たちはそれらを砲撃することができなかった。わがほうの重対戦車砲は、昨夜、適当な陣地を準備する余裕がなかったため、まだ防衛線の背後に置いてあった。だが機関銃と迫撃砲の集中砲火で、午後には丘から敵を駆逐することができた。歩兵部隊の浸透も、その弾薬をつかいつくして、掃蕩された。その日最左翼を除いて、私の戦区の壕陣地をすべて奪回した。

第五〇師団のイギリス兵を数多く捕虜にした。イギリス兵は氾濫した谷を、徒歩で渡って来たのだが、車輛が通れなかったのを、口惜しがっていた。わずか数台の戦車が水をかきまわして遮二無二前進したが、増援部隊の来るのは望めなかった。

軍医は傷を負った若いイギリス軍少尉の手当てをした。「あなた方はなんのためにまだ戦っているんです」とイギリス将校はいった。「われわれは人員・資材とも、圧倒的に優位に立っていますよ。せいぜい何日か何週かという問題にすぎんのです。とにかくあなた方にとって戦争は終りますよ」

私たちはこの言葉を信用せず、彼の楽観ぶりを笑った。

「ゲッベルスをどう思います?」とイギリス将校は、敏感な若いウィーン生まれの外科医に尋ねた。「なんて答えたらいいんですかね」と軍医は私に助けを求めた。私は肩をすくめて、一言も口にしなかった。

遠く左翼の方で、第八軍の部隊が、かなり深くマレト線を突破していた。私たちの真後ろに当る防衛線の背後遥かに、一団のイギリス兵が高地を登って行くのを、私は目撃した。

私は後方部隊とまったく連絡がとれなかった。退却命令が文書で出ているのではないのか?　私は無電で問い合わせてみた。数時間後返事が戻ってきた。「陣地を死守せよ。増援連隊が間もなく反撃を開始す」

アモンの掩護地点は、私の左翼に離れ小島のような形で、残っていた。彼は無電を送ってよこした。「敵は前方地域を戦車をもって突破せんものと行動中」私たちも照準の確かな敵砲火に制圧されていた。前方の丘のすぐ後ろに隠れている戦車から射撃しているのだ。遮蔽物から頭をだすのさえ、ほとんどできなかった。

第二夜となった。敵の砲撃がさらに激しくなるものと予期していたが、意外にもそうならなかった。それにまた、あるものと覚悟していた、歩兵攻撃も行なわれなかった。私は警戒して、機関銃と迫撃砲で、断続的に谷を掃射した。いくつかのイギリス軍攻撃部隊が、左翼の前夜占拠した壕から、再び前進を試みた。手榴弾とトミーガンとで、損害を無視して、彼らは前進してきた。またしても私たちは左翼の陣地を失った。

いまや私の部隊の損害が目立ってきた。各重要陣地をふたりの砲手が受持っていて、局部的に反撃を行なわせる予備隊もなかった。再び私は壕の端を遮断し、迫撃砲の弾幕でかろうじて敵を撃退しなければならなかった。予定された連隊の反撃は、そのきざしも見えなかった。あの無電通信は苦境にあるかもしれない私たちに、たんなる気休めを送ってきたのかと、私は考えはじめた。

だが、そうではなかった。午後早くまた通信が入った。「第一一五歩兵連隊攻撃中。友軍に発砲せざるよう注意」

間もなく、ドイツ軍歩兵部隊が、私たちの遥か後ろで、躍進行動をとりながら前進しているのを、目にとらえた。彼らは明らかに失地を奪回しつつ、冷静に前進をつづけた。私たちは前線よりも、背後の戦闘が気になって、注意していた。だが局部的攻撃はもう心配する必要がなかったのだ。私はかつて属したなつかしい連隊に誇りを感じるとともに、感謝の念をいだいた。彼らは私たちを救援するために、近づきつつあるのだ。

わが砲兵隊は私たちの左翼にある、敵が占拠した壕と前方の丘を、砲撃しはじめた。その激しい砲撃にもかかわらず、イギリス軍砲兵隊はいままでは沈黙を守っていた。第八軍はその前進部隊の位置を知らなかったのか、あるいは砲を前線の他の場所へ移動していたのか？

あらためて勇気をふるいおこして、私たちは塹壕線から突撃した。私はいくつか重要な掩護火器をあとに残しただけであった。多くの兵隊たちは左方へ突進し、ジグ・ザウ峡谷その Ones のものへつっこんだ。イギリス軍歩兵は思いのほか、接近していて、あるものはわが陣地の前面数ヤードに迫っていた。敵は退却をはじめ、大多数は成功したが、わがほうに捕えられたものもあった。増援部隊が到着した時、捕虜の一隊を彼らに引き渡した。

間もなく私たちは全塹壕線を再びわが手におさえた。私はアモンと直接連絡がとれた。彼は二日間にわたって、その前哨拠点の壕を、イギリス軍兵士と共有していたのである。新しいドイツ軍歩兵部隊が、その左翼の間隙を埋め、私はやっと安心した。掩護砲火の下で、谷を越えたイギリス軍橋頭堡《きょうとうほ》部隊は、モントゴメリーの命令で後退した。マレト線に対する正面攻撃は失敗したのであった。

四十三　アメリカ軍と対峙して

最初の作戦計画を放棄し、モントゴメリーは正面攻撃を中止して、側面攻撃を増強した。その日のたそがれ時、ジェベル・メラブ地区攻撃を開始していたフレイバーグの強力な部隊を増援するため、彼は第一機甲師団を送った。わが第二一装甲師団と第一六四師団とは、マレト戦線の西端からそこへ急行し、ニュージーランド部隊とその二百輛《りょう》の戦車をくいとめようと努力した。いまや新鋭機甲師団を動員して、モントゴメリーは三百輛の戦車をもって後方から、わが軍を攻撃することを考えていた。

その間、アリグザンダーはパットンのアメリカ軍に命じて、歩兵一個師団をガフサ＝ガベス路に、また戦車一個師団をガフサ＝マクナッシー路に、進撃させるようにした。

わが総司令部としては、チュニス最強の防衛線、マレトのフランス領北アフリカの「マジノ線」を、放棄する以外に方法がなかった。

わが軍はその夜撤退し、かくて再び退却となった。

第一五装甲師団もまた戦闘に加わって、第二一装甲師団および第一六四師団は、マレト線の部隊が背後の回廊を通って後退し、ガベス北方のアカリット峡谷で新防衛拠点につくまでのあいだ、エル・ハムマからのニュージーランド部隊をくいとめた。

血みどろの戦いが数日間つづけられてから、ようやくフレイバーグは三月二十九日の昼、ガベスに入った。この時わがドイツ＝イタリア軍は七千人——主にイタリア軍——の捕虜と、武器・戦車、多数を失っていた。

一方、私の大隊はエル・ゲタールで、アメリカ軍部隊との新しい戦闘にまきこまれていた。

私たちエル・アラメインの残存部隊を指揮しているイタリアの将軍メッセは、かなり早目にガフサ・オアシスの小要塞《ようさい》から撤退を命じ、マクナッシー東方五マイルのところに、ドイツおよびイタリア偵察部隊に協力して、臨時新防衛線をつくることを決定していた。この戦線には増援部隊として、第一〇装甲師団、ドイツ軍歩兵三個大隊、およびイタリア軍戦車若干が加わり、アメリカ第一機甲師団に対して、峠を防禦《ぼうぎょ》した。ガフサ＝ガベス路を進撃してきたアメリカ軍歩兵部隊は、相つぐ第一〇装甲師団の反撃によって、三月二十五日まで阻止された。

第二八八特別隊はたびたびその対戦車砲を使用して「火消し」役を務めてきたので、マレト戦線を後退してから、わが部隊がエル・ゲタールの渓谷に投入されることになったと知っても、私は少しも驚かなかった。私たちは、まるで旧友を歓迎するかのように、パットンのアメリカ軍から砲撃を受けた。

半無限軌道の装甲兵員輸送車を駆って、第一〇装甲師団長が私のもとに来た。私たちは激しい砲火の下にさらされており、彼は状況を説明するために、数分間足を止めたのだ。親しげにそして恐れ気もなく、師団長は騒々しい爆音に消されまいと、大きな声をふりしぼった。「全員、直ちに前進する。前方の谷間に——路の向こうの高地の陰だ。あすこに、イタリア軍の防禦陣地がある。だがイタリア軍はすでに撃破されているかもしれん。アメリカ軍戦線の背後に、多くのイタリア軍捕虜のいるのを確認しているのだ。君の任務はできうる限り前方に進出し適当な陣地を確保して、残存部隊と協力のうえ、防禦線をつくるのだ」

「ハイ、閣下」と私は答えた。

「これ以上アメリカ軍の進出するのは、なんとしても阻止せねばならない」と師団長は言葉を継いで、「この線が破られたら、ロンメル軍の最後だ。しっかり頼むぞ」

まだ将軍が話しているのに、私は号令をかけた。「武器・弾薬をおろせ！　車輛退避！」

将軍も私同様、急を要するのを知っているので、私の非礼を咎《とが》めなかった。「では、しっかり頼むよ」静かにくり返して、去って行った。

砲撃を受けながら分遣隊は、命令を敏速に実行した。敵砲兵の好目標になっていた丈の高いトラックは、全速力で走り去った。砲弾がその跡を追って行く。私たちはしばらく息をついた。部下は道の南側に、武器を傍にして、伏せていた。短い休息の間に、士官たちは覚悟をきめることができた。

私の命令は簡単だった。「二横隊陣をとり、前線へ進め！　他のものは自分につづけ！」できる限り敏速に前進するのが、最上の手段だった。私は前にかけて行き、先頭に立った。少しでも掩護《えんご》になるものを、片端しから利用して、大隊はガフサ路の右側を、急いで前進して行った。数分で、広く浅い窪地《くぼち》に着いた。そこには掩護になるものがなかった。ここに入ればアメリカ軍から、ひとりひとりが見通しである。これはすごいことになるぞと、私は思った。

死にもの狂いで走り抜け!!

私は無我夢中で走った。ためらえばおしまいだ。兵隊たちは私の後からつづいて来る。まさに地獄のまっただ中にいるようであった。あちらこちらで兵隊が倒れた。「衛生兵」——その叫びが再三再四あがった。戦友が倒れたものを救《たす》けに行く。他のものは、私の後ろで、走りに走った。

三十分後になっても、私たちの背後に、弾幕がまだカーテンのようにさがっていた。かろうじて二個中隊が、私とともに駆け抜いた。残りはくり返し試みたが、激しい損害を受けて、やむなく中止した。

地獄の責苦を生き抜いた私たちは徐々に前進して行った。時々、掩護物の陰で一息入れた。砲弾が依然として周囲や近くで炸裂《さくれつ》したが、いましがた通り抜けたものに比べれば、取るにたらないことだった。

将軍が私に指示した丘を越えたけれども、なんにも目に入らなかった——アメリカ軍はいないしイタリア軍もいなかった。地域は前よりも掩護物に恵まれていた。

丘に向かい合って、洞穴の入口があるのを、私は見つけだした。その前にイタリア兵がひとり佇《たたず》んでいた。私たちは彼に近づき、私は情報と——水とを、求めた。「水《アカ》？水はないです《ニエンテ・アカ》」と彼は答えて、「ブドウ酒《ヴィノ》、良い赤ブドウ酒《ブオノ・ヴィノ・ロッソ》があります」愛想よく彼は水筒を手渡してくれた。ぐっとがぶ飲みをした。疲れた身体に元気がもりあがってくるような気がした。イタリア軍の水筒が、後から後から、暗い洞穴のなかから持ちだされてきた。部下はひとり残らずがぶがぶと飲んだ。

目が入口の暗さに慣れてきた。内部をのぞき込むと、六十人くらいのイタリア兵がいた。「君たちの陣地はどこなんだ？《ドーヴェ・エスト・ヴォストロ・ポジツィオーネ》」と私は尋ねた。

「陣地はない《ニエンテ・ポジツィオーネ》。アメリカ軍だけだ《ソルタント・アメリカーニ》」と、ひとりのイタリア軍士官が無造作に答えた。

イタリア兵たちは、洞穴の前に私たちが集まっているのを、心配しはじめた。私たちが彼らの隠れ家を敵に暴露するかもしれないからだ。

私は部下を直ちに散開させた。やがて新たな弾幕のなかに突っ込んだ。前方に穴やたこつぼの点在するスロープがあった。兵隊の影は一つも見えないが、そこがたしかにイタリア軍の拠点だったのである。いままではイタリア軍の防禦組織にすっかりなじみになっていた。彼らは壕《ごう》のなかに身を潜め、掩護がよく、山の頂きの陰になり、わずかの前哨《しょう》で全射撃区域を見渡すようにしてあるのだ。

ほっと一安心して、私はすぐさま放棄されたイタリア軍のたこつぼに、兵隊を散開させた。部下を広い地域一帯に配置して、道の両側の各翼の戦区には指揮官の少尉を残し、そして私は道の南側にとどまった。スロープの左方に一分隊の陣地を捜していると、ドイツ軍の突撃砲三門を置いた掩蔽壕《えんぺいごう》を発見した。さらにこの砲の係である士官たちと、石と土で厚く保護した深い壕のなかで出会った。この壕はたしかにイタリア軍の上級将校用にわざわざ構築したものに相違ない。

突撃砲分遣隊を指揮しているのは中尉で、ドイツ軍歩兵部隊が掩護に到着したのを知って、すっかり喜んだ。彼の部下を除いて、この戦区には、兵隊がいなくなっていた。夜のあいだにアメリカ軍が攻撃し、後方に逃れたものを除き、イタリア軍をすべて捕えたのであった。

「すぐ前方スロープを越えると、歩数でわずか四十歩のところに、アメリカ軍の拠点があります」

そう話しながらも、彼は掩蔽壕ののぞき穴から外部を窺《うかが》うのを、怠らなかった。鋭敏で勇敢でもあるらしかった。私の隊に対戦車砲の用意がないと知った時、彼の失望ぶりといったら、大変なものだった。アメリカ軍の砲撃のなかで、夜にならないうちに、対戦車砲を前進させるのは、不可能だろう。

不意に士官が叫んだ。「戦車が来るぞ」

十二台の巨大なシャーマン戦車が、こちらへ進んできた。窪地に入って、いくつかの砲塔だけが見える。やがてその後に歩兵のいるのが見えた――推定、二個中隊の兵力である。

傍の士官は落ち着きを失った。私は彼を元気づけた。「戦車だけで攻撃してくるとは思えない――おそらく歩兵のために掩護射撃をするだけだ」

士官の考えは違っていた。「突撃砲では戦車に対抗できっこない。それに対戦車砲のない歩兵で、戦車を相手に突撃砲は守れない」

彼の言い分が正しいかもしれない。だが私はあえて主張した。「この戦区の指揮の責任は自分にある。君は砲とともに残っていいが、歩兵を砲撃して掩護してくれ」

いまこそ部下に命令を発する時であった。私の隊の装備は、数挺の重機関銃と迫撃砲五門、弾薬にも限りがある。間もなく各陣地から報告が帰ってきた。「射ち方用意よし」迫撃砲に対して、「射ち方はじめ」と私が号令をかけたのが、あらゆる火器への口火となった。

同時に、わが全線が火蓋《ひぶた》を切った。弾帯を半ばまで射つと、各機関銃班はまた掩護物のなかに隠れた。一糸乱れぬ巧さだった——訓練や演習のさい見たのよりも、ずっと敏捷《びんしょう》だった。結果は予期した通りだ。攻撃して来た敵の歩兵は頭をさげていた。

第一波が再び前進をはじめた時、わがほうの火器班は掩護物から出て、位置についた。指揮哨としていた穴の近くに据えた重機関銃から、私はなにげなく数歩離れた。鋭く風を切って、一弾がその地点に落ちた。その銃についていた三人の兵隊は、跡形もなく吹きとばされた。

アメリカ軍戦車はいまやその砲火を、高地のわが陣地に集中しはじめた。すると、間もなく突撃砲三門は掩蔽壕から出て、私たちの傍を速度をあげて、走って行った。逃亡するので気がひけたのか、通りすがりに士官が私に大声で怒鳴った。「戦車攻撃だ！　戻らなきゃならんのだ!!」

だめだと、私は心中ひそかに呟《つぶや》いた。ロンメルのアフリカ軍団では、こんなことは起こったためしがない。アフリカでの戦いは敗北に直面している。

だが、思った通り、敵戦車はやって来なかった。わが部隊は前線で孤立しており、二中隊に充たないし、またじっとわがほうを狙っている敵兵力がどのくらいなのか、皆目、わからなかった。

イタリア軍の選んだこの防衛拠点を、私は結局、不適当と判断した。……積み石の陰に監視哨のみを残して、この高地から撤退し、背後のスロープへ引きさがるほうが得策だった。掩護物の陰から迫撃砲を射って、攻撃を阻止した――だが射つ前に弾丸は尽きかけていた。

わが隊には衛生兵がひとりしかいなかった。平時はカトリックの神父で、戦前、アメリカの慈善基金を受けて、スイスで勉強したひとだった。私は彼に命じて、負傷者の手当てをさせ、戦死者の認識票を集めさせることにした。赤十字の腕章を腕に巻いて、砲撃の中断した時、彼は丘を登り、アメリカ軍の目の前で走り回った。戦車の砲口が脅かすように彼へ向けられていたが、敵の司令官は双眼鏡で腕章を認めて、一発の弾丸も射たなかった。相対した敵のなかでも、この騎士道を心得たアメリカ軍に、私は尊敬の念を感じた。

夜になって、弾幕を突破できなかった兵隊たちが、私たちに合流したので、戦線を道の北に、モル大尉とその大隊の生き残りが布陣している個所まで、延ばすことができた。暗闇を利用して、対戦車砲を前進させ、谷間のわが歩兵陣地の側面にある路上に据えた。

私は強力な一小隊に命じて、前方のすりばち山の監視哨を占拠させることにした。指揮者は有能な下士官で、その名をロンメルといったが、ロンメル元帥とは無関係であった。ロンメルとその部下とは夜のうちに、丘を占拠し、壕を掘って身を潜めた。

真夜中を少し過ぎて、前方に迫撃砲のひびきがした。斥候《せっこう》が匍匐《ほふく》前進し、報告をもたらしたところによると、アメリカ軍が弾薬・糧食等の補給を受けているのであった。敵は前方近くに迫っていて、斥候は煙草の火を見分けることができた。

私たちのもとにも糧食と、さらに重要な弾薬が届いた。敵砲兵は有難いことに私たちをそっとしておいてくれた。

だが朝になると偵察機が一機、頭上を飛び、やがて連続的に砲撃が行なわれたが、私たちは峰の陰になったスロープにいるので、砲弾はうなりをあげて、頭上を越えて行った。

再び夜となった。夜中の一時と二時のあいだに、敵の補給隊の近づいてくるのが聞えた。ベッカー少尉は六門の迫撃砲と四挺の重機関銃とで、きっかり一分間攻撃を行なった。このやり方を私は残念に思った。なにしろ、すぐさまアメリカ軍が、暗黙の了解を破ったのを咎めるかのように、散発的に砲撃をはじめ、一晩じゅうつづけたからであった。前ならば壕からぶらりと出て、足をのばすこともできたのに、十二発以上も不規則な一斉射撃を受けたのでは、うっかりこの楽しみにも出られなかった。

朝まだきやっと七輛の戦車が増援され、戦車は谷間の私たちの背後に陣をとった。やがてパットンの戦車と歩兵が前進してきた時、私たちは心強さをはっきりと感じた。

多数の敵歩兵が、道路の南にあるスロープの谷に、姿を消した。彼らのうちいく人かは、私たちのいる谷の後方に、思いがけなく姿を現わした。その攻撃は戦車の協力で撃破した。何人か捕虜にした。戦闘は激烈だったが、終って見るといつどこで、どんなふうに張りつめて行動したのか、全然、憶えていなかった。

夕方、ケッセルリング元帥から通信が届いた。「勇戦奮闘を感謝す。犠牲をはらうとも現拠点を維持せよ」

モルと私は相談したあげく、直接、元帥に返事を送ることにし、やっと書きあげて、送った。「現拠点を維持する覚悟なり。アルコールはいずこにありや」

下級将校としては厚かましくも勝手な通信だったが、びっくりしたことに、これがそのまま受け入れられ、譴責《けんせき》もなかった。夕方になって一台のトラックが、マスカテル・ブドウ酒の「燃料罐《ジェリィかん》」を積んで、前線をやってきた。アフリカへ来てからはじめて、アスマラ脱出の飛行中を除き、私はたらふくブドウ酒を飲んだ。兵隊たちの望みをかなえてやることが、どんなに士気を鼓舞することか。私たちの任務など軽いものだという気分になった。アメリカ軍でもなんでもやって来い――と、意気旺盛《おうせい》であった。

二晩、すりばち山にあるロンメルの監視哨と連絡がとれなかった。やっとそこから激しい砲火を冒して、監視兵が帰ってきた——ふたりの兵隊が明け方帰ってきて報告したところでは、彼らのみがロンメル隊の生存者であった。丘の麓《ふもと》に布陣したアメリカ軍歩兵部隊の迫撃砲で、彼らは撃滅されてしまったのだ。ロンメルも戦死したという話だった。

だが一年後、短期間ドイツ本国へ行った時、私はロンメルと出会った。彼は戦死こそしなかったが、重傷を負い、その恐怖の一日を、南の方のスロープへ這《は》って行き、谷間の陰に隠れて、その後友軍の落下傘《パラシュート》部隊に発見され、野戦病院へ送られた。この話を聞いた時、彼は療養していた病院から出たばかりであった。

翌日——四月の六日だったと思う——アメリカ軍歩兵部隊は、猛攻撃を加えてきた。敵はわが陣地に肉迫したが、突入する前に撃退された。

次の日、いや次の攻撃で、最後を迎えることになるだろうと、私は思った。戦車はすでに後退させられていたのだ。私たちは再び孤立していた。しかしまたも撤退命令が、私たちを救った。私たちは未明に出発した。砲と車輛が去り、ベッカーと私が最後にその場を離れた。朝の陽が射しそめるころ、振り返って見ると、アメリカ軍の斥候が、私たちの長いあいだしかも、何か無意味に戦ってきたたこつぼ陣地に、着くところであった。

四十四　最後の戦闘

私の記述が自分の大隊だけが戦っているかのような印象を、与えたとしたら、それはご容赦願いたい。実際には複雑多岐にわたる大戦闘が行なわれていたのである。

北方では敵の第一軍が、カセリーヌでロンメルの奇襲を受けた後、再編成を完了し、フォン・アルニム軍へ対する総合作戦に加わって、再び攻勢にでていた。三月二十七日、アリグザンダーの指揮で、アメリカ軍歩兵部隊はフォンドゥクに入り、東部ドルサーレ区域を通って、カイルーアンへ進撃するきざしを見せ、かくてアカリット峡谷にあるメッセ将軍のドイツ＝イタリア戦線の背後に、脅威を与えていた。

またモントゴメリーは第三〇軍団の三個師団をもって、アカリット峡谷に正面攻撃を敢行しようとしていた。彼はエル・アラメイン以来の屍山《しざん》血河の死闘を予想していたのだが、わずか一日の戦闘で、四月六日、アカリット峡谷を突破した。攻撃・反撃が丘と丘とのあいだにくりひろげられ、アリグザンダーが後に語ったところでは、ドイツ軍もイタリア軍も「不屈の勇気と比類ない士気を示した」。しかし、強化されたイギリスおよびインド三個師団、加えて砲四百五十門に、立ち向かうことはできなかった。

第一五装甲師団と第九〇軽師団は、おそらくその輝かしい歴史のなかでも、もっとも勇敢に戦ったが（これもまたアリグザンダーからの引用である）、それは差し迫っている苦難のきざしであった。退却するわが軍は六千名以上の捕虜をだした。そして次の日の午後、私たちがエル・ゲタール戦線を撤退した日に、アルジェリアからのアメリカ軍と、カイロからのイギリス軍とが、はじめて手を握った。そのためエル・ゲタールでの「きびしくもまたむなしい」戦闘が終結したのである。

命令を受けて私は大隊とともに退却をはじめ、最後の戦場から、チュニジア平原のマクナッシイとシジ・ブウ・ジドの縁を通り、フォンドゥクを避けて、四月十日、やっと聖なる町カイルーアンに到着した。私たちは数分間休止をとった。

私はそこの神学校で、ほの暗く静かに敬虔《けいけん》なたたずまいのなかで時間を過ごした。この数分間は私の緊張した神経にとって、まさに一つの祝福であった。エル・ゲタールからの道中、私たちは絶えず敵の飛行機に悩まされ、追い立てられ、爆撃され、そして銃撃されつづけてきた。この空襲の恐怖をべつにしても、私たちは数か月間戦いつづけてきた。いつ果てるともなき戦いなのであろうか？　やすらぎとか反省の時とかは、二度と得られないのであろうか？

だが時間は迫った。私たちはカイルーアンを撤退し、隊の後尾について町の城壁を過ぎる時、私はイギリス軍の先鋒の戦車が走って来るのを見た。聖なる町は数分間で客を変えたのである。彼らもまた心の憩いをとるために、休止するのであろうか？

メッセ将軍はアンフィダヴィル山嶽地帯の南で、踏みとどまって抗戦しようとは考えていなかった。彼はイタリア軍をザグウーアンと海とにはさまれた次の防衛線まで引きさげたが、この彼の配慮は理解できるものだった。例によってドイツ軍は後に残って後衛戦を戦った。

ザグウーアンでは山々の峰が、広大な南部チュニジア平原から、突然、そびえ立っている趣きがあった。巨大な切り立った岩や深い峡谷が岩だらけの谷間に点在して、砲撃や爆撃に恰好《かっこう》の守りとなった。ここでは戦車の大群も追跡の自由がきかず、わがほうを粉砕することができない。ここならばヨーロッパから援軍が来るまで、持ちこたえることができるかもしれないと、私は思った。

だが戦友のなかには、将来について全然見解の違うものがあった。あるものはわがほうはボン岬に追い立てられ、船でシチリアへ渡って新たな任務につくのだといった。他のものはヒトラーが北アフリカを放棄しないで、多数の「虎《ティーガー》」戦車と新型の航空機を投入して、連合軍の人員・資材の優越性に対抗するだろうと、信じていた。補給問題は戦車二台を積み八十八ミリで武装しているフェリー船や、戦闘機、曳航《えいこう》グライダーで解決がつく。スペインが大きな役割を果たすだろうとか……諸説紛々としていた。

静かな日がつづいた。私たちは防禦《ぼうぎょ》拠点を構築し、岩陰に火器を設置した。夜になると、敵砲兵隊はひときわ目立つ、海岸に近い東方の高地を砲撃した。山を守っている連中に同情したが、「今度は運がよかった」と、私は思った。ところがその午後、命令が下って、私たちは砲撃されている高地に移動し、反撃することになった。

その夜、篠つく雨のなかを、私たちは攻撃に入った。敵の狙撃兵が前面にいて、恐ろしいほど正確に射ってきた。砲弾と迫撃砲弾が雨のように降りそそいだ。

見るも惨めな運命だった。過去数か月間の辛苦と緊張が、私たちの力を徐々に蝕《むしば》んでいたのだ。疲労と無関心とが、私の部下たちを支配していた。兵隊たちは掩護《えんご》物を求めて、砲弾穴の泥のなかへ落ちると、襲い来る睡魔に抵抗することができなかった。死は兄弟のように見えはじめ、ひとがそれを恐れるのはばからしいように思われた。死はやさしくて……。

私は不意に目をさました。激しく私の腕を揺すぶっているものがあった。泥まみれの兵隊が、砲弾穴のなかの私のそばに、ひざまずいていた。何時間も漠然とした戦場を這《は》い回り、掩護物から掩護物へと跳び歩いて来たので、兵隊は息をはずませていた。

「ずいぶん捜しましたぜ、中尉殿」と、彼はあえぎながらいって、泥だらけの紙片を私に手渡した。

「また攻撃でもしろという、ばからしい命令にちがいない」と私は思った。

私のかたわらに横たわっている伝令の、遮蔽《しゃへい》したフラッシュ・ライトの光で、私はそれを読んだ。

「第二八八特別隊、シュミット中尉へ。シュミット中尉は直ちに軍司令部へ出頭せよ」

この下に連隊本部名で次のように記してあった。

「即刻、大隊をエーベンビクラー中尉に引き継ぐこと」

いったいどうしたというのだろう。面倒なことでも起こったのか？　だが軍人は命令に質問をしてはならないものなのだ。私はさっそく指揮を引き継ぎ、明け方も早く、疲れ果てて泥まみれになり、戦線から自分の車まで、危険を冒して、とぼとぼと歩いて帰った。

四十五　栗林での含み笑い

私は昼ごろ軍司令部に到着した。昔の活気がなくなっているのに気がついた。司令部は「ドイツ＝イタリア装甲軍司令部」の誇らしい旗をひるがえしているけれども、いまではたんにロンメルの残した司令部の遺物にすぎないように思われた。幾輛《りょう》かほとんど空のドイツ軍司令車が、イタリア軍司令官メッセ将軍に仕えている小規模な連絡部を収容しているという印象を与えた。

どんな悪いニュースが待っているのか、いぶかしみながら、私は出頭した。

Ⅱａの大尉が考え込みながら、書類をえり分けて、いった。

「一年前、君は結婚許可を請願したね。ここにある。十四日間の即時特別賜暇が与えられることになったよ。帰還のさいは、さらに訓令を受けるため、司令部に出頭してくれたまえ」

数時間と経たないうちに、私はチュニスに着き、ジープに乗って飛行場へ急いでいた。それは復活祭《イースター》の日——四月二十五日だった。

私の運転手はちょっと車を止め、老兵の如才なさを発揮して、どこからか酒を一瓶せしめてきた。——バナナ酒だった。私たちはいっしょにそれを飲んだ。

「おまえも賜暇でドイツへ行きたいだろうな？」と私は彼に尋ねた。

「もちろんでさ、中尉殿」彼は微笑した。

ポケットのなかに、私の大隊の兵隊に本国へ帰る賜暇の正式許可書の束があった。私はまだ割当てを全部使っていなかったので、運転手に同行を許すのは容易なことだった。

私は空軍の操縦士と交渉して、運転手を飛行機に乗れるように取りはからってやった。だが運転手はいった。「中尉殿、まず病院へ行かなきゃならんのです……」

「すぐ戻りますから」といって、彼は私用で出かけた。が、それっきり戻らなかった。それ以来私は彼に二度と会わなかった。

暗い夜につつまれて、私は込み合う飛行機のなかに割り込んだ。地中海《ちちゅうかい》を越えて、未明にシチリアのカターニアに着いた。それからイタリアへ、ドイツへ飛んだ。

ヘルタと私は五月五日に結婚式をあげた。二日後チュニスがイギリス軍の、そしてビゼルタがアメリカ軍の手に陥《お》ちた。組織的抗戦は潰滅《かいめつ》した。間もなくボンの岬の荒涼とした半島で終末を迎えたのである。

私たちは新婚旅行で、「黒い森」の栗の木々が花ひらいているバーデン＝バーデンにいた。一九四三年五月十三日のことだった。ラジオが静かなシンフォニーを放送していた。が音楽は不意に断ち切られ、公報が発表された。

「チュニジアのドイツ＝イタリア装甲軍は、壮烈な戦いの後、大敵に対する果敢な闘争を中止しました。これをもって、アフリカでの戦闘は終ったのであります」

二十五万の将兵が降服した。脱《のが》れたものは六百六十三人であった。

私の帰還する特別隊はなくなり、出頭を予定していた軍司令部もなくなった。運よく最後の飛行機でアスマラを脱出し、ロンメルの司令部へ入った時と同じように、思いもかけぬ好運が、私をアフリカから離してくれたのであった。

巨大な軍隊という機関は、毎日毎日を、きまりきったふうに、ごろごろと回転していく。無名の大隊長の家事が、滞りなく考慮され、そして処理されたのであった。重大な機関の枢要な部分が、破滅へとそれ自体を磨《す》り減らしているその時に、一枚の通信が極秘と作戦優先の通信網の混乱をくぐって、一士官の結婚申請の許可を伝えてきたのだ。その通信を伝令が命を懸けて彼に手渡したのである。こうして士官はアフリカでの最後の戦いから、何十万という兵士のなかから、脱《ぬ》けだした。

「黒い森」の静かな栗林のなかで、どこからとなく戦いの神マルスの含み笑いが聞えてくるように、私たちは感じた。またしてもマルスは皮肉にも人々をからかったのであった。

訳者あとがき

本書は Heinz Werner Schmidt, *With Rommel in the Desert* の翻訳です。原書は一九五一年イギリスのジョージ・G・ハーラップ社から刊行されて幾度か版を重ね、その後にペーパーバックとなり、これもまた増刷をつづけたものです。訳書のテキストには一九六五年のパンサー社版を用いました。

原著の世に出る前年には、ロンメル伝として定評のあるデズモンド・ヤングの著書が出版されて好評を受けていました。本書でもその経過が示されているように、アフリカは西部砂漠で、ドイツ・イタリア軍と戦ったのは、主としてイギリス本土およびその連邦軍であったため、彼等に苦渋をなめさせた将軍ロンメルに対して、異常な関心をいだいたもののようで、恐怖と同時に、奇妙な親近感をさえ持っていました。事実、史上ロンメルのようにまたたく間に名将としてその名を高めたのは、ナポレオンを除いてその例を見ないといわれております。それとまた砂漠戦では、他の戦線とちがって、第二次大戦中もっともきれいな戦いが——その例証は本書のなかでも随所に認められますが——つまり第一次大戦まで残っていた騎士道的な精神が、熾《し》烈《れつ》な戦闘、苛《か》酷《こく》な環境のうちにも、彼我を通じて発露されていたというのです。ヤングがロンメル伝を書こうと決意した動機も、彼がガザラで戦いに敗れて捕虜となったとき、ロンメルから受けた情けを知るあつかいに端を発しているのであります。だからこそ、敵軍の将であるロンメルに、イギリス側は恐怖と共に畏《い》敬《けい》の念を持ったのです。オーキンレック将軍は特別の布告をだして、全中東軍将兵にロンメルを超人と見なしてはいけないと注意を喚起しましたし、ウィンストン・チャーチルは一九四二年下院で、大胆不敵かつ卓抜な戦術家で、戦争の惨苦を別にして名将といえようと、讃嘆の声を発しています。とにかくロンメルは恐るべき狡《こう》智《ち》の持ち主で勇猛な軍人として、広く知れ渡り、あの砂漠戦から三十年近くを経た今日でも、伝説的な人物としてあざやかに記憶されているのです。

本書はヤングの伝記とちがって、短期間ではありますがロンメルの側近につかえ、また砂漠戦にドイツ軍が参加した最初から、大敗北を喫する最後まで、終始戦闘に参加した著者の見聞を記したものだけに、ロンメルの隠された人間的な性格的な側面をとらえながら、全戦局の推移をよくつたえていると考えます。召使いから見た主人に、偉人はないといわれておりますが、本書のロンメルにもそのおもむきがないではありません。彼もまたなまみのからだをそなえたひとりの人間として、そうあったのは当然といえましょう。しかし率先垂範、常に戦闘精神を鍛えて、自身をきびしく律していた彼の姿を見ると、良い意味での軍人らしい軍人という気がして来ます。戦争がおろかしくも悲惨なものであり、おこなうべきものでないのは、いまさらいうまでもないことですが、彼が砂漠でいうところのきれいな戦いをしたことは、たとえ当時悪名高い親衛隊《SS》が、アフリカに駐屯《ちゅうとん》していなかったことが原因の一つであったとしても、ほめたたえてよいことでしょう。

　本書には書かれていませんが、アフリカを去ったロンメルは、ヒトラーの命で北イタリアで任につき、その後フランスで大西洋の壁の防衛にあたることになりますが、友人を通じて反ヒトラー運動に参加し、戦傷の療養後、毒薬による自殺を強要されるわけで、一九四四年十月十四日にこの世を去りました。死後ヒトラーは国葬の礼をとり、盛大な式でドイツ国民の目を欺いたものでした。とにかくイギリス軍がグラツィアーニのイタリア軍を徹底的にうち破り、捕虜十三万を得て、「砂漠のネズミ」の意気があがっているときに、そのイギリス軍機甲部隊を一掃して、エジプト侵略の気配を見せたロンメルの動きをありありと捉《とら》えて、多少の誇張をまじえれば、そのひげの匂いでさえが、本書には感じられるといっても、いいすぎではないでしょう。

　ヤングのロンメル伝を先に翻訳した私にとって、いままた本書の刊行を見るのは大変な喜びであります。このような機会を与えてくださった角川書店編集部のご厚意に心からなる感謝の念をいだいております。地図その他でいろいろとご迷惑をおかけした編集部の鈴木序夫氏にも、改めてお礼を申しあげたいと思います。
なお地名・兵器名、軍の呼称などについては、出来得る限り諸書を参照して、正確を期しましたが、あやまりがないとは申せません。お気づきの点があれば、お教示を乞いたいと存じます。最後に砂漠での戦いは、一進一退をくりかえして、行きつ戻りつした経過が錯雑していますので、簡単な年表をそえておきます。

一九四〇年
十二月九日　ウェーヴェル指揮下の中東軍、イタリア軍に反撃開始。
一九四一年
一月　イギリス軍、ベンガジを占領。
二月七日　リビヤのイタリア軍、降服。
三月二十四日　枢軸軍、リビヤで反撃開始。
四月三日　ロンメル麾下《きか》のドイツ軍攻勢。イギリス軍、ベンガジを撤退。
六月二十二日　ドイツ軍、ソ連に侵入。
十一月十八日　イギリス軍、リビヤ進攻を開始。

十二月七日　ロンメル、エル・アゲイラへの撤収を開始。
十二月八日　日本軍、米英に戦闘開始、宣戦を布告。
十二月十日　イギリス軍、トブルクを解放。
十二月二十四日　イギリス軍、ふたたびベンガジに入る。

一九四二年

一月二日　イギリス軍、バルディアを攻略。
一月十七日　イギリス軍、ハルファヤ峠を攻略。
一月二十八日　イギリス軍、ガザラ戦線に撤退。
五月二十七日　ロンメル、ガザラで攻撃開始。
六月三―五日　日本海軍、ミッドウェイ沖で完敗。
六月十日　自由フランス軍、ビル・ハケイム撤収。
六月十三日　イギリス機甲部隊、ナイツブリッジで敗退。
六月二十一日　ロンメル、トブルクを攻略。
六月二十四日　ロンメル、シジ・バラニまで進出。
六月三十日　オーキンレック麾下の中東軍、エル・アラメインに撤退。
八月三十一日　枢軸軍、エル・アラメインを攻撃。

十月二十三日　モントゴメリー、エル・アラメインで攻勢に出る。
十一月五日　枢軸軍、エル・アラメインを撤収。
十一月八日　英米軍、モロッコおよびアルジェリアに上陸。
十一月九日　ドイツ軍、チュニジアに進駐。
十一月十一日　モントゴメリーのイギリス軍、リビアに進攻。

一九四三年

一月　イギリス軍、ベンガジ占領。
一月二十三日　イギリス軍、トリポリを占領。
二月二日　スターリングラードのドイツ軍残存部隊、降服。
二月四日　イギリス軍、リビアからチュニジアに侵入。
五月七日　チュニジアの連合軍、ビゼルタおよびチュニス占領。
五月十三日　チュニジアの枢軸軍、降服。

一九七一年八月

訳　者

監訳者解説——五十センチの距離からロンメルを見ていた男

本書は、一九七一年に角川文庫より刊行され、好評を博した、ハインツ＝ヴェルナー・シュミット『ロンメル将軍』の増補改訂版である。その意義や重要性を論じる前に、邦訳版が初めて出版された当時には、必ずしもつまびらかになっていなかった著者シュミットの経歴等について触れておこう。

「民族ドイツ人」シュミット

シュミットは、一九一六年、南アフリカ連邦でドイツ人の両親のあいだに生まれた。父親の仕事の関係で、四歳のときに同国を離れ、アフリカ各地をまわった。そうした生い立ちゆえに、彼はドイツと南アフリカの二重国籍を持っていたのである。少年期になると、シュミットはドイツに移り、そこで大学を出た。

第二次世界大戦がはじまると、シュミットは、ドイツ側で戦うか、それとも連合軍側に与《くみ》するかという難しい決断を迫られる。ナチスの用語でいう「民族ドイツ人《フォルクスドイッチェ》」（一九三七年当時のドイツとオーストリアの領土外に居住していたドイツ人を指す）であり、同時に英連邦の一員である南アフリカの国籍を有するシュミットは、いずれの陣営をも選ぶことができた。そればかりか、当時の南アフリカ連邦軍は志願制だったから、軍隊に入らずにいることも可能だったのである。

けれども、自分はドイツ人であるとの意識が強かったシュミットは、ヒトラーの側に身を投じた。ドイツ国防軍に入隊したシュミットは、少尉としてポーランド侵攻に従軍したのち、アフリカ事情に通じていると目されて、エリトリア（当時、イタリア領）に連絡将校として派遣された。しかし、イギリス軍の攻撃を受けたイタリア軍が潰滅《かいめつ》するとともに、シュミットもエリトリアを離れ、今度は北アフリカに赴くことになる。ドイツ・アフリカ軍団の将校として、ロンメルの司令部に勤務するというのが、あらたな任務であった。それ以降、北アフリカの枢軸軍が敗れるまでの体験については、本書『ロンメル将軍』に詳しい。

ヨーロッパに引き上げてからも、シュミットは国防軍の将校として東西両戦線を転戦した。ドイツの敗戦後は南アフリカ連邦に戻り、二つの会社を創業、ビジネスマンとしての成功を収めた。没年は二〇〇七年、享年九十であった。

『ロンメル将軍』の誕生

シュミットが本書『ロンメル将軍』を執筆するきっかけになったのは、この増補改訂版にあらたに収録された元第二一装甲師団長フォン・ラーフェンシュタイン将軍の序に触れられている。戦後、南アフリカに移り住んだシュミットは、あるダーバンの新聞でロンメルを誹《ひ》謗《ぼう》する記事を眼にした。憤慨したシュミットは、すぐに反論を投稿し、評判を得た。この文章をみたダーバンの出版社アルバトロス社が、ロンメルと北アフリカ戦役についての回想録を書くようにと慫慂《しょうよう》し、それが『ロンメル将軍』に結実したのである。

一九五〇年に南アフリカで刊行された『ロンメル将軍』（原題は“*With Rommel in the Desert*”『ロンメルとともに砂漠で』）はベストセラーになり、翌年にはイギリスの出版社からも新版が出されて、英語圏に広まった。また、南アフリカ版刊行と同じ年には、ドイツ語版も出版されている。そして、一九七一年には、角川文庫から邦訳版が刊行されたわけである。

本書の特色は、訳者の清水政二《しみずせいじ》の指摘する通り、ロンメルの身近に仕えた著者ならではの観察、生々しい体験の活写にある。ただ、本書刊行から現在に至るまでのロンメル評価の変遷に鑑《かんが》みれば、その重要性もまた異なる意味を持つかと思われる。そうした議論の前提として、ロンメル研究の変化を概観しておこう。

ロンメル評価の変遷とシュミット回想録

　第二次世界大戦中のナチスによるプロパガンダにより、名将ロンメルの像が形成されたことはいうまでもない。しかも、かかるイメージは、ロンメル作戦の妙にきりきり舞いさせられた連合国側の人間にも共有されていた。その結果、戦後すぐから一九七〇年代まで、ロンメルは、かつての敵味方の双方から称揚されてきたといってよい。

　具体的には、イギリスの軍事思想家バジル・リデル＝ハートが編纂《へんさん》した文書集（リデ《マ》ル・ハー《マ》ト編『ドキュメント・ロンメル戦記』、小城正訳、読売新聞社、一九七一年。以下、同様に書誌データを示す。邦訳があるものは入手しやすい版のものを記した）、ロンメル夫人ルチー＝マリアやかつての部下バイエルラインが編者となった遺稿集（エルヴィン・ロンメル『「砂漠の狐」回想録――アフリカ戦線1941～43』、大木毅訳、作品社、二〇一七年）、北アフリカ戦線に従軍した経験を持つイギリスの軍人による伝記（デズモンド・ヤング『ロンメル将軍』、清水政二訳、ハヤカワ文庫、一九七八年）といった文献によって、ロンメルは高い評価を得てきた。

　シュミットの『ロンメル将軍』も、かかる理解を背景にしており、騎士道的な戦いぶりのフェアな名将というロンメル像が、その基調となっている。

　しかしながら、一九七〇年代になると、ロンメル評価にも揺り戻しが来た。もっとも衝撃的だったのは、デイヴィッド・アーヴィングのロンメル伝（『狐の足跡　ロンメル将軍の実像』、小城正訳、上下巻、早川書房、一九八四年）であったろう。ロンメルを、ひたすらヒトラーに忠実で、しかも名誉欲にかられて無謀な作戦を強行、不必要な犠牲を出した軍人として描き、「砂漠の狐」の二つ名に代表されるような従来の名将像にアンチテーゼを突きつけたのである。

ただし、アーヴィングのロンメル伝は、まずセンセーショナリズムありきの書物であり、のちに史料の恣意《しい》的引用や歪曲《わいきょく》を多数含んでいることが暴露されたため、現在では研究書としての扱いを受けていない。もちろん、アーヴィングが極右の政治運動に走り、ネオナチのイデオローグとして知られるようになったこともマイナス評価の一因となっているであろう。

けれども、ロンメル評価に疑義を呈したのは、アーヴィングのようないわくつきの人物だけではなかった。ドイツ連邦国防軍軍事史研究局が編纂した第二次世界大戦史（Militärgeschichtliches Forschungsamt, *Das deutsche Reich und der Zweite Weltkrieg*, Bd. 3, Stuttgart, 1984）では、ロンメル作戦の軽率な側面が指摘され、またイスラエルの歴史家は「砂漠の狐」の兵站《へいたん》軽視を批判した（マーチン・ファン・クレフェルト『補給戦』、佐藤佐三郎訳、中公文庫、二〇〇六年）。

これらの議論を受けて、かつてのようなロンメルに手放しの高評価を与える論評は、現在では影をひそめている。「スーパースター」ロンメルの評伝は、毎年のように英語やドイツ語、あるいは、それ以外の言語で新しいものが出版されているが、そのほとんどは、作戦・

戦術的には卓越していたものの、戦略的な視野は狭く、高級統帥は不得手という評価を与えているといってよかろう。なお、こうした研究動向については、拙著『「砂漠の狐」ロンメル』（角川新書、二〇一九年）にまとめておいたので、参照していただければ幸いである。

それでは、ロンメルが讃仰《さんぎょう》されていた当時、「砂漠の狐」という評価が定着していた時代に書かれたシュミットの著書も、解釈の変遷とともに、その価値を失ってしまったのだろうか？

むろん、そんなことはない。回想録の強みである。

いわば、五十センチの距離からロンメルを見ていた男であるシュミットの観察は現在でも重要であり、「狐」の肉声を伝える資料としての価値はなお維持されているのだ。また、歴史的個性であるロンメルについての証言という意義を措《お》いても、シュミットが自ら経験した砂漠の戦闘の描写は鮮烈であり、北アフリカ戦役を研究する上で必須の文献となっていることも否定できまい。本書が、今日においても、ロンメルや北アフリカの戦いをあつかった研究書で必ず参照されるゆえんである。

テキストについて

すでに述べたように、本書初版は、一九五〇年に南アフリカにおいて英語で刊行された。

この英語版は、翌年イギリスでも刊行され、さらにペーパーバック版も出された。本訳書は、そのうち、一九六五年のパンサー社版を底本とし、清水政二の手になる翻訳である。

清水の訳文は非常にこなれた読みやすい文章であり、本角川新書版でも、原訳文をなるべく尊重することにした。ただし、軍事用語や固有名詞の表記については、現在では異なってきているものもあり、そうした部分は監修者が修正した。

また、一九五〇年に出されたドイツ語版では、読者のちがいを意識してか、ドイツ軍の事情について書き足されている箇所が少なくない。しかし、右の通り、本書の原テキストは英語版であると判断し、ドイツ語版の加筆は反映していない。ただ、英語版で「捜索隊」とあるのが、ドイツ語版では「第三捜索大隊」と記されているなど、より正確になっているところがある。そうした部分は、日本の読者の理解を助けるものと考え、原訳文に追加、修正してある。

以上、やや複雑な本書テキストの成立経過について、お断りするしだいだ。

二〇二〇年六月

大木《おおき》　毅《たけし》（現代史家）

本書は、一九七一年に小社より刊行された作品を復刊し、新たに解説ならびにドイツ語版に掲載されていた序文を加えたものです。

底本には一九七六年の八刷を使用しました。復刊にあたり、著作権継承者のご了解を得て、原本の誤記誤植を正しました。

本文中には、「ヤンクス」「小びと」など、今日の人権擁護の見地に照らして、不適切と思われる語句や表現がありますが、作品の時代背景および訳者が故人であることに鑑《かんが》み、底本のママとしました。

〔 〕内は監訳者の補註《ほちゅう》です。

ハインツ・ヴェルナー・シュミット
1916-2007。南アフリカ生まれ。ドイツ人の両親の下に生まれる。第二次世界大戦では南アフリカ軍ではなくドイツ軍に志願。ポーランド戦に従軍したが、その後、アフリカ経験を買われて、イタリア領エリトリアに派遣された。同地がイギリス軍の攻撃によって失陥したのち、ドイツ・アフリカ軍団に配属され、ロンメルの伝令将校となった。のち重火器中隊長に転出し、さまざまな激戦でドイツ軍部隊の指揮を執った。戦後、シュミットは南アフリカに戻る。北アフリカの想い出を書き綴ったのが本書『ロンメル将軍』で、ベストセラーになった。

(訳) 清水政二(しみず・せいじ)
1905年生まれ。88年没。翻訳家。訳書に『ロンメル将軍』(デズモンド・ヤング、ハヤカワ文庫NF)、『機長席』(ロバート・J・サーリング、早川書房)、『ニューヨーク侵略さる』(レオナード・ウイバーリー、講談社)など。

(監訳・解説) 大木　毅(おおき・たけし)
現代史家。1961年東京生まれ。立教大学大学院博士後期課程単位取得退学。DAAD(ドイツ学術交流会)奨学生としてボン大学に留学。千葉大学その他の非常勤講師、防衛省防衛研究所講師、国立昭和館運営専門委員、陸上自衛隊幹部学校(現陸上自衛隊教育訓練研究本部)講師等を経て、現在著述業。『独ソ戦』(岩波新書)で新書大賞2020大賞を受賞。主な著書に『「砂漠の狐」ロンメル』『戦車将軍グデーリアン』(角川新書)、『ドイツ軍攻防史』(作品社)、訳書に『「砂漠の狐」回想録』『マンシュタイン元帥自伝』『ドイツ国防軍冬季戦必携教本』『ドイツ装甲部隊史』(以上、作品社)など多数。

ロンメル将軍《しょうぐん》
副官《ふくかん》が見《み》た「砂漠《さばく》の狐《きつね》」

ハインツ・ヴェルナー・シュミット
清水政二《しみずせいじ》（訳）　大木《おおき》　毅《たけし》（監訳・解説）

2020 年 9 月 10 日　初版発行
2020 年 11 月 5 日　再版発行

発行者　青柳昌行
発　行　株式会社KADOKAWA
〒 102-8177　東京都千代田区富士見 2-13-3
電話　0570-002-301（ナビダイヤル）

装 丁 者　緒方修一（ラーフイン・ワークショップ）
ロゴデザイン　good design company
オビデザイン　Zapp!　白金正之
印 刷 所　株式会社暁印刷
製 本 所　株式会社ビルディング・ブックセンター

角川新書
　ISBN978-4-04-082347-8 C0222